面向高等职业院校基于工作过程项目式系列教材
企业级卓越人才培养解决方案规划教材

大学生职业素质与就业指导教程

天津滨海迅腾科技集团有限公司　编著

图书在版编目(CIP)数据

大学生职业素质与就业指导教程 / 天津滨海迅腾科技集团有限公司编著. -- 天津 : 天津大学出版社, 2021.7

面向高等职业院校基于工作过程项目式系列教材 企业级卓越人才培养解决方案规划教材

ISBN 978-7-5618-6991-8

Ⅰ. ①大… Ⅱ. ①天… Ⅲ. ①大学生－职业选择－教材 Ⅳ. ①G647.38

中国版本图书馆CIP数据核字(2021)第137438号

主　编：王志刚　郑晓霞　夏美玲
副主编：王　雪　张凤环　吕　艳　魏静静　王　孟
　　　　孔　雪　尚　丽　刘　鸽　董媛媛　张启才
　　　　袁　静　宋明瑞

DAXUESHENG ZHIYE SUZHI YU JIUYE ZHIDAO JIAOCHENG

出版发行　天津大学出版社
地　　址　天津市卫津路92号天津大学内(邮编:300072)
电　　话　发行部:022-27403647
网　　址　www.tjupress.com.cn
印　　刷　廊坊市海涛印刷有限公司
经　　销　全国各地新华书店
开　　本　185mm×260mm
印　　张　16.5
字　　数　413千
版　　次　2021年7月第1版
印　　次　2021年7月第1次
定　　价　59.00元

面向高等职业院校基于工作过程项目式系列教材
企业级卓越人才培养解决方案规划教材
编写委员会

杨　峰　山东胜利职业学院
成永江　东营科技职业学院
刘文娟　德州职业技术学院
杜卫东　枣庄职业学院
常中华　青岛职业技术学院
刘　磊　临沂职业学院
董红兵　威海海洋职业学院
李秀敏　烟台汽车工程职业学院
宋　军　山西工程职业学院
刘月红　晋中职业技术学院
田祥宇　山西金融职业学院
赵　娟　山西旅游职业学院
陈　炯　山西职业技术学院
范文涵　山西财贸职业技术学院
李艳坡　河北对外经贸职业学院
杨海源　衡水职业技术学院
娄志刚　唐山科技职业技术学院
刘少坤　河北工业职业技术学院
尹立云　宣化科技职业学院
孟敏杰　许昌职业技术学院
李庶泉　周口职业技术学院
周　勇　四川华新现代职业学院
周仲文　四川广播电视大学
邱　林　天府新区通用航空职业学院
贺国旗　陕西工商职业学院
夏东盛　陕西工业职业技术学院
景海萍　陕西财经职业技术学院
许国强　湖南有色金属职业技术学院
许　磊　重庆电子工程职业学院
谭维齐　安庆职业技术学院
董新民　安徽国际商务职业学院
孙　刚　南京信息职业技术学院
李洪德　青海柴达木职业技术学院

基于产教融合校企共建产业学院创新体系简介

基于产教融合校企共建产业学院创新体系是天津滨海迅腾科技集团有限公司联合国内几十所高校，结合数十个行业协会和 1 000 余家行业领军企业的人才需求标准，在高校中实施十年而形成的一项科技成果，该成果于 2019 年 1 月在天津市高新技术成果转化中心组织的科学技术成果鉴定中被鉴定为国内领先水平。该成果是贯彻落实《国务院关于印发国家职业教育改革实施方案的通知》（国发〔2019〕4 号）的深度实践，开发出了具有自主知识产权的“标准化产品体系”（含 329 项具有知识产权的实施产品）。从产业、项目到专业、课程，形成了系统化的操作实施标准，构建了具有企业特色的产教融合校企合作运营标准“十个共”，实施标准“九个基于”，创新标准“七个融合”等全系列、可操作、可复制的产教融合系列标准，取得了高等职业院校校企深度合作的系统性成果。该成果通过企业级卓越人才培养解决方案（以下简称“解决方案”）具体实施。

解决方案是面向我国职业教育量身定制的应用型技术技能人才培养解决方案，是以教育部—滨海迅腾科技集团产学合作协同育人项目为依托，依靠集团的研发实力，通过联合国内职业教育领域相关的政策研究机构、行业、企业、职业院校共同研究与实践获得的方案。解决方案坚持“创新校企融合协同育人，推进校企合作模式改革”的宗旨，消化吸收德国“双元制”应用型人才培养模式，深入践行基于工作过程“项目化”和“系统化”的教学方法，形成工程实践创新培养的企业化培养解决方案，以服务京津冀教育协同发展、“中国制造2025”（工业信息化）等国家战略为目标，为各领域培养不同层次的技术技能型人才，为推进我国实现教育现代化发挥了积极作用。

解决方案由初、中、高三个培养阶段构成，包含技术技能培养体系（人才培养方案、专业教程、课程标准、标准课程包、企业项目包、考评体系、认证体系、社会服务和师资培训）、教学管理体系、就业管理体系、创新创业体系等，采用校企融合、产学融合、师资融合的“三融合”模式，在高校内共建大数据学院、互联网学院、软件学院、电子商务学院、设计学院、智慧物流学院、智能制造学院等，并以“卓越工程师培养计划”项目的形式推行，将企业人才需求标准、工作流程、研发规范、考评体系、企业管理体系引进课堂，充分发挥校企双方的优势，推动校企、校际合作，促进区域优质资源共建共享，实现卓越人才培养目标，达到企业人才招录的标准。解决方案已在全国几十所高校实施，形成了企业、高校、学生三方共赢的格局。

天津滨海迅腾科技集团有限公司创建于 2004 年，是以 IT（信息技术）产业为主导的高科技企业集团。集团业务范围覆盖信息化集成、软件研发、职业教育、电子商务、互联网服务、生物科技、健康产业、日化产业等。集团以科技产业为背景，与高校共同开展“三融合”的校企合作混合所有制项目。多年来，集团打造了以博士研究生、硕士研究生、企业一线工程师为主导的科研和教学团队，培养了大批互联网行业应用型技术人才。集团先后荣获全国模范和谐企业、国家级高新技术企业、天津市“五一”劳动奖状先进集体、天津市“AAA”

级劳动关系和谐企业、天津市“文明单位”、天津市“工人先锋号”、天津市“青年文明号”、天津市“功勋企业”、天津市“科技小巨人企业”、天津市“高科技型领军企业”等近百项荣誉。集团将以“中国梦，腾之梦”为指导思想，深化产教融合，坚持围绕产业需求，坚持利用科技创新推动生产，坚持激发职业教育发展活力，形成“产业＋科技＋教育”生态，为我国职业教育深化产教融合、校企合作的创新发展做出更大贡献。

前　言

大学生职业素质提升与就业指导是高等学校教学、就业工作的一个重要部分，是帮助大学生准备工作、选择职业、获得就业岗位、适应就业岗位和转换社会角色的一门重要课程。对大学生进行职业生涯发展和就业指导教育，关系到提升当代大学生个人竞争力和个人价值的充分实现，关系到毕业生的顺利就业，关系到学校与社会的沟通与联系，关系到学校的生存和发展，关系到国家就业制度改革的进程，甚至关系到国家的和谐，稳定和发展。

本教材旨在帮助大学生根据个人的生理、心理特点与社会发展需要，做出合理的职业规划，清晰地认识自我，了解就业形势与政策法规，了解职业的特性及社会环境，选择能发挥自己才能的职业，帮助大学生转变就业观念、掌握求职技巧、训练就业技能、提高综合素质、健康成长成才；帮助学生实现个人价值和社会价值，为自己一生的职业发展和成功奠定良好的基础。教材共十六个项目，包含职业测评、职业生涯规划、会议管理、项目管理、高绩效团队、团队精神熔炼、执行力、孝道与感恩、就业准备、职业心态与综合素质训练、简历制作、简历大赛、面试技巧、模拟面试、试用期平稳过渡、职场初体验等。内容既结合高校学生生活实际，又体现未来不同岗位的基本职业素养要求。本书在内容选取方面具有一定基础性、通用性，适用于不同专业的学生。并且充分考虑和遵循了学生的认知与行为养成规律，在参与中学习，在实践中成长，突出互动和实践环节。每个项目有学习目标、相关技能训练，每个项目都有情景导入或具体任务描述，有活动体验、自我总结及评估等环节，符合学生特点，有利于激发学生兴趣。

本书由王志刚、郑晓霞、夏美玲共同担任主编，王雪、张凤环、吕艳、魏静静、王孟、孔雪、尚丽、刘鸽、董媛媛、张启才、袁静、宋明瑞担任副主编。项目 1 由夏美玲负责编写；项目 2 由王志刚负责编写；项目 3 由郑晓霞负责编写；项目 4 由王雪负责编写；项目 5 由张凤环负责编写；项目 6 由吕艳负责编写；项目 7 由魏静静负责编写；项目 8 由王孟负责编写；项目 9 由孔雪负责编写；项目 10 由夏美玲负责编写；项目 11 由尚丽负责编写；项目 12 由刘鸽负责编写；项目 13 由董媛媛负责编写；项目 14 由张启才负责编写；项目 15 由袁静负责编写；项目 16 由宋明瑞负责编写。

本书在编写过程中参考和借鉴了国内外专家学者的研究成果，以及近年来出版的有关大学生职业生涯规划与就业指导方面的著作、教材，在此对各位作者表示衷心的感谢。

大学生职业素质提升与就业指导属于交叉性学科，涉及经济学、社会学、教育学、心理学、管理学等多门学科，它将随着我国高等教育和大学生就业工作的深化改革不断丰富和发展。由于编者水平有限，书中难免有疏漏和不妥之处，诚恳希望专家、学者、同行批评指正。

天津滨海迅腾科技集团有限公司

2021 年 6 月

目　录

项目 01　职业测评

职场的变化日新月异。我们已经进入一个新的时代，而职场也变得比以前更加难以预料。很多人由于对我们要选择的生活环境和工作目标缺乏了解，而感到惶惶不可终日。但有一件事是不变的，那就是变化。因此，我们必须接受变化，做到未雨绸缪。对变化最好的准备是了解“我是谁”，即树立人生的目标，并为自己的人生承担起责任。当我们深深地了解自己并开始为自己的人生做出抉择时，我们会获得自信。我们能从内心深处感受到，不论世界如何变化，我都能应付。

今天的职场对我们的要求是：身体健康、心智机敏和心理稳定。

通过本项目的实践，我们将达到如下目标：

- 正确地认知自己；
- 掌握人职匹配的几个因素并进行相应的测评；
- 能根据自己的实际情况做出职业发展的行动计划。

本项目结合职业测评所涉及的主要内容，以活动为载体，开场首先进行分组及破冰，再通过学生的自我认知引导、职业兴趣测评、自我成长轨迹、职业性向测评、职业价值观测评等测评手段让学生对自己有一个直观的认识，通过部分拓展活动串联各个环节，让学生在快乐中学习，在学习中探索。

1. 项目相关知识结构图

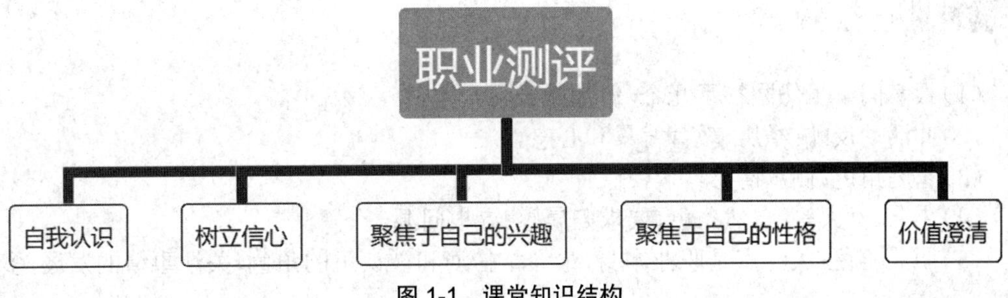

图 1-1　课堂知识结构

2. 图示说明

此图示下的文字是培训师引导课程内容的语言。

互动空间

此图示下的文字提供了一些导入知识点的情景，多为引人深思且有助于调动课堂气氛、激发兴趣的视频、游戏和活动等。

此图示下的文字是针对学习主题的学习参考资料，包含相关知识点的拓展、理论扩展等。

此图示下的文字是学生课外阅读的参考资料。

3. 相关知识点

知识点1:自我认识

活动:我是一个什么样的人?

问题1:自我介绍的时候，你会说什么?

问题2:完成以下填空，可以是任何你所想到的，不要思考是否合理，不用考虑是否存在，就是你最直观的想法。

我是________;

我是________;

我是________;

我是________;

我是________;

要点:以问题2为主进行组织;尽可能用发散思维。

(1)很多同学虽然回答了几个，但都属于同一类别。

(2)此活动反映:经历、教育背景和心态。

(3)家庭角色:侧重情感。

(4)男人、女人等:自然角色，要求归属感，寻根问源。

(5)职业角色:关注点是职业本身，最经常扮演和被认可的角色，关注事情的发展，多从情感的角度考虑问题。

(6)感受类:强调感觉,关注细腻情感,经常很难改变自己的看法。

(7)自我的三个组成。

- 物质自我(本我):

  真实的物体、人或者地点;

  物品本身的象征意义——自我的存在。

- 社会自我(超我):

  我们如何被他人看待和承认;

  给别人留下的印象——朋友或敌人。

- 精神自我(自我):

  自己的主观体验。

知识点 2:树立信心

活动:探索我们的成长轨迹

要点:把生活分成三个阶段,每个阶段中分别记录四项重要的记忆。

记忆可以是活动(用 A 表示)、人物(用 B 表示)、事件(用 C 表示),并按带来了正面的还是负面的影响、高兴的还是低沉的影响标注在坐标系上,再将所有的点用线连起来。

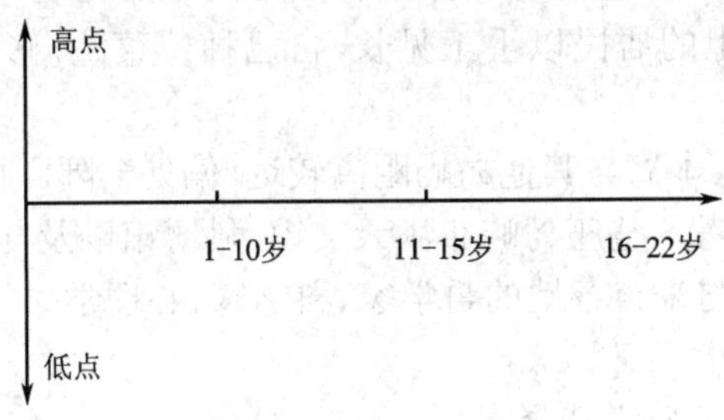

图 1-2　成长轨迹

(1)每个阶段的生活重心都不一样。

(2)童年经历对人的性格形成有至关重要的影响。

(3)树立信心:所有人的生活都是有起有落的,事情过去了,生活还将继续。

(4)调整心态:所有高兴的、不高兴的事情,过去后留下来的是你对这件事的看法与态度,事情终结后就不会再出现了。

知识点3:聚焦于自己的兴趣

活动:你的度假计划

恭喜你!你获得一个免费旅游度假的机会,有机会去下列6个岛屿中的一个。唯一的要求是你必须要在这个岛上呆满至少3个月的时间。请不要考虑其他因素,仅凭自己的兴趣,按照一、二、三的顺序挑出你最想前往的3个岛屿。

我最想去的是:__岛;

其次是:__岛;

最后是:__岛。

第一个岛的代号是A,特色是岛上充满了小型的美术馆与音乐馆,当地的原住民保留了传统的舞蹈、音乐与绘画。许多文艺界的朋友都喜欢来这里寻找灵感。

第二个岛的代号是S,岛上发展出一套别具特色的教育方式,社区自成一个服务的网络,合作互助。岛上的居民个性温和,十分友善,且乐于助人。

第三个岛的代号是E,特色是岛上居民豪爽热情,善于贸易,到处是高级旅馆、乡村俱乐部、高尔夫球场,熙熙攘攘,十分热闹。来往者以企业家、政治家、律师居多。

第四个岛的代号是C,十分的现代化,已有进步的都市形态,以完善的户政管理、地政管理、金融管理见长。岛上居民个性冷静保守,处事有条不紊。

第五个岛的代号是R,特色是岛上保留有热带的原始植物林,也有相当规模的动物园、植物园、水族馆。岛上的居民以手工见长,自己种植菜蔬,修缮屋舍,打造器物,制造器械。

第六个岛的代号是I,本岛与其他岛屿距离较远,偏处一隅。由于地理位置的关系,容易夜观星象,也有助于思考。整座岛屿布满天文馆、科博馆以及与科学有关的图书馆。岛上的居民喜好沉思,喜欢与来自各地的哲学家、科学家、心理学家等交换心得。

要点:

(1)按照阅读后的第一感觉选择;

(2)活动时间大约5~10分钟;

(3)按自己第一选择的岛屿分组就座;

(4)同一岛屿的人交流一下,自己为什么选择这个岛屿,看一看大家有什么共同的兴趣爱好;

(5)根据大家的交流给自己的小组命名并选取一个标志物,在白纸上制作一张本小组的宣传图;

(6)每个小组请一位同学展示自己小组的图并在全班介绍一下自己的小组成员的共同特点。

讲解要点

霍兰德的职业兴趣理论，其核心假设是人可以分为大概六大类，即现实型（R）、研究型（I）、艺术型（A）、社会型（S）、企业型（E）、传统型（C），职业环境也可以分成相应的同样名称的六大类，当我们就业择业的时候，我们的人格与职业环境的匹配是形成职业满意度、成就感的基础。

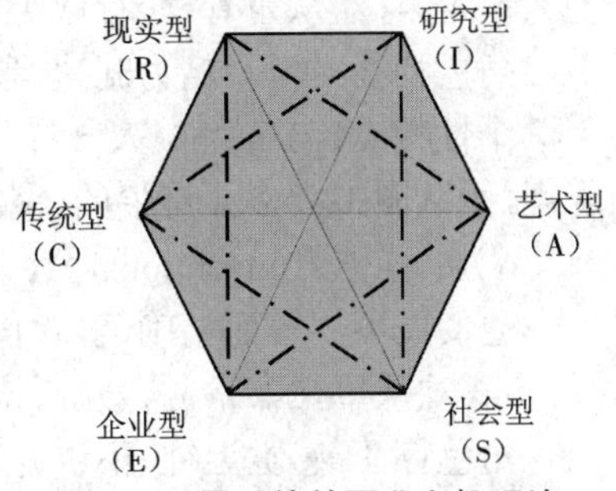

图 1-3　霍兰德的职业兴趣理论

1）现实型（Realist）的人

他们偏好与物体打交道，喜欢摆弄和操作工具、机械、电子设备等具体有形的实物，不喜欢和人打交道；喜欢选择机械、电机、制造等领域的职业。

角色特征：感觉迟钝、不讲究、谦逊、诚实可靠。

个性特点：崇尚人与自然的自由，喜欢有形的实物；喜欢自己动手做一些事情，如女孩有自己修剪头发的经历，自己 DIY 一些小物品的经历；而男生大多有拆卸自家物品的经历，如玩具小汽车、小闹钟等。他们的图都会以自然为主，体现动手的特点，重视自我实现的满足感。

2）研究型（Investigative）的人

他们喜欢用依自己的方法来解决问题并刨根问底；喜欢提出新的想法和策略，但对解决实际问题的细节较无兴趣；喜欢从事数理、生化等领域的研究工作。

角色特征：坚持性强、有韧性、喜欢钻研、充满好奇心、独立性强。

个性特点：这个类型属于高观念的人群，他们总是有各种想法，这个组最难达成一致，因为他们坚持自己的想法且不容易被别人说服。如果现场气氛较好，这个组一般会有人补充说明他们的图，甚至是一些不同的看法。

3）艺术型（Artistic）的人

他们喜欢用文字、音乐、色彩等不同的形式来表达情绪或美的感受；喜欢创造，不喜欢受束缚；喜欢从事音乐、写作、戏剧、绘画、设计等领域的工作。

角色特征：有创造性、非传统的、敏感、易情绪化、较冲动、不服从指挥。

个性特点：喜欢自由，但是心灵的自由，最不喜欢被要求怎样，而喜欢告诉他做什么，而不要告诉他怎么做，他要用自己的方法去完成。这个组的图以曲线为主，说话喜欢用“我感觉……”的句式，更重视自己的感受。

4）社会型（Social）的人

他们关心自己和别人的感受，喜欢倾听和了解别人，愿意付出时间和精力去解决别人的冲突，并帮助他人的成长；喜欢从事教育、咨询、慈善福利等领域的工作。

角色特征：为人友好、热情活跃、善解人意、外向直接且乐于助人。

个性特点：关注他人，帮助别人而获得的满足感较强烈，和 R 型的人相比，他们更多体现人与人之间的互动，他们在人群中不是最突出的，但却是最受欢迎的。他们的图大多会有“众”“助”等与其他人有关的词。

5)企业型(Enterprising)的人

他们多希望拥有权力去改善不合理的事情,善用说服力和组织能力,希望自己的表现被他人肯定;喜欢从事管理、行政等领域的工作。

角色特征:善辩、精力旺盛、独断、乐观自信、好交际、有支配愿望。

个性特点:与S型的人一样,喜好与人交往,但他们在人际交往中更突显个人的能力与表现,团队图中大多会有尖的、突出的图形。

6)传统型(Conventional)的人

他们做事规矩而精确,喜欢按部就班、精打细算;不喜欢改变或创新,也不喜欢冒险或领导;多喜欢从事文书事务、金融、统计等领域的工作。

角色特征:感觉迟钝、不讲究、谦逊、踏实稳重。

个性特点:喜欢有具体界限的事情,标准越清晰,他们做得越好。他们在某些领域能做到最好。这个类型的图大都会有横平竖直的图案。在大量的测评中,随着时代的变迁,现在的学生选择此项越来越少,甚至会出现一个都没有情况,但在20世纪70年代及以前的人群中,还是有很多人喜欢这个类型。

知识点4:聚焦于自己的性格

活动:MBTI职业性格测评

对下列每项陈述,请你从a、b两个选项中圈出适合自己的一个。任何选择没有对错之分,因为无论你选择哪一个,总是有一部分的人同意你的选择。

表1-1 Keirsey气质类型调查问卷

① 电话铃响的时候,你会	a. 马上第一个去接	b. 希望别人去接
② 你更倾向于	a. 敏锐而不内省	b. 内省而不敏锐
③ 对你来说哪种情况更糟糕	a. 想入非非	b. 循规蹈矩
④ 同别人在一起,你通常	a. 坚定而不随和	b. 随和而不坚定
⑤ 哪种事更使你感到惬意	a. 做出权威的判断	b. 做出有价值的判断
⑥ 面对工作环境里的噪声,你会	a. 抽出时间整顿	b. 最大限度地忍耐
⑦ 你的做事方式	a. 果断	b. 某种程度的斟酌
⑧ 排队时,你常常	a. 与他人聊天	b. 仍考虑工作
⑨ 你更倾向于	a. 感知多于设想	b. 设想多于感知
⑩ 你对什么更感兴趣	a. 真实存在的东西	b. 潜在的东西
⑪ 你更有可能依据什么对事件做判断	a. 事实	b. 愿望
⑫ 评价他人时,你易于	a. 客观,不讲人情	b. 友好,有人情味

续表

⑬ 你希望通过什么方式制定合同	a. 签字、盖章、发送	b. 握手搞定
⑭ 你更愿意拥有	a. 工作成果	b. 不断进展的工作
⑮ 在一个聚会上，你倾向	a. 与许多人（包括陌生人）交流	b. 只与几个朋友交流
⑯ 你更倾向于	a. 务实而不空谈	b. 空谈而不务实
⑰ 你喜欢什么样的作者	a. 直述主题	b. 运用隐喻和象征手法
⑱ 什么更吸引你	a. 思想和谐	b. 关系和睦
⑲ 如果一定要使某人失望，你通常	a. 坦率、直言不讳	b. 温和、体谅他人
⑳ 工作中，你希望你的行动进度	a. 确定	b. 不确定
㉑ 你经常提出	a. 最后、确定的意见	b. 暂时、初步的意见
㉒ 与陌生人交流	a. 使你更加自信	b. 使你伤脑筋
㉓ 事实	a. 只能说明事实	b. 是理论的例证
㉔ 你觉得幻想家和理论家	a. 有些讨厌	b. 非常有魅力
㉕ 在一场热烈的讨论中，你会	a. 坚持你的观点	b. 寻找共同之处
㉖ 哪一个更好	a. 公正	b. 宽容
㉗ 你觉得工作中什么更自然	a. 指出错误	b. 设法取悦他人
㉘ 什么时候你感觉更惬意	a. 做出决定之后	b. 做出决定之前
㉙ 你倾向于	a. 直接说出你的想法	b. 听别人发言
㉚ 常识	a. 通常是可靠的	b. 经常值得怀疑
㉛ 儿童往往不会	a. 做十分有用的事	b. 充分利用想象力
㉜ 管理他人时，你更倾向于	a. 坚定而严格	b. 宽厚仁慈
㉝ 你倾向于作为一个	a. 头脑冷静的人	b. 热心肠的人
㉞ 你倾向于	a. 将事情办妥	b. 探究事物的各种潜质
㉟ 在多数情况下，你更	a. 做作而不自然	b. 自然而不做作
㊱ 你认为自己是一个	a. 外向的人	b. 自闭的人
㊲ 你更经常是一个	a. 讲求实际的人	b. 沉于幻想的人
㊳ 你说话时	a. 详细而不泛泛	b. 泛泛而不详细
㊴ 哪句话更像是赞美	a. 这是一个逻辑性强的人	b. 这是一个情感丰富的人
㊵ 你易受什么支配	a. 你的思想	b. 你的体验
㊶ 当一个工作完成时，你喜欢	a. 把所有未了结的零星事务安排妥当	b. 继续干别的事
㊷ 你喜欢什么样的工作	a. 有最后期限	b. 随时进行
㊸ 你是那种	a. 很健谈的人	b. 认真聆听的人
㊹ 你更容易接受	a. 较直白的语言	b. 较有寓意的语言

续表

㊺ 你更经常注意的是	a. 恰好在眼前的事物	b. 想象中的事物
㊻ 成为哪一种人更糟糕	a. 过分心软	b. 顽固
㊼ 在令人难堪的情况下，有时表现得	a. 过于无动于衷	b. 过于同情怜悯
㊽ 你在做出选择时倾向于	a. 小心翼翼	b. 有些冲动
㊾ 你更喜欢	a. 紧张而不悠闲	b. 悠闲而不紧张
㊿ 工作中你倾向于	a. 热情与同事交往	b. 保留更多的私人空间
51 你更容易相信	a. 你的经验	b. 你的观念
52 你更愿意接受	a. 脚踏实地	b. 有些动荡
53 你认为你自己是一个	a. 意志坚强的人	b. 心地温和的人
54 你对自己哪种品格评价更高	a. 通情达理	b. 埋头苦干
55 你通常希望事情	a. 已经被安排、确定	b. 只是暂时确定
56 你认为自己更加	a. 严肃、坚定	b. 随和
57 你觉得自己是个	a. 好的演说家	b. 好的聆听者
58 你很满意自己能够	a. 有力地把握事实	b. 有丰富的想象力
59 你更注重	a. 基本原理	b. 深层寓意
60 什么错误看起来比较严重	a. 同情心过于丰富	b. 过于冷漠
61 你更容易受什么影响	a. 有说服力的证据	b. 令人感动的陈述
62 哪一种情况下你的感觉更好	a. 结束一件事	b. 保留各种选择
63 比较令人满意的是	a. 确定事情已经做好	b. 只是顺其自然
64 你是一个	a. 容易接近的人	b. 有些矜持的人
65 你喜欢什么样的故事	a. 刺激和冒险的	b. 幻想和豪勇的
66 什么事对你来说更容易	a. 使他人各尽其用	b. 认同他人
67 你更希望自己具备	a. 意志的力量	b. 情感的力量
68 你认为自己基本上	a. 禁得住批评和侮辱	b. 禁不住批评和侮辱
69 你常常注意到的是	a. 混乱	b. 变革的机会

根据气质类型调查问卷统计人格测验计分表。

表 1-2 人格测验计分表

题号	a	b	题号	a	b	题号	a	b	题号	a	b	题号	a	b	题号	a	b	题号	a	b
①			②			③			④			⑤			⑥			⑦		
⑧			⑨			⑩			⑪			⑫			⑬			⑭		
⑮			⑯			⑰			⑱			⑲			⑳			㉑		
㉒			㉓			㉔			㉕			㉖			㉗			㉘		

续表

题号	a	b	题号	a	b	题号	a	b	题号	a	b	题号	a	b	题号	a	b	题号	a	b
㉙			㉚			㉛			㉜			㉝			㉞			㉟		
㊱			㊲			㊳			㊴			㊵			㊶			㊷		
㊸			㊹			㊺			㊻			㊼			㊽			㊾		
㊿			51			52			53			54			55			56		
57			58			59			60			61			62			63		
64			65			66			67			68			69					
合计																				
类型	E 外向	I 内向		S 感知	N 直觉		S 感知	N 直觉		T 理性	F 感性		T 理性	F 感性		J 决断	P 熟思		J 决断	P 熟思

MBTI 是世界上使用最为广泛的性格测试工具，每年有两百多万人使用这一工具。MBTI 建立在卡尔•荣格的感觉与判断理论基础之上，将人们大致分为 16 种类型。

它能帮助您认识自己的性格，让您更轻松地生活；它让您对自己的同事、恋人、家人和朋友有更多的了解；它让您去发掘不同性格所拥有的潜质，这些潜质包括了爱的能力、感受他人的能力以及先知先觉的能力。

如果我要的和你要的不同，请不要以为我是错的。如果我们的想法和感觉有所差异，请不要强求我与你苟同。就算是我没有按你的意思去做，请由我去吧。现在的我并不是要求你了解我，直到你不总想改造我。

请允许我有我自己的需求、情绪、想法和行为，了解我的第一步先容忍我。别觉得我任性，你也无须失望恼怒，有一天你会称赞我的不同之处。于是你不再想改变我，反而尽量保持甚至珍惜这种不同。我可能是你的配偶、父母、子女、朋友、同事。无论是哪种关系，有一点都是最清楚的。你我根本就是两个完全不同的人，每个人都会按自己的性格漫步人生。

——摘自杨滨《性格力量》

表 1-3 各种风格的优缺点

	内向型（I）	外向型（E）	直觉型（N）	感知型（S）	理性型（T）	感性型（F）	熟思型（P）	决断型（J）
优点	独立自主、埋头工作、劝勉奋发、依自己理想行事	能运用外在环境资源、乐意与他人交往、开放的态度、行动派、易为他人所了解	对事情能面面俱到、以整体概念看事、富想象力、尝试新鲜构想、喜欢复杂的工作、喜欢解决新奇的问题	注意细节、重视实际、能记住琐碎细节、耐得住烦闷的工作、有耐性、细心、有系统	合乎逻辑、擅于分析、客观、公正、有逻辑系统的思维、具有判能力、坚定	体谅他人感受、了解他人的需要、喜欢和谐的人际关系、易表露情感、喜欢去说服他人	易于协调、可由各角度欣赏事物、具弹性、开放的态度、依据可靠的资料做决定、不任意批评	有计划、系统的、有决心的、有控制的能力、做决定明快。
缺点	对外在环境误解、逃避他人、掩饰自己、坐失良机、易为他人误会、不喜被打断工作	不够坚持立场、需要和他人共事、喜欢变化、冲动派、讨厌规范约束	不注重细节、不注意实际、不合逻辑、把握不住现在、易下断语	缺少整体的概念、想不出各种可能的解决途径、不求创新、无法应付太复杂的工作、不喜欢预测未来	忽略他人感受、误解别人的价值观、不在意别人、不露感情、同情心较少、不能说服他人	不合乎逻辑、不够客观、没有组织系统的思维、不具批判精神、全盘接受、感情用事	犹豫不决、散漫无计划、不能有效地控制情况、易被分心、不易照计划行事	固执、不易妥协、没有弹性、依手边现有的少许数据做决定、为工作计划所控制

表 1-4 性格类型

ISTJ 爱分析的事物管理者	ISFJ 同情心丰富的事物管理者	INFJ 人际间的意念创发者	INTJ 逻辑批判果断的意念发明者
① 最可靠的人 ② 不屈不挠地完成任务 ③ 爱护家庭和学校 ④ 在家中的规矩很一致 ⑤ 有机会会与不负责任者结婚 ⑥ 衣着不会很多变化 ⑦ 在公司保护着公司的资源 ⑧ 喜欢做会计工作 ⑨ 不喜欢批评而被误会为冷血 ⑩ 责任感很重	① 很可靠，言出必行 ② 有历史感，并与生活联结 ③ 喜欢规矩而不要改变，否则无所适从 ④ 节俭而忠于家庭 ⑤ 爱与安静者做朋友 ⑥ 会有不被欣赏和了解的感受，但不易表达出来 ⑦ 有可能被不负责者吸引而结婚 ⑧ 爱实际而有保障的工作 ⑨ 爱做个人服侍的工作 ⑩ 要完成工作后才娱乐 ⑪ 不懂分配工作以需要独自完成，使自己疲倦	① 他的处事就是直觉能力 ② 知道有关未来、过去和现在的事 ③ 做决定时，针对价值的可能，可以容易做决定 ④ 很难显示自己的情绪 ⑤ 性格复杂但又一致，有时不能了解自己 ⑥ 喜欢同人工作 ⑦ 喜欢做医生、心理学家、辅导员、作家、牧师 ⑧ 希望家有和谐的关系 ⑨ 若批评别人，他会令人受伤 ⑩ 有很亲密的朋友	① 最有自信心，自我觉察能力很高 ② 根据事情的可能性，有理性与逻辑的思想 ③ 认为做事必须要有目标 ④ 很容易做决定，做了决定很舒服 ⑤ 仰望未来，不回顾过去 ⑥ 喜欢建立新制度 ⑦ 有自己的立场，不理会别人 ⑧ 不会与很多人发展关系 ⑨ 别人会觉得他很冷酷无情 ⑩ 容易在感情方面做错 ⑪ 缺乏群体意识

续表

ISTP 现实的操作者	ISFP 观察性忠心的帮助者	INFP 独立、想象丰富的帮助者	INTP 好奇的技术设计者
① 爱兴奋、怕闷 ② 爱寻找刺激 ③ 没有惧怕的 ④ 爱得荣耀 ⑤ 情绪稳定,快乐 ⑥ 不大信任人 ⑦ 忠于朋友 ⑧ 不是一个好领导 ⑨ 爱行动及与工具做事	① 很难被了解,要非常留意他们如何表达自己,因为他们会用间接的方法 ② 冲动、活在当下,不顾将来 ③ 最仁慈的 ④ 不易与人沟通 ⑤ 工作不感到疲倦和痛苦 ⑥ 喜欢音乐、舞蹈	① 理想主义者 ② 很关心理想,甚至愿意牺牲生命 ③ 易觉得别人不了解他而感到疏离 ④ 容易与外表安静的人倾谈,较怕羞 ⑤ 不用逻辑,会感性获得知识 ⑥ 很容易了解象征的意义 ⑦ 不喜欢假设,只喜欢真实 ⑧ 不想和别人发生冲突 ⑨ 很喜欢善良、积极的东西 ⑩ 不喜欢按规律做事,喜欢新的思想	① 思想和说话很准确 ② 不看重人外在的权柄,认为权柄在于合理性的力量 ③ 看重人的智力 ④ 会是势利的人,看不起人 ⑤ 喜欢分析工作 ⑥ 喜欢自己做事 ⑦ 忠于配偶,但不易表达自己的感受 ⑧ 喜欢平静 ⑨ 关心养育孩子 ⑩ 不易被了解 ⑪ 执着于原则和价值观 ⑫ 思想很复杂 ⑬ 对别人的感受不敏感
ESTP 事物间的现实适应者	**ESFP 人际的现实适应者**	**ENFP 热情的改变计划者**	**ENTP 创新分析性的改变计划者**
① 友善、活跃,惹人喜爱、易表达同感 ② 不挂虑,不自私 ③ 行为难以预料,易冲动 ④ 善用环境资源 ⑤ 不喜欢做长期性的工作 ⑥ 行为对象多数是人 ⑦ 评估人的动机很准确 ⑧ 善观察非语言的线索	① 戏剧性的人生,喜欢改革 ② 社交性,易适应新环境 ③ 聪明,常说机灵的话 ④ 为人乐观 ⑤ 容易利用环境资源 ⑥ 很大方 ⑦ 易试探,因冲动性大 ⑧ 不爱读书,只按需要去寻求知识 ⑨ 爱做一些交往的工作,喜欢做冒险性的工作	① 他们觉得每一件事都有它的真实意义 ② 观察力很强 ③ 热心工作 ④ 很独立 ⑤ 是一个客观的人 ⑥ 可以做很多不同的工作,但一定要是他有兴趣的 ⑦ 他会找新的方法去解决问题 ⑧ 很容易带领别人一起工作,但处理细节不好 ⑨ 不喜欢规律的工作 ⑩ 不想和别人冲突 ⑪ 很大方 ⑫ 与他人工作的能力很强	① 喜欢与人倾谈 ② 发挥使用的可能性 ③ 喜欢用分析能力解决复杂问题 ④ 有多方面兴趣 ⑤ 用心做事,也带动别人去做 ⑥ 尝试用新方法 ⑦ 喜欢斗智 ⑧ 喜欢发明、设计 ⑨ 不喜欢规律的工作 ⑩ 很想了解人 ⑪ 有幽默感 ⑫ 生活好像勇敢的冒险家 ⑬ 能供给家庭需要 ⑭ 不是一位附和者 ⑮ 机敏

续表

ESTJ 务实的组织者	ESFJ 务实的和谐者	ENFJ 想象力丰富的和谐者	ENTJ 直觉创意型的组织者
① 与人表层关系良好 ② 很实际 ③ 为人一致，言行合一 ④ 喜欢新事物，但不喜欢新观念 ⑤ 忠于工作、家庭甚至愿意牺牲自己来负责任 ⑥ 能有系统地执行工作 ⑦ 愿意做例行性的工作 ⑧ 对时间很重视且准时 ⑨ 易下判断，而流于武断 ⑩ 对别人的情绪不太敏感	① 是最具社交性的 ② 提倡人际关系的和洽，不想与人竞争或争执 ③ 爱担负社会工作或提倡发展社会传统 ④ 工作的对象是人 ⑤ 工作认真，接受别人的意见，需要别人的欣赏 ⑥ 在家尊重父母，易心软 ⑦ 家中有问题要立即解决 ⑧ 需要爱与被爱 ⑨ 喜欢生日及周年纪念 ⑩ 会因悲观、失望而紧张	① 天生是杰出的领袖 ② 愿意与人合作 ③ 关心人直至不能处理 ④ 觉得别人信任他，他也信任人 ⑤ 有时以为别人了解他，其实不是 ⑥ 说话很流利 ⑦ 很容易投入自己的情感 ⑧ 做决定是用预感和灵感 ⑨ 同别人工作想有和谐关系 ⑩ 忠于他的孩子，希望家庭平静 ⑪ 喜欢做戏剧家、治疗员、牧师、有号召力的教师、推销员	① 领袖型，年少时已表现出来 ② 无论做什么都希望有些结果，也想别人帮他达到预定的目标 ③ 憎恨重复的错，也不喜欢低效率 ④ 有异象亦能与人沟通自己的异象 ⑤ 喜欢成立新组织并希望发挥功能 ⑥ 用客观的方法解决问题 ⑦ 喜欢工作、忠于工作 ⑧ 在家中主持大局，对配偶期望很高 ⑨ 希望家居整齐、好好养育子女

知识点 5:价值澄清

活动:借船过河

有个男人叫 M，他要过河去和未婚妻 F 相会结婚，但两人一河相隔，M 必须要借船过河才能见到 F，于是他开始四处找船。

这时见一个女子 L 刚好有船，M 跟 L 借，L 遇到 M 后爱上了他，就问：我爱上你了，你爱我吗？M 比较诚实，说：对不起，我有未婚妻，我不能爱你。这么一来，L 坚决不把船借给 M，她的理由是：我爱你，你不爱我，这不公平，我不会借给你的！

M 很沮丧，继续找船，刚好见一位叫 S 的女子，就向她借船，S 说：我借给你没问题，但有个条件，我很喜欢你，你是不是喜欢我无所谓，但你必须留下陪我一晚，不然我不借给你。M 很为难，L 不借他船，S 如果再不借他的话就过不去河与 F 相见了，据说这个地方只有这两条船。为了彼岸的未婚妻，他不得不同意了 S 的要求，与 S 有了一夜情。次日，S 遵守承诺把船借给了 M。

见到未婚妻 F 后，M 一直心里有事，考虑了很久，终于决定把向 L 和 S 借船的故事都向 F 说了。可惜，F 听了非常伤心，一气之下与 M 分了手，她觉得 M 不忠，不能原谅。M 失恋了，很受打击。

这时他的生活里出现一位女子 E，两人也开始恋爱了，但之前的故事一直让他耿耿于怀，E 问 M 是不是有什么话要跟她说，于是，M 一五一十地把他和 L、S、F 之间的故事讲了一遍。E 听了后说:“我不会介意的,这些跟我没关系。”

要点:

请你把这 5 个人排个顺序,你认为谁最好,排在第一位,直到第五位;

请说明理由,为什么认为他 / 她应该排在该位置。

活动中这 5 个人分别代表一种价值观,你的选择就是你想要的,或者是你不想要的。

M——(Money)金钱,也代表商业;

L——(Love)爱情;

S——(Sex)性;

F——(Family)家庭;

E——(Enterprise)事业。

价值观是一套自我激励机制,它指向你一生中最生要的东西。价值观可以通过你如何利用时间和如何生活反映出来。

知识点 1:我的自画像

活动:美术拼接

(1)每人准备一张白纸,彩笔若干。

(2)画出自己(不是样子);找出自己最有特色的地方;能否有其他的改变?(或者每人准备一张白纸,另备胶水和剪刀,找一些废旧报纸、杂志,让学生用现有的东西拼出最能代表自己的图案。找出部分让其他同学猜,看是否有猜对的,再邀请部分同学分享自己拼接图案的含义)

(1)人不是一成不变的,改变自己的概念很困难,但并不是不可能。

(2)你要改变自己的哪些方面?为什么要改变,出了什么问题?

(3)你所在的环境阻止你的改变吗?你能扮演其他的角色吗?

(4)你愿意利用一些机会吗?现实的目标是什么?

（5）如何制定切合实际的目标？你能约束自己吗？

（6）有人支持你吗？

知识点 2:能力分类

工具:能力分类卡

能力：授权、执行、图像处理、监督、分析、团队、阅读、设计、时间管理、咨询、谈判、创新、战略思考、决策、销售、编辑、写作、情绪控制、综合、评估、指导、同时处理多个任务、计划、组织、观察、讲课、客服、适应变化、对数字敏感、抽象思考、处理混乱事务、激励、当众表演、出新主意、预见、直觉、应急、测试、记录

表 1-5 能力分类卡

	非常熟练	能胜任	缺乏、未掌握
最愿意			
非常愿意			
喜欢			

续表

	非常熟练	能胜任	缺乏未掌握
不愿意			
最不喜欢			

我们总是告诉别人，我们学了什么，甚至会拿出成绩单展示给企业。企业一般会认为这些是“知识”。你学了这些东西，也取得了不错的成绩，只能说明你可能具备了某些“能力”。那么，哪些说法是代表你的能力呢？

（1）那些你最愿意展示又最熟练的技能才是你的“才干”。

（2）你的选择也许是你希望的，不是你实际拥有的，但你只要有这个意识，通过学习与训练是可以达到。

（3）能力当然不止这些，这只是最常见的类型。

1）人和人的差别为什么那么大

宁铂，2 岁半时已经能够背诵 30 多首毛泽东诗词，3 岁时能数 100 个数，4 岁就学会了 400 多个汉字，5 岁上学，6 岁开始学习《中医学概论》和使用中草药，8 岁能下围棋并熟读《水浒传》。几乎一夜之间，这个戴眼镜的神奇少年为全国人民所熟知。

12 岁的时候，他考入了中国科学技术大学少年班。大学毕业后，他的人生开始发生了变化，第一次报考研究生，他却放弃了；第二次报名，体检后却又放弃了；第三次报名后经过了体检，也拿到了准考证，但是临考前，他又放弃了。放弃的理由是：害怕失败。因为他自己和其他人都不会允许一个神童的失败，所以在强大的思想压力之下，他一再放弃自己的理想，最后也没有参加研究生考试，他大学毕业之后留校当了老师，2004 年记者再去采访他的时候已经找不到人，据说已经出家了。

其实，他完全可以选择另外一种人生，但是由于心态的问题，就这样放弃了自己的才华而甘愿去寺庙中独守青灯。宁铂在学校的学习成绩特别好，智商也很高，他的人生错在考研究生这件事情上，他缺少的是自信和勇气，更多的是担心和害怕，所以造成了这样一种错误的选择。而在同一所学校，受同样的老师教育，都是中国神童，人生际遇的差别却很大，如以下的例子。

宁铂的同学张亚勤也是中国科技大学第一届少年班大学生。

1978 年，张亚勤 12 岁时考入中国科技大学少年班；

1989 年，获得美国乔治华盛顿大学电气工程博士学位；

1997 年，年仅 31 岁的张亚勤被授予美国电气电子工程协会院士称号，成为该协会 100 年历史上获得这一荣誉最年轻的科学家；

1999 年，回国加盟微软中国研究院，出任该院首席科学家兼副院长；

2000 年 8 月，出任微软中国研究院院长兼首席科学家；

2001 年 11 月，微软中国研究院升级为微软亚洲研究院，张亚勤任首任院长；

2004 年 1 月，升任微软公司全球副总裁，负责微软移动通信及嵌入式系统在全球的开发业务。

张亚勤和宁铂是同一所学校、同一个班级、同一个老师，甚至是同一个寝室的同学，毕业之后大家都是意气风发地走向了社会，但是结局却大不一样，当然，这在于个人的选择，本身没有对错之分。但是，对于很多人来说，大学毕业 10 年之后，有的人生活光明灿烂，有的人却暗淡无光。看到有的人比自己更杰出、更快乐、更阳光，有的人可能会感到迷茫，感到命运不公平，那不是因为他得天独厚，事实上你和他一样出色，唯一的差别就是你和他的心态不一样，他可能就比你多了一点点自信、勇气和快乐而已。

具备了好心情才能欣赏到好风光，积极的心态像太阳，照到哪里哪里亮；消极的心态像月亮，初一十五不一样。

2)关于性格的思考

在现实生活中，性格维度的两方面你都会用到，但仍会有一种天生的倾向于这一边或那一边的偏好。偏好往往会让你更舒服、更自觉。

表 1-6 外向与内向

精力：我们与世界的相互作用是怎样的以及我们的能量向何方疏导

外向 E	内向 I
我型我秀、派对动物、型男秀女	我行我素
说 > 听	听 > 说
先行动，再思考	先思考，再行动
与他人在一起时感到振奋	独自一人时感到振奋
希望成为焦点	避免成为焦点
喜欢边想边出声	在头脑中思考
易于被了解，愿与人共享个人信息	注重隐私，只与少数人共享个人信息
热情地交流	不把热情表现出来

续表

外向 E	内向 I
反应迅速,喜欢快节奏	思考之后再反应,喜欢慢节奏
较之精深,更喜欢广博	较之广博,更喜欢精深,有偏执狂倾向

表 1-7　感知与直觉

认知:我们自然地留意的信息类型

感知 S(视、听、嗅、味、触)	直觉 N(第六感 / 洞察力)
对数据表中的具体数值感兴趣	对数据表的表结构感兴趣
“分总”描述	“总分”描述
相信确定而有形的事物	相信灵感和推理
喜欢具有实际意义的新主意	喜欢新主意和新概念只是出于自己的意思
崇尚现实主义与常识	崇尚想象力和新事物
喜欢运用和琢磨已有的技能	喜欢学习新技能,但掌握之后容易厌倦
留心特殊的和具体的,喜欢给出细节	留心普遍和有象征性的,使用隐喻和类比
循序渐进地给出信息	跳跃式地以一种绕圈的方式给出信息
着眼于现在	着眼于将来,倾向于改变
关注细节,注意、记住事实	跑题、跳跃性思维

表 1-8　理性与感性

判断:我们如何做决定

理性 T(60% 男性)	感性 F(60% 女性)
对事不对人	对人不对事
后退一步,客观地分析问题	向前看,关心行动给他人带来的影响
崇尚逻辑、公平和公正,有统一标准	注重感情与和谐,看到规则的例外性
自然地发现缺点,有吹毛求疵的倾向	自然地让别人快乐,易于理解别人
可能被视为无情、麻木、漠不关心	可能被视为过于感情化、无逻辑、脆弱
认为诚实比机敏更重要	认为诚实和机敏同样重要
认为只有符合逻辑的感情才是正确的	认为所有感情都是正确的,无论有意义与否
受获得成就、欲望的驱使	受被人理解的驱使

表 1-9　决断与熟思

生活方式:我们是喜欢结构性强的工作(做决定)呢?还是更自由随意的工作(理解信息)呢?

决断 J	熟思 P
给出的结果斩钉截铁、关闭式的判断题	给出的结果模棱两可、开放式的选择题

续表

决断 J	熟思 P
做完决定后感到快乐	因保留选择的余地而快乐
具有工作原则；先工作再玩（有时间的话）	具有玩的原则；先玩再工作（有时间的话）
确定目标并按时完成任务	出现新的情况时便改变目标
想知道自己的处境	喜欢适应新环境
看重结果	看重过程
通过完成任务获得满足	通过着手新事物而获得满足
把时间看成有限的资源，认真对待时间期限	把时间看成无限的资源，认为时间期限是活的
果断、顽固、独断、不知变通	随遇而安、拖拖拉拉
需接受变革管理课程培训 P → J	需接受时间管理课程培训 J → P

——摘自《就业宝典》第二章“正确认识自己”

第一步　课前认知	
主要内容	教师评价
回答以下问题： (1)你有没有对别人说过：“这不像你！”？有没有别人对你说过“今天的你看起来和平时不太一样”？ (2)你是不是有过这样的困惑：别人所评价的我不是真实的我，没有人了解我，我所做的事情，不是别人所理解的那样？为什么？ (3)请谈谈如何才能将最优秀的自己展示出来。	

第二步　课堂学习	
主要内容	教师评价
本堂课学习笔记：	

续表

(1)本堂课你的参与程度如何？你对自己的哪些方面有了进一步的了解？ (2)请熟悉你的人讲一讲他们认为你超出他人的地方，写在下面吧！ (3)本节课如果给你一次分享机会，请谈谈你做过的感到非常骄傲或者非常高兴的事情。	

第三步　课后拓展	
主要内容	教师评价
(1)关于职业测评、自我认知等方面你觉得自己还应该了解些什么？ (2)通过本项目的“发现之旅”，你了解到自己的兴趣、个性与能力有哪些特点？请详细描述。	

(1)请总结：通过课前预习、课堂学习、活动交流及同学的分享等，你了解了哪些具体知识？ (2)请总结：通过本项目的实施和相关内容学习，你了解到自己是一个什么样的人？结合个人的特点思考你想做什么？适合做什么？能做什么？要做什么？ (3)通过本项目的实施你有哪些感想、收获和成长？

续表

签名：	日期：
本团队成员对你的评价：	
签名：	日期：
其他团队对你的评价：	
签名：	日期：
教师对你的评价：	
签名：	日期：

请学有余力的同学思考并学习整理如下内容：

（1）请结合所学做自我认知分析；

（2）请结合对本项目相关内容的认识和了解，制作一份个人职业生涯规划的 PPT。

项目 02 职业生涯规划

感觉很迷茫，不知道该做什么？学习、工作就像是打杂，这样有发展吗？上课如何提高学习热情？听说学长又换工作了，我可不想如此频繁，该如何发展？父母、老师、朋友、同学各有立场观点，似乎都对，却又让我无法说服自己，面临的问题交错复杂，自己看不清，理还乱……所有的问题源于你缺少专业的方法帮你理清思路、认清环境、整合资源，找到专属于你的解决之道。

职业生涯规划就是一个人的职业经历的计划。当一个人树立了要达到成功的目标并致力于去实现的时候，这个人就已经朝着自己的职业理想前进了。我们的生活原本就是为了经营一份美好的生命体验，体验爱、体验自由、体验生命的奇迹。但是，从开始工作，到职场新人，再到生意，最后到事业，都未必能够带来美满的生活。然而，生活却是我们追求事业的真正目的。所以，最棒的职业规划，不是做一份工作，不是找一个职业，不是做一点生意，不是做份事业，而是把经营自己的人生，变成我们的事业、我们的生意、我们的职业、我们的工作。

通过本项目的实践，我们将达到如下目标：

● 了解职业生涯规划的概念和意义；

● 增强科学规划职业生涯的意识；

● 掌握职业生涯规划与设计的步骤和方法；

● 深度思考自己的职业生涯规划与设计；

● 以赛促学，通过大赛的准备和实施培养大家积极向上的生活和学习态度，引导大学生自觉树立正确的成才观、择业观和就业观。

本项目小组通过对职业生涯规划相关知识的学习，结合上一个项目中了解的测评工具，充分考虑个人特点，立足大学的学习和生活现状，确定个人的职业目标，制定个人职业生涯发展规划。要求制作展示用 PPT，时间控制在 10 分钟左右。同学们需要根据准备好的 PPT 进行个性化展示、演讲，同时进行“现场答辩”。评委根据学生表现，并结合学生职业规划内容进行打分，亲爱的小伙伴们，加油吧！期待你们的表现！

1. 项目相关知识结构图

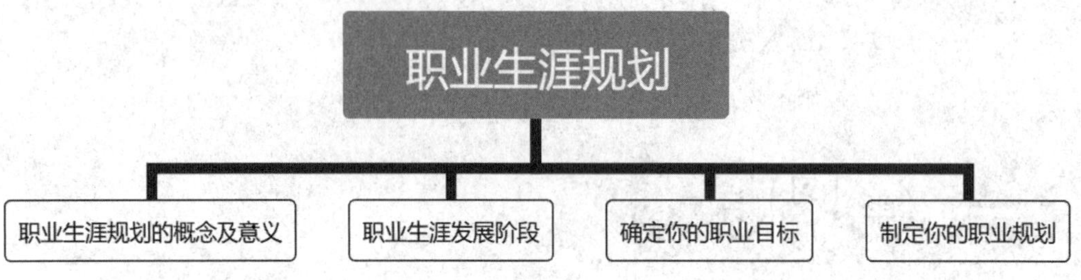

图 2-1 课堂知识结构

2. 相关知识点

知识点 1:职业生涯规划的概念及意义

游戏:世界末日

每位学生在纸上写下愿望。

(1)如果明天就会去世,回忆自己有什么未了心愿,把这些愿望写在纸上,这个清单可能会很长。

(2)如果还有一周的生命,在这一周里,问一问自己最想做的事情是什么?这些事情应该包含以上的清单内容。

(3)如果生命仅剩余一个月,又该如何度过它,同样将它写出来,这个名单会比上一个清单更长。

(4)如果生命可以延续一年,如何安排这 365 天?

每组派出 1~2 名学员分享自己的愿望。

总结:事实上,我们的余生会有 30 年、40 年、50 年,甚至更长,我们有多少事情要做,多少梦要圆? 当我们诚实地回答完这些问题,并将其列出来时,就是一份有生之年的“遗嘱”草案了。紧接着我们需要做的是制订计划,来实现这些愿望——我们是自己的委托人。许多人宁愿花更多的时间来计划如何度过下个假期,却不愿仔细考虑将占去我们一生 8 万个小时的职业生活该是什么样子。

职业生涯规划是指一个人通过分析和确定自身的知识、技能、兴趣、动机、态度等个人特

征，以及可以获得的选择和机遇后，设立职业生涯目标，制定达成这些目标和行动计划的深思熟虑的过程。简单来说，职业生涯规划就是一个人一生的工作经历，特别是职业、职位的变动及工作理想实现的整个过程。

当今，职业生涯规划是个时髦话题，许多地方开设了相关的课程或者专题报告与讲座，网络上也大肆炒作，一时间职业生涯规划成了求职者最为关注的热点之一。但不少求职者还没有真正理解职业生涯规划的确切含义，对职业生涯规划的重要性认识不足，不了解职业生涯规划的程序，缺乏进行规划的具体技巧。所以不少人对职业生涯规划或冷眼相对，或无所适从，或使规划流于形式，或不顾主客观条件任意随自己的兴致来“规划”，这都会导致职业生涯规划的应有作用不能充分发挥。

职业生涯规划具有特别重要的意义。

（1）职业生涯规划可以发掘自我潜能，增强个人实力。一份行之有效的职业生涯规划具有以下作用：① 引导你正确认识自身的个性特质、现有与潜在的资源优势，帮助你重新对自己的价值进行定位并使其持续增值；② 引导你对自己的综合优势与劣势进行对比分析；③ 使你树立明确的职业发展目标与职业理想；④ 引导你评估个人目标与现实之间的差距；⑤ 引导你前瞻与实际相结合的职业定位，搜索或发现新的或有潜力的就业机会；⑥ 使你学会如何采取可行的步骤与措施，不断增强你的职业竞争力，实现自己的职业目标与理想。

（2）职业生涯规划可以增强发展的目的性与计划性，增加成功的机会。职业生涯发展要有计划、有目的，不可盲目地“撞大运”，很多时候我们的职业生涯受挫就是由于职业生涯规划没有做好。好的计划是成功的开始，古语云，“凡事预则立，不预则废”就是这个道理。

（3）职业生涯规划可以增强应对竞争的能力。当今社会处在变革的时代，到处充满激烈的竞争。想在激烈的竞争中脱颖而出并立于不败之地，必须设计好自己的职业生涯规划。这样才能做到心中有数，不打无准备之仗。不少刚步入社会的求职者不是首先坐下来做好自己的职业生涯规划，而是拿着简历和求职书到处乱跑，总想会撞到好运气找到好工作，结果是浪费了大量的时间、精力与资金。到头来抱怨招聘单位有眼无珠，不能慧眼识英雄，叹息自己英雄无用武之地。这部分求职者没有充分意识到职业生涯规划的意义与重要性，认为职业生涯规划纯属纸上谈兵，耽误时间。这是一种错误的理念，实际上先做好职业生涯规划，有了清晰的认识与明确的目标之后再付诸实践，会更有效、更经济、更科学。

知识点 2:职业生涯发展阶段

活动:成功人士访谈录

每个小组访谈一位成功的职业人士，通过访谈，增进自己对职业、社会环境、职场注意事项以及职业生涯各阶段等方面的认知，写出访谈心得以及获得的经验，形成访谈报告。

续表

(1)小组负责人介绍访谈过程及访谈人物的经历。小组讨论访谈人物的事业经历了几个过程,并讨论一下职业与职业生涯有何不同? (2)也可播放名人纪录片,例如:介绍马云的纪录片、张艺谋访谈片等,讨论人物的职业历程经过了几个阶段? (3)请同学从时间上将其中一个人职业生涯分段。

本活动基于对其他人的工作经历的访谈和观察,通过分析,得出职业生涯是分阶段的结论,使同学们认识到职业与职业生涯的不同。

从时间层面上可以将职业生涯发展分为四个阶段。

表 2-1 职业生涯发展阶段

阶段	年限	目标
职业准备期	求学阶段	培养哪些能力,考取什么证书,进行什么社会实践
职业探索期	3~5 年	积累工作经验,掌握工作技能,提高职业素养,了解自身的优缺点,对职业方向进行合理调整,探索自己最适合做什么工作
职业发展期	5~10 年	不断实践提高,发挥自身能力,做出一番成绩,寻求突破和职务提升
事业开拓期	10~15 年	工作经验和能力达到最佳状态,成就终极职业目标

生涯由三个层面构成:第一,时间,即个人生命进程;第二,经历,即每个人一生所扮演的各种角色;第三,角色,即每个人对所扮演的各种角色投入的程度。

职业生涯与职业不同,职业生涯是一个动态、发展的概念,即把个人的职业生活看作一个动态、发展的过程。生命对于每个人都是极其宝贵的,因为我们在这个世界上只能停留一次。既然这一生是如此的宝贵,为什么我们不科学地安排和规划好自己的人生,让职业生涯光彩夺目呢!

每个人的职业都要经过几个阶段,一个人所处的职业阶段也会影响自身的知识水平以及对各种职业的偏好程度。因此,认识和理解职业生涯的发展阶段对个体未来乃至整个人生的发展具有重要意义。

一般而言,一个人可能经历的主要阶段大体分为成长阶段、探索阶段、确立阶段和下降阶段。把握住每个阶段可能出现的问题,提前规划,才能让自己掌握主动权,从而可能获得成功。

知识点 3:确定你的职业目标

小组研讨:做出你的 SWOT 分析

(1)请小组负责人介绍课前准备的 SWOT 分析法的相关知识;

续表

（2）所有同学在课堂进行自我 SWOT 分析；
（3）小组内部进行自我分析分享。你认为演讲最大的敌人是什么？

图 2-1　SWOT 分析

我们知道，要做一个客观合理的决定，需要理性分析。你要从事一样工作，可以 60% 依靠感性，但至少有 40% 得依靠理性。然而对于大多数忘记理性分析的人来说，与其说是忘记，倒不如说是他不知道该怎么分析。其实，合理进行职业生涯规划的方法有很多种，SWOT 分析法就是一种简单实用且非常有效的方法。

SWOT 分析法是管理学中一个常用的分析工具，此工具可以帮助检查个体的能力、喜好和职业机会。通过它会很容易知道个人优势和弱势在哪里，并且清晰地认识到自己感兴趣的不同职业的机会和威胁所在。SWOT 分别是四个英文单词的第一个字母，即优势（Strengths）、劣势（Weaknesses）、机会（Opportunities）、威胁（Threats）。其中 S、W 是内部因素，O、T 是外部因素。所谓 SWOT 分析法，指的是在四个维度上进行分析，然后通过矩阵式交叉的分析，找出适合自己的基本策略。

SWOT 分析法是由美国旧金山大学管理学院教授韦里克在 20 世纪 80 年代初提出来的。在此之前有人提出过 SWOT 分析中涉及的内部优势和劣势、外部机会和威胁这些变化因素，但只是孤立地对它们加以分析，而 SWOT 法用系统的思想将这些似乎独立的因素相互匹配起来进行综合分析。运用这种方法，有利于人们对目前所处情景进行全面、系统、准确的研究，有助于人们制定发展战略以及与之相应的计划或对策。

生涯规划中的 SWOT 分析是将自身各种内部（兴趣、性格、能力、价值观）优势、劣势和外部（家庭背景、社会环境、高校专业设置）的机会、威胁等，通过生涯相关测评工具，结合数据化分析，从而得出一系列具有决策性的结论。

学生在生涯规划过程中，要探索自身各种因素的优势与劣势，并根据这些因素来判断自身喜欢什么工作、什么专业，从事向往职业所对应专业目前存在或将来可能要面临的机会与威胁，根据这些问题制订行动计划，并在执行过程中平衡。

1）优势（Strengths）

对于大学生而言，所谓“优势”主要分为个人优势和资源优势。

所谓个人优势，指的是纯粹属于个人因素、不随外界而变化的优势，比如说你很聪明

（能作为优势，那当然不是一般的聪明了），又比如说你很漂亮（能作为优势，那当然不是一般的漂亮了），其实这些都是优势，你可以先记录下来，但真正严谨地分析下来，包含的领域应该更宽些。比如有些人口才很好，有些人交际能力出众，有些人具备某些文艺体育方面的特长，有些人很容易在第一印象给人以信赖感，而有些人大学时系统地读过一些书从而形成了某一领域较系统的知识，这些都是优势，也比较显性，你很容易把握到。

资源优势包括的因素也很多，如人力资源、财力资源、品牌资源、知识资源等。比如你的亲戚中有很有背景的人物，比如你无意中认识一些有能力的朋友，比如你家里可以直接给你一大笔钱用来投资创业，比如你所在学校是名牌大学，比如你所学的专业刚好市场稀缺。有些比较独立的同学，不想借助家族的资源而想凭个人努力去获取成功，那么他的境界已经超越了马斯洛需要层次论的下面四个层次，直接指向“自我实现”层了，而且，此时他无意中又拥有了一项很重要的个人优势，即独立意识和挑战欲望。

2）劣势（Weaknesses）

劣势，即相对于优势的各个角度而言，你所很欠缺的地方。找出劣势，对于战略规划的意义也非常重大，在了解自己能做什么之前，应先了解自己最好不要做什么、可能遇到什么麻烦，在懂得做加法之前，应学会做减法，这样可以帮我们减少挫败的概率。

大学生也有些较普遍的劣势，需提醒自己注意。比如：缺乏经验，自我期望值较高并因此造成在职的不稳定性，学校的知识很可能比较陈旧而不适用于企业，现代大学生活可能养成的许多不良习气（如懒散、易抱怨、不关心他人及其他基本素质方面的问题）等。

3）机会（Opportunities）

所谓机会，主要指外界而言，当然也包括学校可能提供的诸如出国、进修、升本、考研、对口实习等机会。不要以为校园内奔走相告的诸如“某某企业来学校招聘啦”才是传说中的机会，机会的分析其实需要很广的视角，宏观上包括国家的经济形势、产业政策、法律法规、各区域的产业发展态势、行业趋势等，微观上包括来自政府部门、企业、人才市场、学校或学长们提供的各类信息。尤其要关注新生的或者高增长预期的职业领域，和自己专业或自身优势有关的边缘性、复合型职业领域，职业竞争者稀少、国家强烈倾向的人才政策等利好信息。机会总是伫立在你不注意的角落，不多加关注难免会漏掉有价值的信息。

4）威胁（Threats）

威胁既包括人才市场竞争激烈、人才需求饱和、所学专业领域过缓增长甚至衰退、新的低成本竞争者（甚至是技术上的替代者）、人才需求方过强的谈判优势、不利的政策信息、新提高的职业门槛等，也包括自身的，比如身体健康隐患、家庭不稳定因素、糟糕的财务状况及还款压力等。威胁这个词听着总让人有些不舒服，但如果你能对此有所预防而别人不能，你就确立了一定程度的优势。所以，普遍存在的各类威胁也可能成为你参与社会竞争的有力工具。

职业目标的确定需要完成以下四步：① 进行 SWOT 分析；② 用内外条件交叉矩阵制定执行路径；③ 找到内心认定的职业发展方向，即职业锚定；④ 结合上述步骤确定自己职业发展的短期、中期和长期目标。

职业生涯目标的锚定，是以自己的价值观、最佳才能、最优性格、最大的职业兴趣、最有利的内外部环境等信息为依据而决策确定的。它是对人生目标做出的决策，是职业理想的进一步深化和具体化，意义重大。职业生涯目标分短期目标、中期目标和长期目标。目标确定后，可根据不同时期的目标，层层分解，从而确定符合实际的短期、中期、长期目标。人生大目标尽可能宏伟，不要求详细、精准；中短期目标应该既有激励价值，又要有可行性，并尽可能具体明确，并限定时间。

知识点 4：制定你的职业规划

小组研讨：零思考模式——我的 5W 分析

——Who am I？（我是谁？）
——What will I do？（我想做什么？）
——What can I do？（我能做什么？）
——What does the situation allow me to do ？（环境支持或允许我做什么？）
——What is the plan of my career？（我的职业规划是什么？）
请大家按照上述五个问题梳理自己的职业规划。

对于第一个问题“我是谁？”回答的要点是：面对自己，对自己进行一次深刻的反思，有一个比较清醒的认识，真实地写出每个想要的答案，写完了再想有没有遗漏，认为确实没有了，按重要性进行排序。

对于第二个问题“我想做什么？”可将思绪回溯到孩童时代，从人生初次萌生第一次想做什么的念头开始，然后随着年龄的增长，回忆这个变化的过程，把自己真心向往过想做的事一一记录下来。 写完后再想想有无遗漏，确定没有了，就进行排序。

对于第三个问题“我能做什么？”的回答则是对自己能力与潜力的全面总结，把确实证明的能力和自认为还可以开发出来的潜能都列出来，如做事的韧性、临事的判断力及知识结构是否全面、是否及时更新等。认为没有遗漏了，就进行排序。

对于第四个问题“环境支持或允许我做什么？”的回答则要根据上一环节的分析，从单位、本市、本省、我国和其他国家，自小向大，只要认为自己有可能借助的环境，都应在考虑范围内，在这些环境中，认真想想自己可能获得什么支持或允许，然后写下来，再以重要性排序。

在回答了前四个问题之后，如果能够成功地回答第五个问题“我的职业规划是什么？”最后的答案就产生了。明确了前四个问题，就会从各个问题中找到实现有关职业目标有利和不利的条件，列出不利条件最少、自己想做而且又能够做的目标，那么第五个问题自然就有了一个清楚的框架。

制定职业发展规划，具体应该怎么做？我们可以按如下步骤进行。

（1）自我分析，可参考 5W 分析法。

（2）自我诊断，诊断目前存在的问题。

（3）制订职业生涯通路计划，通路计划应该包括以下内容：① 描述各种变动的可能性；

② 反映工作内容、组织需要的变化；③ 详细说明职业生涯通路的每一个职位的学历、工作经历、技能和知识。

(4)明确需要做的培训和准备。比如，你什么做得好？什么做得不好？你还需要什么，是需要学习，需要扩大权利还是需要增加经验？再想，怎样应用你的培训成果？你拥有什么资源？那么，你现在应该停止做什么？开始干什么？培训和准备的时间如何安排？

(5)求询：可以同朋友、同事或专业咨询人员进行探讨或研究。

(6)总结并把自己的规划写出来。确定自己的职业发展领域，确定自己何时内部发展、何时重新选择，发展通路是怎样的。

1)故事：马努杰死亡回旋梯

亚美尼亚的马努杰是一名平凡的推销员，在他47年的职业生涯中，曾经为207个公司工作，平均一年换5次工作，平均两个月就被辞退或者跳槽一次。而这个纪录，已经成为职业生涯规划的一个案例——“马努杰死亡回旋梯”。

和“职场跳蚤”马努杰一样，不知道自己想要做什么的其实大有人在。我们很多人都在“马努杰死亡回旋梯”上，不过滑落的程度不同而已。

有研究表明，从专业的角度来讲，职业规划可以改善一个人的知识层面，有助于认清目标，指向性更明确，从而有效增强就业能力。

2)故事：追寻发财梦的两个年轻人

美国西部是一个非常诱人的地方，许多人都跑到那里打工，梦想到那里创造一个世界，挣更多的钱。其中有两个年轻人，一个是约翰，一个是斯蒂芬，他们在路上偶然相遇了，说起去打工的事情，两个人都对未来充满了希望，他们来到美国西部，就开始不断地寻找机会。

有一天，两人同行时，有一枚硬币躺在地上，约翰看也不看就抬着头过去了，而斯蒂芬却毫不犹豫地把那枚硬币捡了起来。约翰看着斯蒂芬不由得露出了鄙夷的神情，他想：“真没出息，一枚硬币也要捡，哪像干大事业的人！”而斯蒂芬却想：“看着让钱白白地从身边溜走，怎么能成就事业呢？”

两个人又同时走进一家小公司。工作很累，工资也低，约翰不屑一顾地走了，而斯蒂芬却高兴地留了下来，努力地工作着。约翰走了一家又一家的公司，他在不断地寻找着机会。两年后的一天，两人在街上相遇了，斯蒂芬由于努力工作，已经干出了一番事业，自己成了老板，而约翰却仍然没有一个固定的工作。

约翰感到非常不理解，斯蒂芬是一个连硬币都捡的人，这么没出息，怎么可能做出一番事业呢？

“罗马不是一天建成的。”不要轻视任何微小的收获或进步，不肯从小事做起的人注定不能成功。

3)SWOT分析的六个步骤

第一步：S和W——评估自己的优势和劣势。

不管是从遗传学的角度，还是从后天成长环境来分析，每个人的气质类型不同，性格特征迥异，天赋、能力也会不一样，但是每个人都会有自己擅长的领域。有的人喜欢整天独坐实验室里搞科研，而有的人就不能忍受缺乏交流的工作；有的人对数字敏感，而有的人看到数字就头疼。另外,环境的优势和劣势也要考虑。因此,优势和劣势需要从个性特征、主要经历和体验、教育背景、成功和失败的事件等方面进行分析,然后弥补自己的劣势,发挥自己的优势。

第二步:O 和 T——评估行业的机会和威胁。

每一个行业在发展中都存在机会和威胁,看清楚了你向往的行业所存在的机会和威胁,将有助于你进入该领域后的能力发挥。如果你所从事的职业刚好处于一个常受到外界不利因素影响的行业里,那么你的发展也将受到很大的限制。相反,充满了许多积极外界因素的行业将为你提供广阔的职业前景。因此,在决策之前,先列出自己感兴趣的一两个行业,然后认真地评估这些行业所面临的机会和威胁。

第三步:列出今后 3~5 年内个人的职业目标。

列出自己未来 5 年内最想实现的 3~5 个职业目标,这些目标可以包括你想从事哪一种职业、做到什么样的层次、希望自己拿到多少薪水等,并列出这些职业目标对个人和环境的要求。

第四步:选择和自己的优势以及外部机会最匹配的职业目标。

在了解了自己的优势、劣势及外部环境的机会和威胁以后,就需要我们发挥优势因素,克服劣势因素,利用机会因素,化解威胁因素,这样才能够做出效益最大化的决策。

S/O 对策(最大与最大对策),即着重考虑优势因素和机会因素,目的在于努力使这两种因素都趋于最大。

S/T 对策(最大与最小对策),即着重考虑优势因素和威胁因素,目的是努力使优势因素趋于最大,使威胁因素趋于最小。

W/O 对策(最小与最大对策),即着重考虑劣势因素和机会因素,目的是努力使劣势趋于最小,使机会趋于最大。

W/T 对策(最小与最小对策),即考虑劣势因素和威胁因素,目的是努力使这些因素都趋于最小。

其中, S/O 对策是 4 大策略中最重要的,因为很多劣势是难以弥补的,与其着重于弥补劣势,还不如突出优势。因此在几个自己感兴趣的职业目标中选择与 S/O 对策最匹配的职业目标,这样自己的努力也将更容易得到回报,事半功倍。

第五步:制订一份今后 3~5 年的职业行动计划。

再美好的愿望只有付之于行动才能成为现实。列出一份最匹配职业目标的行动计划,并且详细地说明为了实现这一目标需要做的每一件事以及完成这件事的时间节点。

第六步:寻求帮助。

发现了自己的劣势以及制订了自己的行动计划以后,还需要周围的人来协助你改善自身的劣势、监督计划的执行。因此,你需要外界的帮助,包括父母、朋友、配偶、专业咨询人员等。

4)生命清单

一个叫约翰·戈达德的外国人在 15 岁时,就把自己一生要做的事情列了一份清单,称之为“生命清单”,给自己明确了所要攻克的 127 个具体目标。比如探索尼罗河,攀登喜马拉雅山,读完莎士比亚的著作,写一本书,等等。44 年后,他通过顽强的努力,实现了 106 个目标。

生命清单,其实就是人生计划,它是由一个个具体的必须付诸努力的目标组合而成的。它可以围绕一个主题精心布局,亦可以涉及不同的领域和命题,最大程度地丰富生命。作为个体生命自我觉醒意识的体现,“生命清单”是一种有序的、遵循一定步骤的、有益人生的规划。当然，由于主观意识的差异和客观条件的制约，并不是每一个人都能洞察自身的潜能和实际，来制订整个一生的计划，但针对人生某些时段的某些事，我们完全可以也有必要，仔细地安排做事的程序和要点，作为行动的依据和指南。

生命清单，不光是安排先做什么后做什么，更为重要的是，它使我们树立了一种理想和追求。

5)策划法则

成功的目标。强烈的成功动机主要靠内部激发。没有激情成不了大事，这里的激情，就是指对成功的渴望，从内心里激发出来的对成功的追求。当你把目标与自己一生的使命相联系时，你会发现人生的每一天都有它确定的意义。所以，明确自己人生的大目标，对把握好目标有直接的促进作用。遗憾的是，有相当多的人是随波逐流地生活着，他们对自己的人生没有任何目标，要么认为时间还长着呢，要么认为“一切自由天安排”。这些对自己的人生没有任何设想的人，是很难激发起平时学习和生活中的动力与激情的。认识到自己的责任与使命，并愿意为之付出努力，是内部激发成功动机的最直接的方式。无论通过何种方式激发自己的成功动机，有一点是明确的，即这种动机越早激发越好。因为它将引导自己的行为。

认真策划人生每一步。有道是：“凡事预则立，不预则废”。对自己做的或将要做的事没有任何准备，就是在为失败做准备。实际上，学会制订每一阶段的计划，不仅仅是一个学习习惯的培养问题，也是一个对运筹能力的锻炼过程。一份切实可行的学习工作计划，要综合考虑自己各科的发展水平，充分把握并有效利用自己的作息规律，还有对学习、工作的合理搭配等等。可以说，一份好的学习工作计划，就是一个小而全的系统工程。它能整合各种学习工作以达到最优，从而大大提高学习工作效率。如果你每天的计划都能完成得很好，那么你所盼望的成功，就会水到渠成。有计划地学习工作，最关键的因素是按计划实施的决心和毅力，它是对个人自觉性和自制力的最大挑战，只有那些经受了这一挑战的人，才有机会获得成功后丰厚的馈赠。制订每一阶段的计划务必做到具体而明确。有一个著名的马拉松运动员在谈到他成功的秘诀时说：“我有意将我长跑路线上的几个地点记得烂熟，所以，每当我跑完一个里程时，我心里就想着下一个里程的名字，这样，一段很长的路线就被我在心里分割成好几段小的里程，而我需要做的就是全力跑完这些短的里程。”日本人也主张每天努力改善一点点，他们认为，即使进步不能使你闻名世界，但却一定有助于做出更好的成绩和获得成就感。每天进步一点点，其实最适合于完成我们的目标。

第一步　赛前认知	
主要内容	教师评价
回答以下问题： (1)你的理想和梦想是什么？你近3年的目标又是什么？	

续表

(2)你考虑过怎样实现自己的人生目标吗？你觉得为什么要进行职业生涯规划？ (3)你对什么最感兴趣？ (4)你做人和做事的价值观是什么？ (5)你具有什么特殊的天赋？ (6)你具备哪些知识、技能或专业特长？ (7)你有哪些优点和缺点？ (8)你拥有哪些资源？比如:家庭情况、朋友人脉、其他关系等…… (9)你的展示该如何开场？	

第二步　职业生涯规划大赛	
主要内容	教师评价
(1)结合下表内容,请认真考虑职业生涯规划大赛现场展示应该注意哪些问题。	

续表

表 2-2 大赛准备项目

需准备项目	准备过程描述	备注
仪表仪态		
演讲语态		
比赛台风		
设计思路		
PPT 效果		
其他		

(2)请将自己和每位演讲者的讲述逻辑在下方用流程图表示出来。

(3)你对其他组的展示提出了哪些意见和建议?

表 2-3 对他人的意见和建议记录表

组别	演讲人	我的意见及建议

(4)同学们对你们组或你的表现提出了哪些意见和建议?

表 2-4 同学们的意见和建议记录表

同学们的意见和建议

续表

<table>
<tr><td>(5)教师对你们组或者你的表现提出了哪些意见和建议？

表 2-5　教师的意见和建议记录表
<table><tr><th>教师的意见和建议</th></tr><tr><td></td></tr><tr><td></td></tr><tr><td></td></tr><tr><td></td></tr><tr><td></td></tr><tr><td></td></tr></table></td><td></td></tr>
</table>

<table>
<tr><th colspan="2">第三步　赛后拓展</th></tr>
<tr><td>主要内容</td><td>教师评价</td></tr>
<tr><td>(1)总结本组或本人职业生涯规划大赛表现。

表 2-6　演讲表现总结表
<table><tr><th>表现好的方面</th><th>表现不好的方面</th></tr><tr><td></td><td></td></tr><tr><td></td><td></td></tr><tr><td></td><td></td></tr><tr><td></td><td></td></tr><tr><td></td><td></td></tr><tr><td></td><td></td></tr></table>
(2)经过本次比赛，请你总结本组或本人需要改善的地方并思考具体做法有哪些？请列出计划。</td><td></td></tr>
</table>

(1)你在职业生涯规划大赛准备环节都做了什么，现场是否达到了预期的效果？

续表

<table>
<tr><td colspan="2">（2）整场比赛中你对哪位同学印象深刻？为什么？

（3）请总结：通过赛前准备、课余学习、比赛实施、同学分享、教师点评等你了解了哪些具体知识？

（4）请总结：通过本次大赛的准备、训练和实施，你在哪些方面有所提升？请举例具体描述。

（5）通过本项目的实施，你有哪些感想、收获和成长？</td></tr>
<tr><td>签名：</td><td>日期：</td></tr>
<tr><td colspan="2">本团队成员对你的评价：</td></tr>
<tr><td>签名：</td><td>日期：</td></tr>
<tr><td colspan="2">其他团队对你的评价：</td></tr>
<tr><td>签名：</td><td>日期：</td></tr>
<tr><td colspan="2">教师对你的评价：</td></tr>
<tr><td>签名：</td><td>日期：</td></tr>
</table>

请学有余力的同学思考并学习整理如下内容：

（1）结合大赛所学，通过对自己的透彻分析和对职业目标的深入思考，进一步修订个人职业生涯规划；

（2）运用 SWOT 分析法，在生活过程中，完成一次决策，并附说明；

（3）请认真思考，列出实现目标的途径和具体计划并去执行。

项目 03　会议管理

现代社会是一个团队合作的时代，在团队中会议的功能无论怎么强调都不过分。因此有效组织、主持、参与会议将成为一个职场人士的核心素质。本项目会引导你一步步了解会议的意义、流程以及会议过程中的关键事件。

同时，会议作为一项重要的团队工作，需要使团队中达成的议题、目标等成果，有进一步落实的跟进与监督。因此会议的功能就已不仅仅是一个思考汇集，而且也是行动促进与监督的一种有效手段。随着科技的进步，一些建立在新技术基础上的会议也应运而生，比如电话、电视、网络会议等现代会议形式。但无论会议的形式如何因为技术进步而变化，会议的精神与内涵还是稳定的，即在会议过程中必然会产生一些心理现象。

总之，完成本项目的学习，你将是一个会议的召开者、主持者及参与者。

通过本项目的实践，我们将达到如下目标：

- 明白高效会议的关键因素；
- 对会议的流程、相关要素有一个大致的把握；
- 掌握高效会议组织的过程，能为一个会议做准备并组织一个会议；
- 明确会议的流程；
- 掌握作为主持人的会议控制技巧；
- 对会议的议题结果进行最大可能的跟进与督促；
- 了解目前最流行的几种会议形式。

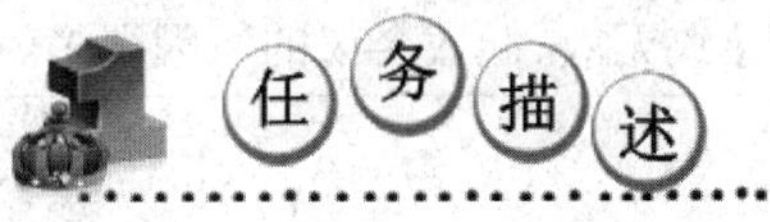

本项目通过小组内部学习会议管理相关知识。在本小组内自拟议题，组织一次会议。并结合所学整理会议都做了哪些准备，会议流程如何安排，如何主持实施，沟通效果如何，实施过程是否高效，如何记录以及会后跟进情况如何等，收集相关情况，汇总并以组为单位在课堂上分享心得。时间要求：每组 10 分钟左右。

1. 项目相关知识结构图

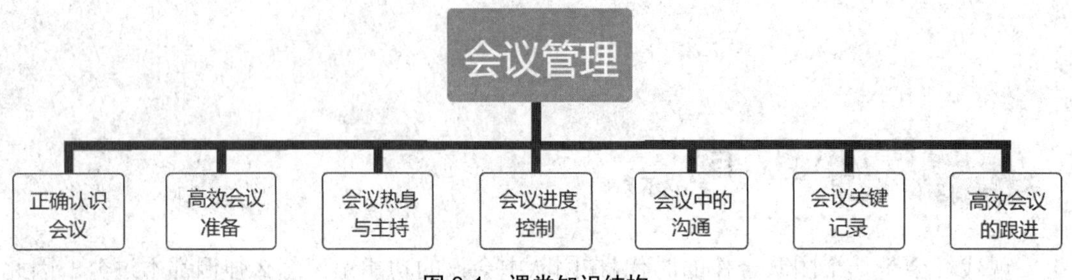

图 3-1 课堂知识结构

2. 相关知识点

知识点 1:正确认识会议

小组研讨:认识会议

——你喜欢参加会议吗?
——谈谈你对会议的印象,阐述你的观点和理由。
——以小组为单位进行意见交流和讨论。
讨论时间:3 分钟。
选取 2~3 人进行发言。
注意观察:① 会议有哪些应用场合?② 开会的目的是什么?③ 会议起到了什么作用?④ 会议出现了什么问题?
要点:① 会议本身很有用;② 无效会议很多;③ 导致无效、低效会议的原因很多。

1)会议的意义

(1)会议是一个集思广益的渠道。如图 3-2,会议是一个集合的载体。通过会议使不同的人、不同的想法汇聚一堂,相互碰撞,从而产生“金点子”。许多高水准的创意就是开会期间不同观念相互碰撞的产物。

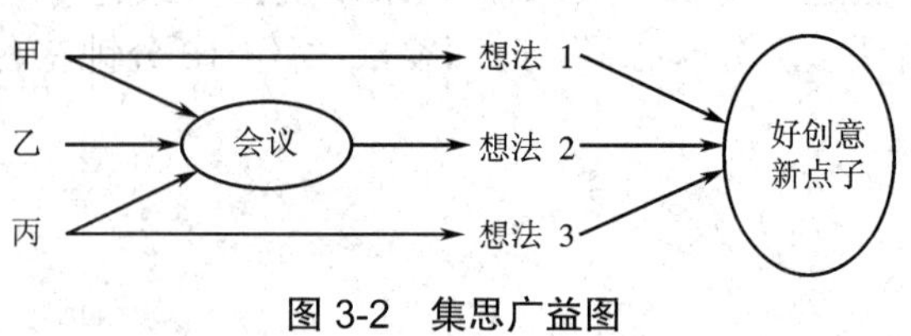

图 3-2 集思广益图

(2)会议显示组织或部门的存在。会议总是在大于一人的情况下发生的,即使是只有两个人的会议,这两个人也是一种小型组织。没有不开会的组织或部门,一个组织或部门不召开会议,它的存在价值就会受到质疑。因此,会议能够充分显示一个组织或部门的存在价值。

图 3-3　组织或部门与会议

(3)会议是重要的群体沟通方式。开会很少是一对一的沟通,绝大多数情况下都是一种群体沟通。随着科技的迅猛发展,人们的沟通方式越来越多,现在人们可以通过 E-mail、多媒体等多种形式进行沟通,但是,群体沟通,即会议这种方式,是任何其他沟通方式都无法替代的。因为这种方式最直接、最直观,这种方式最符合人类原本的沟通习惯。

2)会议的目的

(1)开展有效的沟通。会议是一种多向交流,可以集思广益,实现有效沟通是会议的一个主要目的。

(2)资讯传达。会议可以向员工通报一些公司决定及新决策,也就是说向员工传达来自上级或其他部门的相关资讯。

(3)监督员工的工作进度、协调工作矛盾。许多公司或部门的常规会议的主要目的是监督、检查员工对工作任务的执行情况,了解员工的工作进度;同时,有效协调上下级以及员工之间的矛盾。

(4)达成协议、解决问题。达成协议与解决问题一般要经历以下六个步骤,通过这六个步骤,最终实现协议的达生和问题的解决。

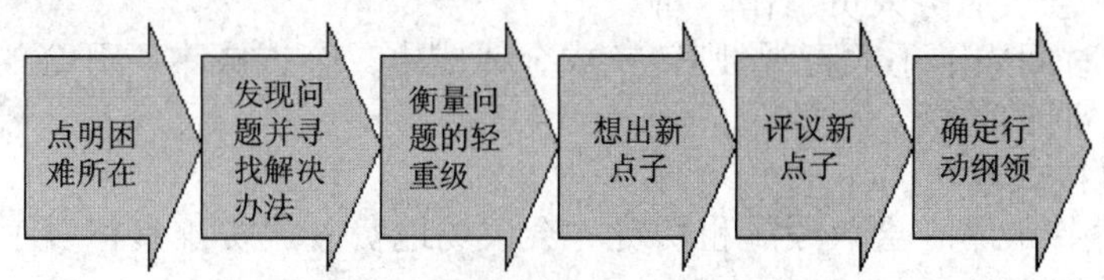

图 3-4　达成协议与解决问题的六个步骤

(5)决策和资源共享。利用开会汇集资源,以期相互帮助,共同进步。

(6)开发创意。开发创意的会议目的突出反映在广告公司、媒体公司中。通过举行会议,形成新的构思,并且论证新构思,使其具有可行性。

(7)激励员工的士气。年初或年底的会议通常具有这一目的性。这种会议是为了使公司上下团结一心,朝着一个方向共同努力。

(8)巩固经理人地位。经理或主管为了体现自身的存在价值,也为了巩固自己的地位,经常会召开一些上下协调会议,以此来强化自己的地位。

3)会议的种类

会议可以按照人数、开会方式和开会目的进行分类,每一种分类都从一个方面反映了会议的作用,每一种分类都与人们的实际需要、社会的不断发展密切相关。

表 3-1 会议的种类

按人数分类	按开会方式分类	按开会目的分类
团体会议 一对一会议	面对面会议 电话会议 视频会议	固定的部门会议 临时处理突发事件的会议 宣布人事安排和政策的会议 当众表扬或批评别人的会议 集思广益的会议

4)会议的频率

每种会议都有其合理的发生频率,只有掌握了合理的会议发生频率,才能更高效地利用各种会议解决问题、达到目的。

(1)固定的部门会议:至少每月一次(建议频率)。

注意事项:会议每周不能多于一次,否则容易形成拖沓的不良习惯;将会议时间记录在笔记本上,以防因一时疏忽造成工作上的被动。

(2)全体会议:至少每月一次(建议频率)。

注意事项:利用全体大会通报政策,但不能频繁,否则会给公司造成沉重负担。

(3)处理突发事件的会议:随时(建议频率)。

注意事项:切忌太频繁,否则会使员工感觉日日有危机,会让公司陷入做事无条理的可怕境地。

(4)一对一会议:按需要(建议频率)。

注意事项:可以按需要天天发生,但是开会时间最好不要超过 1 小时。

5)会议成本的计算

会议成本分为时间成本、会议直接成本和效率损失成本 3 种。会议成本是非常可观的一笔数目,因此万万不可等闲视之。

(1)会议的时间成本。

时间成本 = 参加会议的人数 ×(与会者的准备时间 + 与会者的旅行时间 + 会议秘书工作时间 + 会议服务人员工作时间)

注意:如果时间成本不太直观,则转换成金钱成本。金钱成本 = 开会的时间成本 × 与会人员平均每小时的薪资。

(2)会议直接成本。

会议直接成本 = 会议设施租赁费 + 会议场地费 + 旅费 + 食宿费 + 文件准备费

(3)效率损失成本。

开会时,主管人员必须离开自己的工作岗位,这有可能造成公司整体管理效率的下降。由于管理效率下降而造成的损失,就是效率损失成本。

知识点 2:高效会议准备

小组研讨:失败的会议

案例:

(1)大会小会一大堆,到处“赶场子”,更有甚者临时被抓去当“壮丁”,会开了半天还不知道是什么会，迷迷糊糊的时候还经常被点到发言。一个说你应该这么干，另一个说你应该那么干，会议结束了还是不知道自己到底应该怎么干，做了怕出问题，不做又被说成积极性不高。

（2）会开了半天，还没有进入主题，在外面兜圈子，你说一句，我说一句，变成了茶话会，有用的话一句没有，废话说了一大堆，半天还讲不完。终于拐到正题了，大家你一言我一语，谁都说服不了谁，最后还是不知道怎么办。要不就是大家都一言不发。会议结束时，要么匆匆做出决策，要么就是下次继续。

（3）各位"老大"们开始的讲话里已经把方案和分工明确定了，谁还敢忤逆"老大"的意思，提出不同意见呢，所以尽管腹中有千言万语，口中也只有一句"我完全赞同"；或者有想法的参会者半天也得不到发言的机会，好不容易轮到了，刚开口就被打断，扯了半天，等话题回来后，思路却怎么也理不出来，想说的说不出来，憋得难受。

（4）好不容易把相关的人员都找齐，原想终于大家可以面对面解决问题了，谁知刚刚提出问题，有人就像"怨妇"一样开始诉苦。这种情形像病毒一样开始扩散，导致一个接着一个，都愁眉苦脸，唉声叹气，你推我挡，更有神奇者最后把问题的原因归结为大自然。

（5）本来一个问题已经困扰自己很久了，可算想出解决的办法，希望通过会议协调公司的资源来解决，但是刚刚达成几点共识，就发现要想解决这个就要先解决那个，一个连一个，想解决的问题没解决，其他的问题却出来一堆，可谓旧伤未愈，又添新愁。

（6）早上的会开到晚上，不知道什么时候要自己发言，要讲什么东西；会上领导和同事都在，说的每句话都要负责任，自己还没来得及想好的时候领导要你表态，你说怕不怕？

（7）一天开好几个会，开始的会议还好，到了最后的会议，说"神经快崩溃"一点也不为过，基本上迷迷糊糊地听，稀里糊涂地讲。过后想想，基本上自己说了什么恐怕都不记得，至于形成的决议就更记不清楚。

问题：（1）你都看到了哪些会议问题？（2）什么原因导致这些问题的出现？（3）如何减少或避免以上问题的出现？

以小组为单位进行意见交流和讨论。

讨论时间：5分钟。

要点：按小组轮流进行发言，第一组先派一名成员只能说一个会议问题，第二组派一名成员找出问题的原因并给出解决办法，第三组、第四组、第五组、第六组依次轮流。一遍之后反过来，第二组找会议问题，第一组给出原因和解决办法。发言人员不能重复。

总结：（1）会议准备。（2）会议过程控制。（3）会议跟进。

1）如何判断是否需要开会

在开会之前，先问一个问题：这个会到底要不要开？

（1）不需要开会的情况。

如果还有比开会更好的方法，即如果能够通过一些看似原始的方法（例如写纸条、打电话或发邮件等）达到与开会同样的目的，就无须举行会议。这些方式可能在感觉上不如开会那么痛快淋漓，然而却简洁有效，对于一些问题的解决具有经济实用的优势。

如果你是唯一可以做决策的人，那么一定不要浪费时间召开耗时长久的会议。首先，因为他人的参与可能把问题变得更糟；其次，决策既然只能由你做出，如聚集他人集体讨论，结果又推翻他人意见，这种做法既不利于解决问题，又容易陷入尴尬境地。

会议成本是一个绝对不容忽视的问题，一定要做好会议成本的预算，不能用高昂的会议成本来换取某些会议的发生，因为长此以往公司必然会不堪重负、得不偿失。

（2）一定要开会的情况。

听取部门汇报工作最好采用会议的形式，不能用每周或每月交一次书面报告的方式取代。定时交书面报告往往会流于形式，使公司上下形成为了交报告而交报告的不良风气，使公司内部缺乏沟通，使建议无法畅通，长此以往，后果不堪设想。因此，每月一定要召开正式的会议，听取部门汇报工作，使各种信息在公司内部高效流通。

表扬和批评是两种很好的激励方式，而当众的表扬和批评具有更强的影响力。采用会议的形式表扬或批评，有利于充分发挥表扬或批评的作用。在大会上当众表扬“明星员工”可以树立标杆，充分发挥榜样的好作用，有效推动竞争；当众批评某些情节严重的错误行为，有利于警醒员工，避免同类事情再度发生。

当你给某一个项目小组或者部门分配任务时，一定要举行会议，不能采用邮件或者其他书面形式。因为分派任务意味着要达到团结上下、协作完成任务的目的，只有通过会议把任务公共化、明确化，才能促进协作，从而保证任务的及时完成。

2）会议准备的作用和方法

（1）会议准备的作用。选择最恰当的讨论方式；使与会者对讨论有清楚的方向可循；清楚地告知与会者应有何种行为表现；节省时间与减少冲突。

（2）会议准备的 1H5W 法。1H5W 是指会议准备工作需要特别注意的 6 个方面，用英文缩写表示为 1H5W。Why：会议的目的；What：讨论的话题；Who：参加者（确认与否、事先准备）；When：日期及开始、结束时间；Where：地点及设备；How：规章制度等。

3）会议准备的内容

会议的具体准备工作相当于会议的硬件，因此必须要面面俱到。将这些具体的工作一一列出就是一张会议准备工作核对单。这张核对单内容繁多，是会议成功的有效保证。以下 20 个条款是一般会议都应该注意的一些硬性因素。

表 3-2 会议准备工作核对单

序号	内 容	序号	内 容
①	了解会议的目的	②	是否一定要开会
③	确定会议的形式	④	安排会议的议程
⑤	决定会议的时间	⑥	确定会议的主持人
⑦	决定会议的地点	⑧	研究会场如何布置
⑨	确定出席人数	⑩	安排出席者座位
⑪	是否准备会议名签	⑫	是否安排交通工具
⑬	是否安排参会者住宿	⑭	是否发出了会议通知

续表

序号	内 容	序号	内 容
⑮	确定视听教材	⑯	确定辅助教材
⑰	准备会场周边位置图	⑱	是否要求参会者准备资料
⑲	确定自己人的相关资料	⑳	是否安排会后其他项目并做好事先通知

4)主持人的 4 个准备工作

(1)设定沟通目标。

(2)制定行动计划。

(3)预备可能的争执。

(4)进行 SWOT 分析。

知识点 3:会议热身与主持

课堂测评:你的会议表现

表 3-3　会议调查表

问 题	从不	有时	常常	总是
① 我让发言者讲完他们的观点后才发言。				
② 当我发表一个主张或观点时,我是自信的。				
③ 当我出错时,我能承认。				
④ 我紧张时能控制自己的语调。				
⑤ 我的身体语言显示自信。				
⑥ 每次参加会议我穿着得体。				
⑦ 会上我仔细倾听他人说些什么。				
⑧ 我为每次所参加的会议作好全面的准备。				
⑨ 我仔细地回顾以前的会议备忘录。				
⑩ 我预先调查其他与会者的看法。				
⑪ 出席会议前,我知道我的目标是什么。				
⑫ 我与其他与会者拥有共同的目的。				
统计个数				
⑬ 每次我都让会议准时开始。				
⑭ 我确保与会者都能理解上次会议的备忘录。				

续表

问 题	从不	有时	常常	总是
⑮ 每次会议我都按照经批准的议程进行。				
⑯ 我给全体与会者解释清楚每次会议的目的。				
⑰ 我允许大家畅所欲言。				
⑱ 我了解每个与会者的动机和潜在目的。				
⑲ 我确保在每次会议中全体与会者都积极投入。				
⑳ 我确保自己为每次会议都作了充分的准备。				
㉑ 每次正式会议开始前我都会参阅会议程序指南。				
㉒ 我确保每次会议的备忘录全面而正确。				
㉓ 我确保与会者了解下次会议之前所要采取的行动。				
㉔ 我确保与会者知道下次会议的时间和地点。				
统计个数				

注：请尽可能实事求是地回答以上各题，在最接近你情况的选项后面划“√”，并统计每种选项你选择“√”的个数。讲师将说明意义。

要点：

1~12 题是评估学生的参会技巧。选“从不”，得 1 分；选“有时”，得 2 分；选“常常”，得 3 分；选“总是”，得 4 分。相加计算出总得分，从而分析学生的参会能力。不论学生参加会议的技巧水准有多高，重要的是要记住总有需改进的地方。找出学生的薄弱方面，引导学生有针对性地改进和磨练参加会议的技巧。

12~24 分：需要全面注意你的技巧。当你参加会议时，始终要有明确的目的，并争取达到目的。

25~36 分：你在会议中表现得比较好，但某些技巧需要进一步改进。

37~48 分：在会议中表现得很好，但不要自满，继续为参加的每个会议做好准备。

13~24 题是评估学生的会议主持能力。选“从不”，得 1 分；选“有时”，得 2 分；选“常常”，得 3 分；选“总是”，得 4 分。相加计算出总得分，从而分析学生的会议主诗能力。不论学生主持会议的技巧水准有多高，重要的是要记住总有需改进的地方。找出学生的薄弱方面，引导学生有针对性地提高和磨练主持会议的能力技巧。

12~24 分：当会议主持人的技巧需要大大改进。重新考虑你是如何担当这个角色的，并采取行动。

25~36 分：有一定的会议主持能力，但必须集中改进你的弱点。

37~48 分：主持的会议应能顺利进行，但是每次会议各异，所以要不断地做好准备。

会议开始首先要由主持人开场说明：致欢迎词、说明会议的目的、会议的议程安排、会议过程中的守则。一般会议要遵守以下守则：① 所有与会者都要准备在会上发言；② 准时开

始，准时结束；③ 各业务单位负责人对决议能否达成负直接责任；④ 所有与会者应知道维护别人的尊严，不在会中羞辱别人，这条规则最重要，需特别注意；⑤ 意见不同是好事，议论才能面面俱到，甚至需要有人扮"黑脸"；⑥ 会议结束 2~3 天后，所有与会者应拿到会议记录；⑦ 所有与会者应承担起对会议质量进行反馈的职责。

一定要注意，会议过程中主持人往往因为身份的特殊而成为会议主角。但会议主持人要随时明确自己是一个组织者，而不是主角，主持人的存在是为了保证会议顺利举行。

一个成功的会议开场，对会议的成功是一个重要的保障。避免开场时的紧张，准备工作是关键：如果你知道自己将会以什么话题作为开场白，你就会放松下来。更重要的是，你可以给整个会议带来一个富有组织、卓有成效的开始。

有效而成功的开场，要把握以下几点。

（1）准时开会：对于每一位职业人士而言，最头疼、最深恶痛绝的事情莫过于有人不准时、不守时。在高速运转的信息社会，时间意味着抢占的商机，时间意味着金钱和财富，时间意味着一切。我们说"浪费别人的时间就等于谋财害命"也是毫不夸张的。对于会议而言也是如此，因为不准时召开的会议会浪费所有与会者的时间，这不仅会加剧与会者的焦躁抵触情绪，同时也会令与会者怀疑组织者的工作效率和领导能力。

（2）向每个人表示欢迎：用宏亮的声音对每个人表示热烈的欢迎。如果你面对的是一队新的成员，让他们向大家做自我介绍。如果他们彼此已经见过面了，也要确保把客人和新来的成员介绍给大家。

（3）制定或重温会议的基本规则：会议的基本规则是会议中行为的基本准则，你可以使用"不允许跑题""聆听每一个人的发言"及"每人的发言时间不能超过 5 分钟"这样的规则。如果准则是由与会者共同制定而不是由主持人强加给与会者的，效果要更好一些。你可以向与会者询问："大家都同意这些规定吗？"要得到每一个人的肯定答复，而不要想当然地把沉默当成是没有异议。

（4）分配记录员和计时员的职责：如果可能的话，让大家志愿来担负这些职责而不要由主持人指定。计时员负责记录时间并保证讨论持续进行，记录员则负责做会议记录。对于一些例行会议而言，不妨由所有人轮流担当这些职责。

知识点 4：会议进度控制

小组研讨：常见的不成功会议有哪些情况？

> 在会议中，人人都想介入，想受到注意，想有所作为，因此最经常发生的事情就是不断有人说："是的……，但是……。"如果一个建议 95% 是好的，那么有人就会集中批评剩下的 5%。因此，主持人要做好协调与主题把握的工作。那么常见的不成功会议有哪些情况呢？
>
> 先分组讨论，讨论时间 5 分钟。
>
> 每组 1 人发言，能想到的或是曾经经历过的失败会议的原因。
>
> 要点：关注时间安排不当、跑题、会议结束没有决议、有决议没有跟进等情况。

讲解要点

1)如何分配发言时间

会议中往往是主持人说话最多,这是为什么?

一次会议,一般存在以下情况:只有80%的时间在真正开会;15%的时间大家沉默;5%的时间有人抢着发言。如何更有效地分配发言时间?

建议主持人的发言时间应掌握在20%;要尽量保证每个人发言机会均等;尽量形成一种互动的会议氛围。

2)如何掌握议事进度

掌握议事进度对一次会议的成功可谓至关重要。控场也就成为一个主持人最应训练的技巧之一。掌握议事进度主要包括两种方式:语言方式与非语言方式。

(1)语言方式。

语言方式是指主持人用一些比较有技巧的话语来控制会议的议事进度。例如,面对一些喜欢滔滔不绝的发言者,主持人可以凭借对其的了解,让其先发言,使其尽量缩短发言的时间。具体做法如:“能不能用5分钟的时间给我们简单地说一下?”当他说到5分钟的时候,你可以再说:“嗯,已经5分钟了,你说的正是我们需要的。”或者可以采用一带而过的方法,例如“你刚才说的内容非常好,你对下一问题怎么看?”这样就可以把他从一个问题带到另一个问题,或是可以转移说话对象,如:“你说得很好,坐在你旁边的这位怎么看呢?”

通过以上这些话语即语言方式,主持人可以有意识、合理地控制议事进度。

(2)非语言方式。

更有效的掌控议事进度的方式是用非语言性的方式,即通过眼神、手势等面部表情告诉发言人说多了或者别说了,或者是说得不够接着说等。比如主持人把目光转向别人,以提示正在说话的人可以停止说话了;不耐烦地敲桌子,也可以提示对方结束发言;用比较不礼貌的方式,如不停地看手表,也能达到同样的效果。

语言和非语言这两种形式的合理运用,可以做到有效地控场,使会议既不会太短,也不会太长,准时开始,准时结束。

3)如何达成会议决议

(1)彼德•德鲁克决议法。

彼德•德鲁克是世界著名的管理大师,他通过多年的学习研究,总结出了达成协议的如下步骤:用“足够多”的时间发现困难所在,并使与会者达成共识;列举或图示各提案并开始讨论之;客观比较各提案的优劣,避免意气之争;估计各提案之获益率;评估有无采集更多参考资料的需要;征求反对意见;以中立角度检视正反意见;寻求与会者对各提案之认同;对提案做适当的休整与妥协;确认议事结果;组成或制定议案执行的监督单位。通过这些步骤的有效执行,能够顺利达成协议。

(2)四种群体决策。

① 权威决策:出现于最高掌权者具有决策权和否决权,单方面作出决定时。

② 少数服从多数决策:出现于多数成员同意提案时,它以民主原则为基础。

③ 共识决策:产生于所有成员都不同程度地支持某项提议,每一团队成员均有否决权。共识决策提供一种反映所有成员想法的全面解决办法,能够提高成员实施决策的积极性,体

现平等原则。

④ 无异议决策：产生于所有成员对某项决策完全赞同时。

（3）四种团队决策法。

① 头脑风暴法：无拘无束提意见，追求点子数量。将点子记在大家看得见的地方以启发思考；鼓励结合他人的想法提出新构想；与会者不分职位高低，平等议事；不允许在点子汇集阶段评价或反驳别人的意见，在无拘无束相互激荡的环境下汇集的点子比一般方法多70%。

② 德尔菲法——专家群体决策法：让专家以匿名群众的身份参与问题的解决，靠专门的工作小组进行协调，通过信函进行交流，避免面对面的讨论带来的消极影响。

③ 异地思考法：让团队离开原来的工作环境，摆脱日常事务的干扰，到另一个地方去专门研究一些问题。

④ 思路转化法：就是有意识地变换思维方法，从不同的角度、观点甚至完全相反的方向来探索新的方案，通常人们总是觉得例行做法就是唯一的合理方式，但是换一个新的角度审视，又会有意想不到的发现。这是突破旧的思维模式进行变革的决策方法。

4）如何圆满结束会议

（1）预留5~7分钟做总结。

（2）确定工作分配妥当。

（3）准时结束会议。

知识点5：会议中的沟通

案例分享：五类与会人员在会议中的表现

会议议题：员工晚会的时间、地点、节目单和抽奖内容。

主持人：今天会议主题是即将举行的员工晚会，会议时间限定在1个小时之内，我们要决定4项内容，即晚会的时间、地点、节目单和抽奖内容。下面请大家各抒己见。

评议：主持人的开场白简洁明了，分别指明了会议的主题和时间。

地点的选择也很重要，去年选择的地点就在公司楼下的一个迪厅，我觉得气氛不太好，主要原因是天天从那儿经过，没有什么神秘感，也没有新鲜感，我觉得挺没意思的。我建议去一个比较远、高雅一点的地方，比如说……那样的地方才与我们的身份相符，是吧！

"蝉"：我先说吧，我觉得像节目方面，还是先由各小组自己报上来，然后由专人负责汇总，再从中挑一些好的，最后把节目确定下来。抽奖活动是晚会重要的一环，我们一定要让大家都开心。要达到这个效果，我觉得去年的那个抽奖就挺有意思，我抽中了一台彩电，而张总只抽到一支钢笔，把我们给乐坏了。

评议：像"蝉"一样的与会者说话漫无边际，滔滔不绝，需要适当控制其发言。

主持人：好的好的，我明白你的意思了，你讲得非常好，你想说的是地点和抽奖非常重要，而其他是不重要的，对吗？

"蝉"：对。

主持人:谢谢,那么其他人还有什么看法?

“鲨鱼”:我不同意他的看法,地点和抽奖这些都是次要的,既然是一个晚会,主题应该是节目,节目搞得好与坏能决定整个晚会的质量和能否引起大家的兴趣。所有员工在一起,对过去一年的工作做个回顾,对来年做一下展望,在这种气氛下,也能凝聚团队的战斗力。所以我觉得这些东西都无所谓,只要不太严肃的地方就可以,时间方面只要是临近春节的前几天都行。

评议:“鲨鱼”型与会者,有攻击别人倾向,总是给予消极的、否定的意见。

“兔子”:咱们现在讨论一下礼品发放的问题吧。

评议:“兔子”型与会者,总是提议不同的程序。

主持人:你建议我们从礼品发放开始讨论,我们看能不能这样,既然他们两位都说到了时间、地点,我们不妨先按照这个顺序讨论,然后再讨论这个礼品发放的问题,好吧。

评议:主持人要采取以下方式对付这样的人:肯定他们的贡献或重申可以先使用现在的程序,如不奏效,则马上按他的方法实施。

“兔子”:不,既然开晚会,节目还是很重要的,不如从节目单开始。

主持人:我明白你的意思,而且我知道你特别有表演天赋,所以你更看重节目,是吗?

如果我是你的话,我也特别想把节目定下来。那我们不妨先把时间、地点确定一下,时间定在元旦,也就是新年的第一天,你觉得如何?

“蝉”:我同意,我觉得元旦那天可以。

主持人:好,那么地点定在……?

“鲨鱼”:迪厅。

“蝉”:迪厅,迪厅有什么好的?又像去年一样!

“鲨鱼”:迪厅有什么不好呢?

“蝉”:又像去年一样闹得有的同事都扭脚了。

“鲨鱼”:他们是太高兴了才扭了脚吧。

“蝉”:扭脚就是破坏了气氛。

“鲨鱼”:这不可能没有一点点失误或小插曲吧,晚会不求十全十美,而是通过它使大家产生一种团队的凝聚力,这才是最主要的。

主持人:好的,谢谢,谢谢。你们两位的沟通暂时就到这儿,我们想听听这位的意见(示意在座的“驴”)。

评议:主持人及时打断了争吵,避免形成小会。

“驴”:我觉得去年搞得挺好的啊,我们大家就照着去年的活动模式来办吧,只要在节目上做一下改变就可以。

主持人:你的意思就是不要什么变化,一切按老路子来?

“驴”:对。

主持人:好,最边上的那位怎么样呢?

“螃蟹”:就按你们说的办吧。

主持人:按照我们这个讨论,就是说按照去年的模式来办晚会,一会儿在会议结束时大家做一个表决,你们决定一下地点是迪厅还是宾馆,最后以少数服从多数来决定。

下面我们要定一下节目,大家有什么高见?

“蝉”:节目的话,我觉得传统艺术好,比如京剧,我们公司有那么多京剧票友,应该趁这个机会让他们露一手。还可以来一个什么独唱呀,或者是请几个比较有名的人,从观众席里面拉一个同事起来对唱一段什么情歌,这样的方式比较好,互动性强。

主持人:坐在最边上的那位同意吗?你刚才有没有听到他说什么,他要请谁?

“螃蟹”:同意。

主持人:同意啊,刚才他要请谁呀?

“螃蟹”:好像是……吧。

评议:与会者“螃蟹”是会议中的跑题者,习惯于自己做自己的事情。

主持人:好,那我最后再总结一下,刚才时间、地点我们基本上已经确定了,现在是节目单,最后一个议程是抽奖和发放礼品。大家稍微集中一下精力,关于节目单还有什么看法,最后再讨论1分钟。

评议:在会议中经常会有五类与会人员,他们一方面为会议提供了新信息、新角度,但同时如果放任他们“表达”就会使会议效率低下。因此,需要主持人有针对性地恰当引导。案例中会议还没有结束,但是最终取得了成功,形成了令大家都满意的决议。这主要得益于这次会议主持人的会议技巧,从“评议”我们可以清楚地认识到会议中可能出现各种意外,这主要是由一些比较有特色的发言人造成的。

会议依赖于与会者的相互作用。开会时出现问题是不可避免的。问题有时因为人而产生,有时因为程序或逻辑而产生。在任何情形下,主持人都有责任令讨论热烈,确保与会者都参与讨论,并保持讨论的正确方向。

1)某些人试图支配讨论的局面

在会议中,常常会出现“一言堂”的局面。如果会议的目的是找出不同观点,那么广泛的参与是会议成功必不可少的因素。有些人可能因为富有经验或职位较高而处于支配地位,当这种情形发生时,其他人通常就会只是坐着听。这时,主持人就应该提一些直接的问题,将与会者调动起来。

如果其他办法都不能奏效,不妨尝试在中间休息时与那个人私下谈一谈,也许会有所帮助。

2)某些人想争论

这种人可能自称无所不知,或者掌握的信息完全是错误的,或者是个吹毛求疵的家伙,喜欢插话打断主持者。在任何情形下,主持人都要保持清醒的头脑。通过提问,主持人可以引出这些人愚蠢或牵强的发言,然后不再理睬他们。通常,这种人会激怒全体,会有人讲出不欢迎他们的话,然后一片沉默。这时,主持人可再问其他与会者一些直接的问题,从而维持会场讨论气氛的平衡。

通常来说,这个喜欢辩论的人会意识到情况,然后不再提出问题。但如果这个人不敏感的话,主持者就必须直截了当地向他指出,他这种吹毛求疵的做法扰乱了会议的进程,浪费了宝贵的时间。然后主持者立即向另一个人提问,以便让讨论继续下去。

3)某些人和身边的人开小会

当与会者人数很多时,经常会发生这种情形。开小会往往是因为某个人想讲话,但又没有机会;或者某个谨慎的与会者在向大会提出某种想法前,想先试探别人的看法。通常,会议中有人开小差是不可避免的,不过这种小会一般比较简短,只有当小会时间持续长了才会成为一个问题。

一个办法是请这个人告诉大家他刚才所讲的内容;另一个办法就是沉默,然后看着那个破坏秩序的人。通常,这样就会恢复会议秩序。

4)习惯性的跑题者

可以运用FAST法来解决这个问题。这一谈话技巧可以训练一个习惯性跑题者采取一些更富有建设性的行动:

Face——面对造成问题的人;

Appreciate——感谢或肯定这个人及他的良好意图;

Suggestion——建议一种新的行为方式;

Try——多做几次尝试,可以逐步改变或提高你的要求。

知识点6:会议记录

会议记录者的功能不亚于主持人,他需要维持议程所设计的程序,这主要表现在会议的事后跟踪方面。会议记录者在会议的过程中主要负责记录、维持会议议程所设计的程序,可以起到“和事佬”的作用。其次,他需要协助主持人做好总结与归纳。传统上一般指派秘书或评论员去做会议记录,但现在则流行指派那些有潜力做主持人的员工去做这项工作。

通过会后对会议记录的回顾与分析,可以判断会议的有效性。因为人在团队中经常会有非真实的表现。比如,有些人表达了一个观点,但立即遭到一致反对。于是他从此不再发言,而且他也没有再反对最后与他意见不一致的表决。但在执行阶段,有可能这种沉默的反对会表现在行动上。因此可以通过会议记录发现可能的问题,并做好预防。另一种情况是大家趋于从众,而在不充分表达的前提下草草达成一致。还有一种情况是“团体极端化”,即会议的讨论有时会趋于极好或极坏。

通过会议记录的现场分析及会后分析,都可以发现这些潜在的问题。如果在会议过程中,记录人员能及时发现这些问题,可以协助主持人及时有效引导。如果会后发现问题,则可以申请再次召开会议进行补充讨论。

基于这些重要的作用,记录人员需要反应敏捷、写字快、知识面广、记忆力强、组织能力到位、倾听认真,而且还要有较好的总结能力。这几个要求与传统观点有些不同,传统观点认为记录人员是个最不重要的角色。但如果只要达到会议原样记录的目标,完全可以进行会议录音,然后请专业的录入人员进行转录。因此,记录人员的价值,在于会议过程中为主持人提供控制的依据,为会后的跟进提供必要的参考。

请思考:如何写会议纪要?

知识点 7:高效会议的跟进

课堂讨论:如何提高会议的跟进效果

结合本专题内容,以小组为单位讨论如何跟进高效会议的决议。

讨论时间:15 分钟。

选取 2~3 人进行发言;

注意观察:(1)会议记录的会后整理与运用;(2)会议跟进的注意事项;(3)会议跟进的要素;

要点:(1)是否理解和掌握会议的基本流程与要素;(2)是否注意到自身的会议表现;(3)是否能有意识地提高会议效率。

1)作为参会者的会后跟进

(1)拿到会议记录后要细读,尤其是对于自己工作相关的信息做出标记。

(2)分析一下会议的过程,分析一下各个不同与会者对同一问题的不同态度和表现,分析一下人际关系的状态。

(3)考虑会议上分派给自己的任务的完成方案。

(4)会议可能是新任务的开始,要考虑是否召开自己部门会议进行动员和安排,并将会议精神贯彻到下一步的工作中去。

人们会以时间紧、任务急为借口,会后不再考虑开会过程中的各种情形,对于那些认为与自己无关的会议则更是如此。其实,会后的回顾能帮助自己反思并澄清一些事情,从会议中得到更多的收获,这是一种良好的习惯。

2)作为主持人的会后跟进

作为一名会议主持人,在具体工作中不能有任何闪失。即使是会后的跟进工作,也要环环相扣,一步一个脚印地认真完成,只有这样才能给自己和别人不断创造新的机会。

(1)请大家填写会议评估表。

(2)针对评估意见做出改进措施。

(3)联络缺席的同事,询问缺席的原因,如有需要,讨论有关项目。

(4)跟进计划,若有需要立刻召集另一次会议。

(5)如有需要,找高层协助,这是一种捷径,充分利用高层的权威性,往往能够起到事半功倍的作用。

(6)如计划进行十分顺利,取消下次会议,而用公文报告进度,让有关人员知道。

(7)会议之后检讨得失。

第一步　课前认知	
主要内容	教师评价
回答以下问题： (1)你认为掌握会议相关技能重要吗？为什么？ (2)举行有效的会议，需要什么样的流程？ 如果让你主持一次会议，你将怎么做？ (3)你认为影响会议有效性的因素都有哪些？如何避免？ (4)你认为会议过程中有哪些角色？都起什么作用？ (5)如果你是主持人，你将如何有效促进会议议程的实施与推进？	

第二步　课堂学习	
主要内容	教师评价
(1)本堂课学习笔记： (2)请思考：会议过程都有哪些核心环节？ (3)就会议议程的跟进，都有哪些重要事项？ (4)会议中出现的情况和你日常生活、学习中的情况是不是有很多类似？这给你什么启发？	

第三步　课后拓展	
主要内容	教师评价
(1)回顾你最近参加过的一次会议情况,你担任什么角色?你的表现如何?简要记录下来。 (2)请将你做过的一次会议纪要附在下面。 (3)请尝试在本小组内或其他团体内做会议主持。在下面记录你的一次体验吧!	

(1)请总结:通过课堂学习、课下自学、小组交流、同学的分享,你了解了哪些具体知识? (2)请总结:通过本次项目训练,你哪些方面有所提升?请举例具体描述。 (3)通过本项目的实施你有哪些感想、收获和成长?	
签名:	日期:
本团队成员对你的评价:	
签名:	日期:
其他团队对你的评价:	
签名:	日期:

续表

教师对你的评价：	
签名：	日期：

请学有余力的同学思考并学习整理如下内容：

（1）与至少两位同学交流一下曾经的会议体验，将发现的会议问题汇集一下，并简要记录下来。想想导致这种表现的原因是什么？如何改进？

（2）组织小组会议，研讨一周内共同完成的最重要的事情，列出明确的要求，并严格遵守。

项目 04　项目管理

当今社会，一切都是项目，一切也将成为项目。

——美国项目管理专业资质认证委员会主席保罗•格雷斯

项目管理听起来很专业，似乎只适用于企业管理人员，一般人用不着。事实上，项目管理与我们的日常生活息息相关，一场大型聚会、一次旅行活动，都可以看成一个项目，有效的管理将使活动的准备更有条理、有计划，将使活动的开展更为顺利、成功。

在本项目中，我们首先将学习项目管理的基本概念，击破项目管理的各个不同环节，如角色分配、项目章程、行动框架等，让你知道如何才能形成一个有效的团队。另外，专业高效的管理工具对于成功的项目管理来说也必不可少。我们还将了解项目管理的有效工具——工作分解结构（WBS）、甘特图以及关键路径法，让你的项目管理实施更加得心应手。

通过本项目的实践，我们将达到如下目标：

- 掌握项目的要点；
- 系统把握项目管理的 9 个知识领域和 5 个过程组；
- 认识到项目管理在当今经济社会的重要性；
- 认识到一些重要概念和工具在项目管理中的重要性；
- 发现自己项目管理方面的不足，并写出改善计划；
- 在实践中提升自己的项目管理能力；
- 改善和提升自己的项目管理能力。

本项目通过对项目管理相关知识的学习，认识到一些问题在项目管理中的重要性，并通过小组实践提升自己的项目管理能力。具体实施方式可以是小组共同研讨，确定一个项目主题，比如准备面试、筹备生日聚会、准备元旦晚会、筹备婚礼……结合项目管理相关知识，从项目的立项、角色分析、计划、进程、资源、跟进与总结等环节考虑实施项目，最后总结项目，进行课堂分享。

1. 项目相关知识结构图

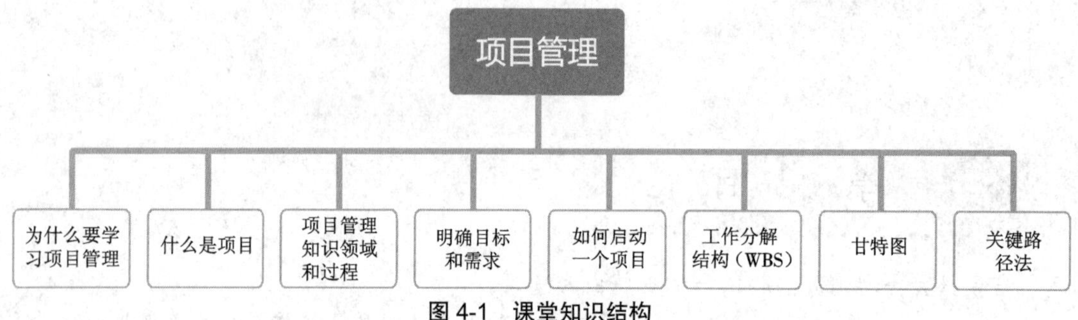

图 4-1 课堂知识结构

2. 相关知识点

知识点 1:为什么要学习项目管理

案例分享:系统工程图

北宋时期,皇帝命令大臣建一个皇城,工期非常紧张。如何在非常短的时间内把皇宫、相应的城市道路和相关设施建立起来呢?当时,指挥这个项目的大臣采用了一个非常绝妙的设计,即采用黄河故道修建水渠,把水直接引到皇城中,他命令手下开沟修渠,然后取土,就地烧砖,引水通航,疏运建材,把从南北运来的木料、涂料通过黄河以及引水渠直接运输到工地上。

当皇宫与房屋建筑物建好之后,把沙土及土窑废砖瓦全部平填到水渠里,最后修成了城市道路,也就是废渣利用,平渠筑路,这一非常绝妙的计划使建设宫城的工期大大缩短。

学习本部分的内容并不是让每个学习的人都成为项目管理的专家,而是让学习者将项目管理的知识应用到日常的学习和工作中。本章的内容无法囊括项目管理的所有知识,只是对其关键的内容做简单的介绍,如果想更深入的学习,可以参考相关的书籍。

项目管理是目前企业运作中最常用的方式,不懂项目管理将在未来的企业中无法生存。

在生活中:举办一次大型派对;举办一场婚礼;筹办一次校友聚会;组织一次旅游活动;装修一套房子。

在企业中：产品问题攻关；开发一门课程；组织一次国际认证；某产品市场调研；年度客户满意度调查。

以上这些活动都离不开项目管理。提供系统性的工具方法，可以帮助你更好地管理好自己的生活和工作，尽量一次性把事情做好，节省工作与生活中的时间和成本，提高效率，保证效果，获得家人与领导的认可。

项目管理涉及的范围非常广，如果没有良好的管理，将会给我们的经济生活造成巨大的影响。当今的社会是一个项目的社会，为什么这么说呢？因为我们居住的房屋、使用的各种电器和日用品，都是通过项目形式来运行的。因此，有专家指出，人类的活动有二分之一是通过项目的形式来开展的。

项目管理会给企业带来以下益处：缩短项目周期，一般都能够缩短 10% 以上；降低成本，大约可以降低 10%~20% 以上；减少风险、增加价值；提高企业的应变能力。

越来越多的企业引入项目管理，一些跨国企业也把项目管理作为自己主要的运作模式和提高企业运作效率的解决方案。由此可见，项目管理在当今经济社会中的重要性。

知识点 2：什么是项目

小组讨论

中国四大名著中哪个涉及项目？请说明原因：

（1）分组讨论；

（2）每组发言。

提示：

从人员构成、目标与需求、项目领导，西游记符合项目的特点。

图 4-2　四大名著

首先给大家一个项目的定义，到底什么是项目？

根据《项目管理知识体系指南》（PMBOK Guide）的定义，项目是为提供某项独特产品、服务或成果所做的临时性努力。

所谓项目，简单地说，就是在既定的资源和要求的约束下，为实现某种目的而相互联系的一次性工作任务。一般来说，项目具有以下的基本特征。

1）临时性

临时性是指每个项目都有确定的开始和结束。当项目的目标已经实现，或者已经清楚地看到该项目的目标不会达到，或者该项目的必要性已不复存在且已终止时，该项目即达到了它的终点。临时性不一定意味着时间短，许多项目要延续好几年。然而，在任何情况下项目的期限都是有限的，项目不是持续不断的努力。

2）独特性

项目所进行的都是以前没有进行过的事情，因而是独特的。一项产品或服务尽管其所属的类别范围很大，依然会是独特的。例如，办公楼已经建造了成千上万座，但其中每一座都是独特的——不同的业主、不同的设计、不同的地点、不同的承建人等。重复部件的存在和使用并不能改变整个项目工作的独特本质。

3）逐步完善

逐步完善是把临时性和独特性两个概念综合起来的项目特点之一。逐步完善意味着分步开发、逐渐积累。例如，在项目的早期对于项目范围的说明是相对比较粗略的，随着项目的进展，项目团队对于目标和最终交付的成果的理解会更加完整和深入。

知识点3:项目管理知识领域和过程

案例分享

假设把项目管理与一个乐队演出进行比较，可以发现，项目经理和乐队指挥的角色非常相似，作为乐队指挥，他的目标就是要成功地完成演出，最大限度地满足听众。

对演出的目标要求。怎样来演奏好这场音乐会？需要所有参加演出的人员齐心协力，同时还要有一个统一的指挥和要求。乐队的总谱就相当于项目管理的一个计划，乐队指挥要按照项目计划进行，项目工作才得以开展。演奏过程的先后次序、乐曲的强弱以改不同声部的进入，都需要有一个完整、周密的计划。

一个好的项目经理，也相当于一个乐队指挥，项目经理的作用就是使整个项目团队齐心协力，为达成项目的目标共同努力。

两者的共同点：共同语言；团队；有效的管理内容；计划。

项目管理指在项目活动中运用知识、技能、工具和技术，以达到项目要求。项目管理通过下列过程得以完成：启动、计划、执行、控制和收尾。

项目队伍管理项目工作，这些工作主要包括以下内容：① 满足和超过项目关系人对项目的需求和期望；② 在下列互有矛盾的需求之间寻求平衡：范围、时间、成本、风险和质量；③ 实现既定的需求目标。

项目管理的很多过程在本质上是重复的，注意到这一点很重要。这是因为过程贯穿一个项目的整个生命周期并有必要进行细化。也就是说，你对你的项目知道得越多，你就能够越好地管理项目。

项目管理的 9 个知识领域如下。

1)项目综合管理

项目综合管理是指为确保项目各项工作能够有机地协调和配合所展开的综合性和全局性的项目管理工作和过程。它包括项目集成计划的制订、项目集成计划的实施、项目变动的总体控制等。

2)项目范围管理

项目范围管理是为了实现项目的目标,对项目的工作内容进行控制的管理过程。它包括范围的界定、规划和调整等。

3)项目时间管理

项目时间管理是为了确保项目最终按时完成的一系列管理过程。它包括具体活动界定、活动排序、时间估计、进度安排及时间控制等工作。

4)项目成本管理

项目成本管理是为了保证完成项目的实际成本、费用不超过预算成本、费用的管理过程。它包括资源的配置,成本、费用的预算以及成本、费用的控制等工作。

5)项目质量管理

项目质量管理是为了确保项目达到客户所规定的质量要求所实施的一系列管理过程。它包括质量规划、质量控制和质量保证等。

6)项目人力资源管理

项目人力资源管理是为了保证所有项目关系人的能力和积极性都得到最有效的发挥和利用所做的一系列管理措施。它包括组织的规划、团队的建设、人员的选聘和项目的班子建设等一系列工作。

7)项目沟通管理

项目沟通管理是为了确保项目信息的合理收集和传输所需要实施的一系列措施。它包括沟通规划、信息传输和进度报告等。

8)项目风险管理

项目风险管理涉及项目可能遇到的各种不确定因素。它包括风险识别、风险量化、制订对策和风险控制等。

9)项目采购管理

项目采购管理是为了从项目实施组织之外获得所需资源或服务所采取的一系列管理措施。它包括采购计划、采购与征购、资源的选择及合同的管理等工作。

项目管理知识领域和项目管理过程如图 4-3 所示。

另外项目管理除了 9 个知识领域,还应该了解 5 个过程组,即启动、计划、执行、控制和收尾。

第一步:启动项目,包括发起项目、授权启动项目、任命项目经理、组建项目团队和确定项目利益相关者。

第二步:计划项目,包括制订项目计划、确定项目范围、配置项目人力资源、制订项目风险管理计划、编制项目预算表、确定项目预算表、制订项目质量保证计划、确定项目沟通计划和制订采购计划。

第三步及第四步:执行与控制项目,包括实施项目、跟踪项目和控制项目。

第五步:项目收尾,包括项目移交评审、项目合同收尾和项目行政收尾。

图 4-3 项目管理知识领域和项目管理过程

文档是非常重要的，文档的整理应该贯穿于项目管理的始终。文档的管理是对项目进行良好的跟踪和监控的一个手段，简单来说就是根据项目计划进行文档管理。

一般档案分类主线是立项、计划、执行和结束四大类；然后在每大类中，再根据任务或团组分类，依据项目复杂程度和管理习惯进行管理。总之，原则是方便对整个项目进度的追踪。

知识点 4：明确目标和需求

案例分享：项目为什么失败

某大学医疗中心是一所很大的教学和研究性医院，其优秀的保健、教育和研究在国内享有声誉。医疗中心的高层执行委员会从提高和维护其声誉出发，决定在中心安装一套复杂的医疗诊断系统。系统将会联结到医疗中心的计算机服务器上，医生们可以通过计算机网络获得服务。因为每一个医生的办公室都有一台个人电脑，医生和职员能从办公室，也可以从他们的家里或者私人医生办公室通过点击图标来访问医疗系统，然后键入关于病人的症状、医疗史等等，就能够得到一份有相关统计表格的诊断清单。高层执行委员会给每一个部门的经理都发了一份关于他们的专业需求调查表，征求他们的看法，询问系统将会怎样提高医生的工作绩效。得到的反馈是：大多数医生都认为它将会节省医生的时间并提高他们的工作效率。

医院的计算机和信息系统（CIS）组织被指定进行成本研究和完成系统的可行性研究。CIS 职员与医疗中心的经理和专门的诊断系统软件销售商面谈。研究报告显示几方高度的热情和许多可能获得的好处。建立在研究报告的基础之上，高层执行委员会批准了这个系统。

CIS 经理联系了三个著名的专门研究医疗诊断系统的咨询公司，并且邀请每个公司都来做一个方案介绍。在介绍的基础之上，他选择了一个公司来帮助 CIS 组织确定、选择和整合，由数个软件包组成的一个完整的诊断系统。

花费一年时间和几百万美元之后，项目完成了。但是在它完成后的一年内，系统却失败了。虽然它实现了每一件咨询人员和销售商承诺的事情，而极少数真正访问过它的医生都抱怨许多系统的“好处”都是不相关的，缺少他们期望的某些性能。

【自检】

这个项目为什么失败了，失败的根源在什么地方？

____

____

很多信息化建设项目可能都有类似的经历，这个案例实际上强调了一点，就是需求的重要性。做一个项目首先要设定目标，根据需求来设定目标。如果不了解需求，对需求的判断失误，就不可能制订正确的目标，项目因此就没有价值。

所以，在整个项目生命周期管理中要始终关注需求，要有需求分析。在过程中可能发生某些变动，跟踪需求的变更，对需求可能发生的变更采取一些应对措施，通过预测或者其他手段来确保项目最终产品能够满足需求。

知识点 5：如何启动一个项目

案例分享：

1995 年明尼苏达州博览会

1995 年，美国的明尼苏达州准备召开一个博览会，博览会的项目负责人辛克莱把整个博览会的准备工作做得很好。当时有很多相反意见，说劳动节之后的大型博览会可能会无法召开，因为那个时候所有好的设备都已经被预订出去了。但是辛克莱不理会那些预测，并且毫不困难地得到了他需要的设备。他制订了一个很全面的招标公告书（RFP），这个RFP确切地描述了他所需要的东西。

RFP中的一些具体规则是，每一件设备必须由带来的人完全所有，没有再转包的余地；一个人最多能提供6个旋转木马或6种其他游戏器具；没有人能同时拥有食品经营权和游戏经营权。其中一些规则的建立使博览会非常有特色，并确保了参与者不会偷走旋转木马，避免了整个表演都是从另一博览会照搬过来的局面。

这个RFP的反响是空前的——从质量和数量上来说都是很棒的。事实上，RFP的反响之大，超出了辛克莱自己的预期，他非常满意于此项目的质量和自己选择的结果。他总共收到了156份建议书、530个旋转木马、470种游戏器具、150种食品和饮料的特许权。在评估了每一个建议书之后，最终选定了供应商。

在明尼苏达州博览会上，为每个奇妙的娱乐场准备的器具是：66个旋转木马、62种游戏器具、14台食品设备。这是一次巨大的成功，在两周的活动中，参与者达1 673 312人，打破了以往参与者的记录（52 000人），毛收入总共达440万美元。所有这一切之所以能实现，是因为项目领导者不受唱反调的人的影响，而只是努力向前，最终做出了一流的RFP。

波士顿银行的案例

波士顿银行的官员们讨论公司如何能够制作一份有效而全面的招标公告书（RFP）。消费者信用系统的主任凯尔文罗顿以及零售工作站基地的项目经理乔治斯威克，指出他们的工

作重点是商业需要。他们通过成本收益分析，检查可得到的产品和服务。这些活动仅仅在他们确保项目能满足商业需要之后才开始；如果项目不直接有利于银行的运行，就需要马上停止。

波士顿银行有一个目标：提高销售额和顾客服务质量，增加产品范畴，例如银行分部的共同资金和小企业贷款。在现有资源和资源可得性的约束下，他们发现使一些工作更节约成本的途径。所以，他们制作了两个全面的招标公告书：第一个是系统的引进、部署和安装；第二个是维护和支持。

对这两个招标公告书做出回复的有11个单位，他们都经银行内部的20多个不同技术部门和企业委员会的代表考察过，国际商用机器公司和安德森咨询公司最终被选中，帮助引进、部署和安装系统，同时还负责帮助维护和支持。波士顿银行决定对其分部做一次彻底的改建：基于当地区域网的新的客户服务器系统，新的客户服务及销售申请软件，电子邮件，远程软件分配系统和自动资料支持与恢复系统。

银行报告中指出，通过运用规范的、与本章讨论过的相似方法建立的RFP有很大的收益。按照这个项目报告的观点，从波士顿银行的成功中得到的最大经验是，提前在一个申请书的制作中运用项目管理规范和技术，将会促使一个更加全面的RFP产生。

这两个案例都说明，无论是外包一个项目、采购或进行其他工作，都应该按照项目管理的标准化做法，按照科学、完善的流程来进行工作，这样才能提高项目成功的概率，为企业带来更大的经济效益。

在项目的启动过程中，需要关注哪些关键因素？

1)项目的产品

产品包括无形产品和有形产品，在项目管理中，能够看得见、摸得着的东西，都可以把它视为有形产品；看不见、摸不着的都是无形产品。

另外，产品还包括最终产品、中间产品和过程产品，它们都需要围绕客户的需求展开。

2)确定项目范围

为了达到目标，需要确定项目范围。明确了项目范围，还必须关注项目风险、项目资源。

3)项目的委托人或发起人

项目的委托人就是关键的项目干系人，他们关系到项目的需求、目标，他们是项目产品的使用者。

4)确定项目需求——最终项目产品的描述及要求

项目需求包括：性能及数量、可靠性与保修期、适应性、可操作性、可制造性、灵活性、遵循规则、材料使用、公共关系及公司形象。

5)明确客户的目标

(1)究竟想要的是什么？

(2)有无具体的时间要求？由什么决定这一时间框架？

(3)哪些可以不必考虑？

(4)用什么来衡量最终项目产品？

(5)如何看待最终项目产品？

(6)最终项目产品的用途是什么？

6)明确项目的背景

(1)为什么要开展这一项目？

(2)为什么现在做？

(3)以前做过什么？结果如何？

(4)有哪些风险？

(5)根据预测，本产品会在公司及市场产生何种影响？

(6)近期利益及长远打算是什么？

(7)成本是多少？

(8)要获得哪些有形及无形的收益？

7)招标公告书(RFP)的准备

所有的项目都是通过发现问题和机会来明确项目的需求以及制订项目的目标。

招标公告书(RFP)的目的是从客户的角度出发，全面、详细地论证，为确定需求做准备，然后征集申请书，通过公开发布信息，公平地对待所有潜在的承包商，以便找到最合适的承包商。

请思考，怎样来书写招标公告书？ RFP 包括哪些内容？

知识点 6: 工作分解结构(WBS)

小组研讨: 婚礼筹备之工作结构分解(WBS)

如果将婚礼筹备进行工作结构分解,请大家讨论该如何做。 (1)以小组为单位进行讨论; (2)时间要求:15 分钟; (3)每组选 1 名代表进行分享。 总结:详细结构分解参见阅读资料。

1)什么是工作分解结构

图 4-4 怎样吃下一头大象

"你怎么吃下一头大象?"回答很简单,就是将大象分解成一口能吃掉的大小,然后一块一块地去吃。在项目管理中,也需要将项目分解成一系列易于完成的任务,然后逐个去完成。

工作分解结构(Work Breakdown Structure,WBS)主要是将一个项目分解成易于管理的几个部分或几个细目,以便确保找出完成项目所需的所有工作要素。它是一种在项目全范围内分解和定义各层次工作包的方法。WBS 按照项目发展的规律,依据一定的原则和规定,进行系统化、相互关联和协调的层次分解。结构层次越往下,则项目组成部分的定义越详细,WBS 最后构成一份层次清晰、可以具体作为组织项目实施的工作依据。

许多项目失败的原因可能是由于项目工作中的某个重要部分被忽视,或者是由于低估了完成这项工作所需要的时间。无论是在项目管理实践中,还是在 PMP 考试中,工作分解结构（WBS）都是最重要的内容。WBS 总是处于计划过程的中心，也是制订进度计划、资源需求、成本预算、风险管理计划和采购计划等的重要基础。WBS 同时也是控制项目变更的重要基础。项目范围是由 WBS 定义的，所以 WBS 也是一个项目的综合工具。

2）工作分解结构的用途

工作分解结构是一个可以帮助描述思路的规划和设计工具。它帮助项目经理和项目团队确定和有效地管理项目的工作。WBS 可以清晰地表示各项目工作之间的相互联系，并展现项目全貌，详细说明为完成项目所必须完成的各项工作的计划。WBS 定义了里程碑事件，可以向高级管理层和客户报告项目完成情况，并作为项目状况的报告工具。

一个准确、细致的 WBS 可以帮助项目经理估计项目的时间及相关的成本，而一个错误的 WBS 会使整个项目陷入困境。

3）工作分解的方法

（1）借鉴经验法。

以一个类似项目的 WBS 为基础，制定本项目的工作分解结构。这就需要项目经理注意积累项目的文档，以便为以后类似的项目在筹划的时候提供很多借鉴。

（2）系统思考法——自上而下。

这是构建 WBS 的常规方法，即逐步将工作分解成下一级的多个子项。这个过程就是要不断细化工作任务。

这种方法对具备系统思维能力及深厚知识基础的人来说，是很好的方法。

（3）发散归纳法。

如果系统思考有困难，不如先想到什么就写下来，然后再不断补充，不断归纳。

如果是一个团队，可以让成员一开始尽可能地确定各项具体任务，然后将各项具体任务进行整合，有了这些零散的思路，再归纳就相对容易了。

对那些全新系统的项目可采用这种方法，或者用该法来促进全员参与项目团队的协作。

（4）参照模板。

如果存在 WBS 的模版，就会容易得多。因此我们可以借鉴别人的模板，例如参加一次产品展览可能有很多细节，如果有一个模板的话，就可以制订出一个细致的工作计划来。

对于经常重复的核心业务或项目，我们不妨制定出自己的模板。每次项目结束以后可以针对每次的经验对模板进行调整，使下次使用的时候更加方便。

4）工作分解的过程

创建 WBS 的过程非常重要，因为在项目分解过程中，项目经理、项目成员都必须考虑该项目的所有方面。制定 WBS 的过程是：

（1）得到范围说明书或工作说明书；

（2）召集有关人员，集体讨论所有主要项目工作，确定项目工作分解的方式；

（3）分解项目工作，如果有现成的模板，应该尽量利用；

（4）画出 WBS 的层次结构图，WBS 较高层次上的一些工作可以定义为子项目或子生命周期阶段；

（5）将主要项目可交付成果细分为更小的、易于管理的组分或工作包，工作包必须详细到可以对该工作包进行估算（成本和时间）、安排进度、做出预算、分配负责人员或组织单位；

（6）验证上述分解的正确性，如果发现较低层次的工作没有必要，则修改组成部分；

（7）如果有必要，建立一个编号系统；

（8）随着其他计划活动的进行，不断对 WBS 更新或修正，直到覆盖所有工作。

检验 WBS 是否定义完全、项目的所有任务是否都被完全分解可以参考以下标准：每个任务的状态和完成情况是可以量化的；每个任务都有一个可交付成果；工期易于估算且在可接受的期限内；容易估算成本；各项任务是相互独立的。

分解工作后，完成工作所需要的时间与计划所需的最少时间相同时，就可停止细分任务。

提示：从最顶层任务开始分解，并依次分解下去；确保必须做这项工作的人员能参与分解工作；检查所有的子任务，看看把它们加起来是否等于最顶层任务。

知识点 7：甘特图

游戏：智力过桥

一家 5 口人在半夜要过独木桥，条件是：

（1）每次最多两个人一起过去；

（2）一定要有煤油灯才能过得去；

（3）每个人走路速度都不一样，过桥依次需要 1 秒、3 秒、6 秒、8 秒和 12 秒；

（4）两人一起过桥，前面一个人一定要比后面的人走得快；

（5）煤油灯只能用 30 秒钟。

过桥方式：

分别用过桥时间代表 5 个人，先 1 和 3 走，然后 1 回来，接着 8 和 12 走，3 回来，然后 1 和 6 走，1 回来，最后 1 和 3 一起走，行拉，就过关咯！仔细一想，还挺简单的嘛！1 与 3 过桥，1 回来，耗时 4 秒；第二步，8 与 12 过河，3 回来，耗时 15 秒；第三步，1 与 6 过河，1 回来，耗时 7 秒；最后，1 与 3 过河，耗时 3 秒；总共耗时 29 秒。

甘特图由亨利•甘特于 1910 年开发，他通过条状图来显示项目进度随着时间进展的情况。

在甘特图中，横轴表示时间，纵轴表示活动（项目）。线条表示在整个期间计划和实际的活动完成情况。甘特图可以直观地表明任务计划在什么时候进行，以及实际进展与计划的对比。管理者由此可以非常便利地弄清每一项任务（项目）还剩下哪些工作要做，并可评估工作是提前、滞后，还是正常进行。除此以外，甘特图还有简单、醒目和便于编制等特点。所以，甘特图对于项目管理来说是一种理想的控制工具。

甘特图以图形或表格的形式显示活动，现在是一种通用的显示进度的方法，绘制时应包括实际日历天和持续时间，并且不要将周末和节假日算在进度之内。

绘制甘特图的步骤如下：

（1）明确项目牵涉的各项活动、项目。内容包括项目名称（含顺序）、开始时间、工期、任务类型（依赖性 / 决定性）和依赖于哪一项任务。

（2）创建甘特图草图。将所有的项目按照开始时间、工期标注到甘特图上。

（3）确定项目活动依赖关系及时序进度。使用草图，并且按照项目的类型将项目联系起来进行安排。

此步骤将保证在未来计划有所调整的情况下，各项活动仍然能够按照正确的时序进行，也就是确保所有依赖性活动能且只能在决定性活动完成之后按计划展开。

同时，避免关键性路径过长。关键性路径是由贯穿项目始终的关键性任务所决定的，它既表示了项目的最长耗时，也表示了完成项目的最短可能时间。请注意，关键性路径会由于单项活动进度的提前或延期而发生变化。而且要注意不要滥用项目资源，同时，对于进度表上的不可预知事件要安排适当的富裕时间。但是，富裕时间不适用于关键性任务，因为作为关键性路径的一部分，它们的时序进度对整个项目至关重要。

（4）计算单项活动任务的工时量。

（5）确定活动任务的执行人员及适时按需调整工时。

（6）计算整个项目时间。

甘特图的优点包括：

（1）图形化概要，通用技术，易于理解；

（2）中小型项目一般不超过30项活动；

（3）有专业软件支持，无须担心复杂计算和分析。

甘特图的局限包括：

（1）甘特图事实上仅部分地反映了项目管理的三重约束（时间、成本和范围），因为它主要关注进程管理（时间）；

（2）软件的不足。尽管能够通过项目管理软件描绘出项目活动的内在关系，但是如果关系过多，必将增加甘特图的阅读难度；

（3）为了不至于转移阅读者的注意力，最好避免使用栅格；

（4）个人甘特图与平常我们使用的时间表是两种不同的任务表达方式。个人甘特图使用户可以直观地知道有哪些任务在什么时间段要做，而时间表则提供更精确的时间段数据。此外，用户还可以在时间表中直接更新任务进程。

制作甘特图有专门的软件，如Ganttproject、Gantt Designer和Microsoft Project等。

知识点8：关键路径法

活动：月亮王

路易十世把你抓为俘虏，要求你为他的城堡加三个地牢而做一个计划。小的地牢很难设计（最快要12周），但是容易建成（1周）；中等的地牢设计难度一般（5周），施工难度较大（6周）；大的地牢容易设计（1周），但是很难建造（9周）。你有一个设计师和一个建筑师，你的设计师不会建造而建筑师不会设计。给路易的城堡增加三个地牢的最短工期是多少？

答案有多种：19周、21周、24周、32周。

最短工期19周的做法：设计是按设计大的地牢、中等地牢、小的地牢顺序进行；施工按建造大的地牢、中等地牢、小的地牢顺序进行。因为设计大的地牢时间最短，确保施工最早开始。这个项目施工方有三周松动时间，是从第16周到第18周。

讲解要点

关键路径法（Critical Path Method，CPM）最早出现于20世纪50年代，它是通过分析项目过程中哪个活动序列进度安排的总时差最少来预测项目工期的网络分析。当时出现了许多庞大而复杂的科研和工程项目，这些项目常常需要运用大量的人力、物力和财力。因此如何合理而有效地对这些项目进行组织，在有限资源下以最短的时间和最低的成本费用完成整个项目就成为一个突出的问题，这样CPM就应运而生了。

对于一个项目而言，只有项目网络中耗时最多的活动完成之后，项目才能结束，这条最长的活动路线就叫关键路径（Critical Path），组成关键路径的活动称为关键活动。其通常做法是：

（1）将项目中的各项活动视为有时间属性的结点，从项目起点到终点进行排列；

（2）用有方向的线段标出各结点与紧前活动和紧后活动的关系，使之成为一个有方向的网络图；

（3）用正推法和逆推法计算出各个活动的最早开始时间、最晚开始时间、最早完工时间和最迟完工时间，并计算出各个活动的时差；

（4）找出所有时差为零的活动所组成的路线，即为关键路径；

（5）识别出准关键路径，为网络优化提供约束条件。

它具有以下特点：

（1）关键路径上的活动持续时间决定了项目的工期，关键路径上所有活动的持续时间总和就是项目的工期。

（2）关键路径上的任何一个活动都是关键活动，其中任何一个活动的延迟都会导致整个项目完工时间的延迟。

（3）关键路径上的耗时是可以完工的最短时间量，若缩短关键路径的总耗时，会缩短项目工期；反之，则会延长整个项目的总工期。但是如果缩短非关键路径上的各个活动所需要的时间，也不至于影响工程的完工时间。

（4）关键路径上的活动是总时差最小的活动，改变其中某个活动的耗时，可能使关键路径发生变化。

（5）可以存在多条关键路径，它们各自的时间总量肯定相等，即完工的总工期。

关键路径是相对的，也可以是变化的。在采取一定的技术组织措施之后，关键路径有可能变为非关键路径，而非关键路径也有可能变为关键路径。

在项目管理中，我们需要在庞大的网络图中找出关键路径，并对各关键活动，优先安排资源，挖掘潜力，采取相应措施，尽量压缩需要的时间。而对非关键路径的各个活动，只要在不影响工程完工时间的条件下，抽出适当的人力、物力和财力等资源，用在关键路径上，以达到缩短工程工期、合理利用资源等目的。在执行计划过程中，我们要对各个关键活动加以有效控制和调度。

知识点 1:成功的团队和项目应具备哪些特征?

(1)能力:要想获得成功,这个团队应具有完成这项工作所必需的所有才能、知识、组织权力、经验和技术。任何能力上的不足或缺失都会危及团队目标。

(2)一个清晰的共同目标:当团队成员不能说出一个清晰的共同目标时,这个团队几乎不可能成功。一个团队如果没有绩效衡量标准,就不能确定这个团队是否取得成功。团队成员必须认为团队目标非常重要并且值得为它尽力工作。

(3)对共同目标承担义务:小群体内的凝聚力在个人对团队和团队目标做出承诺上是非常重要的。专家们建议尽可能使团队规模小,如果所有的技能都已具备的话,团队里的成员越少越好。

(4)建立一个每一个人做出贡献就都能获益的环境:如果团队成员想得到任何利益,就必须通过实际工作获得,这包括心理上的奖励,例如提供一个对将来工作极其有帮助的学习机会或者更丰厚的薪水。

(5)一个支持的结构:最高层的支持是非常重要的。它可以确保资源的来源,也有助于招募合适的人员。

(6)项目目标与组织目标一致:一个团队如果不能帮助组织实现目标,它就不应该存在。

知识点 2:WBS 的构成元素

WBS 在大多数教科书以及出版物中基本以“组织机构图”的形式出现,这种简单的图示能够清晰地展示 WBS 的结构特性。但是它不能展示 WBS 的全部内涵。那么 WBS 的全部内涵是如何体现的呢?

它由 3 个关键元素构成:工作——可以产生有形结果的工作任务;分解——一种逐步细分和分类的层级结构;结构——按照一定的模式组织各部分。根据这些元素, WBS 有相应的构成因子与其对应。

1)结构化编码

编码是最显著和最关键的 WBS 构成因子,首先编码用于将 WBS 彻底地结构化。通过编码体系,我们可以很容易识别 WBS 元素的层级关系、分组类别和特性。并且由于近代计算机技术的发展,编码实际上使 WBS 信息与组织结构信息、成本数据、进度数据、合同信息、产品数据、报告信息等紧密地联系起来。

2)工作包

工作包是 WBS 的最底层元素,一般的工作包是最小的“可交付成果”,这些可交付成果很容易识别出完成它的活动、成本和组织以及资源信息。例如:管道安装工作包可能含有管道支架制作和安装、管道连接与安装、严密性检验等几项活动;包含运输、焊接、管道制作人工费用,管道、金属附件材料费等成本;过程中产生的报告、检验结果等文档;以及被分配的工班组等责任包干信息。正是上述这些组织、成本、进度、绩效信息使工作包乃至 WBS 成为了项目管理的基础。基于上述观点，一个用于项目管理的WBS必须被分解到工作包层次才能够使其成为一个有效的管理工具。

3）WBS元素

WBS元素实际上就是WBS结构上的一个个节点，通俗的理解就是“组织机构图”上的一个个“方框”，这些方框代表了独立的、具有隶属关系、汇总关系的“可交付成果”。经过数十年的总结大多数组织都倾向于WBS必须与项目目标有关，必须面向最终产品或可交付成果，因此WBS元素更适于描述输出产品的名词组成。其中的道理很明显，不同组织、文化等为完成同一工作所使用的方法、程序和资源不同，但是他们的结果必须相同，必须满足规定的要求。只有抓住最核心的可交付结果，才能最有效地控制和管理项目；另一方面，只有识别出可交付结果才能识别内部、外部组织完成此工作所使用的方法、程序和资源。工作包是最底层的WBS元素。（转自项目管理者联盟）

4）WBS字典

管理的规范化、标准化一直是众多公司追求的目标，WBS字典就是这样一种工具。它用于描述和定义WBS元素中的工作文档。字典相当于对某一WBS元素的规范，即WBS元素必须完成的工作以及对工作的详细描述；工作成果的描述和相应规范标准；元素上下级关系以及元素成果输入输出关系等。同时WBS字典对于清晰地定义项目范围也有着巨大的规范作用，它使得WBS易于理解和被组织以外的参与者（如承包商）接受。在建筑业，工程量清单规范就是典型的工作包级别的WBS字典。

上述构成因子是最基本的组件，而这些组件的定义是结构化、概念化的。至于WBS必须包含的信息则是见仁见智的事情，因为其与编制WBS的组织的管理需求有关。

案例：婚礼筹备之工作结构分解（WBS）

1. 婚礼筹备计划

1.1 决定婚礼日期、地点、仪式及婚宴方式

1.2 确定婚礼预算

1.3 草拟客人名单

1.4 召集好朋友讨论婚礼计划

1.5 确定伴郎、伴娘

1.6 确定主婚人、证婚人

1.7 成立婚礼筹备组

1.7.1 召开项目启动会

1.7.2 制定婚礼项目计划书

1.7.3 明确筹备组分工

2. 婚礼前准备

2.1 与婚礼的所有项目干系人沟通

2.1.1 就婚礼筹备计划和进展与双方父母沟通

2.1.2 发喜贴给亲友

2.1.3 电话通知外地亲友

2.1.4 网上发布结婚通知

2.1.5 再次确认主婚人、证婚人

2.1.6 及时反馈亲友受邀信息

2.1.7 对于重要亲友再次确认

2.2 结婚物品采购

2.2.1 新家布置用品

2.2.1.1 家电、家具

2.2.1.2 床上用品

2.2.1.3 彩色气球

2.2.1.4 彩灯

2.2.1.5 纱

2.2.1.6 蜡烛

2.2.1.7　胶布
2.2.1.8　插线板
2.2.1.9　其他物品
2.2.2　婚礼用品订购
2.2.2.1　新郎新娘婚纱礼服
2.2.2.2　结婚戒指
2.2.2.3　新娘化妆品
2.2.2.4　喜贴、红包、喜字
2.2.2.5　彩带、拉花、喷物
2.2.2.6　烟、酒、饮料
2.2.2.7　糖、花生、瓜子、茶叶
2.2.2.8　录像带、胶卷
2.2.2.9　预定鲜花
2.2.2.10　预定蛋糕
2.2.2.11　水果
2.3　新郎新娘形象准备
2.3.1　新娘开始皮肤保养
2.3.2　新郎剪头发
2.4　拍婚纱照
2.4.1　挑选婚纱影楼
2.4.2. 预约拍摄日期
2.4.3　拍照
2.4.4　选片
2.4.5　冲印或喷绘
2.5　布置新房
2.5.1　请清洁公司彻底打扫新房
2.5.2　布置新房
2.6　确定婚礼主持人
2.6.1　就婚礼当天计划与设想与之沟通
2.7　婚宴预约
2.7.1　估计来宾人数
2.7.2　估计酒席数量
2.7.3　选择婚宴地点
2.7.4　确认酒席菜单、价格
2.7.5　确认婚宴现场的音响效果
2.7.6　与酒店协调婚宴布置等细节
2.7.7　预定酒席
2.8　婚礼化妆预约
2.8.1　选择化妆地点
2.8.2　与发型师、化妆师沟通
2.8.3　确认婚礼当天的造型
2.8.4　预约化妆具体时间
2.9　婚庆车辆预约
2.9.1　确定婚车数量
2.9.2　选定婚车司机
2.9.3　预约扎彩车时间、地点
2.9.4　确定婚礼当天婚车行进路线及所需时间
2.9.5　预约婚车
2.10　婚庆摄像预约
2.10.1　确定摄影摄像数量
2.10.2　选定婚礼当天摄影摄像人员
2.10.3　安排摄影摄像分工
2.10.4　准备摄影摄像器材和胶卷录像带
2.10.5　预约摄影摄像
2.11　其他
2.11.1　调换崭新钞票
2.11.2　确定滚床儿童
2.11.3　为远道而来的亲友准备客房
3. 婚礼前一天准备
3.1　与婚礼的所有项目干系人沟通
3.1.1　就婚礼准备工作完成情况与双方父母沟通
3.1.2　就准备情况和婚礼当天分工与筹备组作最后沟通
3.1.3　根据准备情况就婚礼当天仪式进程与主持人作最后沟通
3.1.4　与伴郎伴娘再次沟通
3.1.5　最后确认帮忙的亲友
3.1.6　最后确认婚宴、车辆、摄影摄像、化妆等细节准备情况
3.2　确认婚礼当天要发言人的准备情况
3.2.1　主婚人、证婚人发言准备情况
3.2.2　父母代表发言准备情况
3.2.3　来宾代表发言准备情况
3.2.4　抢亲时新娘提问准备

3.2.5 新郎新娘在仪式上或闹洞房可能会遇到的问题
3.3 最后确认婚礼当天所有物品准备情况
3.3.1 最后试穿所有礼服
3.3.2 将婚礼当天要穿的所有服装分装口袋
3.3.3 准备两瓶水酒
3.3.4 准备婚礼当天新郎新娘的快餐干粮
3.3.5 最后检查所有物品并交于专人保管
3.3.5.1 新娘的新鞋
3.3.5.2 结婚证书
3.3.5.3 戒指
3.3.5.4 红包
3.3.5.5 要佩戴的首饰
3.3.5.6 新娘补妆盒
3.3.5.7 糖、烟、酒、茶、饮料
3.3.5.8 焰火道具
3.4 新郎新娘特别准备
3.4.1 新郎新娘反复熟悉婚礼程序
3.4.2 预演背新娘动作
3.4.3 预演婚礼台步
3.4.4 预演交杯酒动作
3.4.5 放松心情,互相鼓励
3.4.6 注意睡眠,早点休息
3.5 准备闹钟
3.5.1 确认一只正常工作的闹钟
3.5.2 将闹钟调到5:30
4. 婚礼当天流程
4.1 化妆
4.1.1 5:30起床
4.1.2 7:00新郎发型做好后到达新南门女方娘家附近等待
4.1.3 7:45新娘妆完成,通知新郎
4.1.4 化妆师、美发师红包
4.2 婚车
4.2.1 6:30开始扎彩车
4.2.2 7:00专车送新郎至新南门
4.2.3 7:30彩车完成
4.2.4 7:45专车送新娘回新南门娘家(8:30前到达)
4.2.5 9:00所有婚车到达新南门
4.2.6 司机红包
4.3 抢新娘
4.3.1 8:00伴郎准备好鲜花、红包
4.3.2 8:30新娘回到娘家,藏好新鞋
4.3.3 8:40新郎带领伴郎开始抢新娘
4.3.4 8:45敲门、盘问、塞红包、挤门
4.3.5 8:55新郎找新鞋,向女方家人承诺
4.3.6 9:00彩带师到位,气球到位
4.3.7 9:05新郎背新娘出门,彩带,踩气球
4.3.8 9:10车队出发
4.4 迎新娘
4.4.1 10:00车队到达化成小区男方家
4.4.2 10:05新郎抱新娘进门,彩带,踩气球
4.4.3 10:10小孩子滚床
4.4.4 10:15伴娘准备好茶
4.4.5 10:20新娘给男方父母敬茶
4.4.6 10:40新郎新娘出发至酒店
4.5 酒店准备
4.5.1 10:00将糖、烟、酒、茶、饮料等带至酒店
4.5.2 10:10最后检查酒席安排、音响、签到处等细节

4.5.3　10:30 准备好新郎新娘迎宾香烟、火柴、糖

4.5.4　10:45 彩带师到酒店门口

4.6　酒店迎宾

4.6.1　10:50 新郎新娘到酒店，彩带

4.6.2　11:00 签到处人员就位

4.6.3　11:00 引导人员门口就位

4.6.4　11:00 新郎新娘、伴郎伴娘门口迎宾

4.7　婚礼仪式

4.7.1　12:15 主持人准备

4.7.2　12:15 音响准备

4.7.3　12:15 结婚证书、戒指准备

4.7.4　12:15 气球、彩带到位

4.7.8　12:20 奏乐，新人入场，彩带、踩气球

主持人自我介绍、主婚人致词、证婚人宣读结婚证书、新人父母上台、新郎新娘交换戒指、三鞠躬、新人给父母敬茶、双方父母代表讲话、双方父母退场、双方领导致辞、双方朋友讲话、双方朋友退场、新人开香槟、切蛋糕、喝交杯酒、游戏

4.7.9　13:00 婚宴正式开始

4.7.10　13:00 新郎新娘退场、速食，新娘换礼服

4.7.11　13:15 新郎新娘逐桌敬酒

4.7.12　14:00 宴席结束，宾客与新人合影

4.8　下午休息

4.8.1　14:00 宾客离开或去娱乐

4.8.2　14:30 新郎新娘进餐、休息

4.8.3　14:30 清点所剩烟酒糖等

4.8.4　14:30 统计晚餐人数

4.9　晚餐

4.9.1　17:00 通知酒店晚餐准备数量

4.9.2　18:00 请宾客进晚餐

4.9.3　20:00 清点所有物品，离开酒店

4.10　闹洞房

4.10.1　21:00 开始闹洞房、女方藏结婚证、新郎找结婚证、其他节目自由发挥

4.10.2　22:30 宾客离开

4.11　摄影摄像

4.11.1　摄像 A 从新娘化妆开始全程拍摄新娘

4.11.2　摄像 B 从新郎抢亲开始全程拍摄新郎

4.11.3　摄像 C 拍摄婚礼仪式全过程

4.11.4　摄影适时拍摄

4.11.5　摄影摄像人员红包

5. 婚礼项目结束

5.1　23:00 伴郎伴娘率筹备组进行项目总结

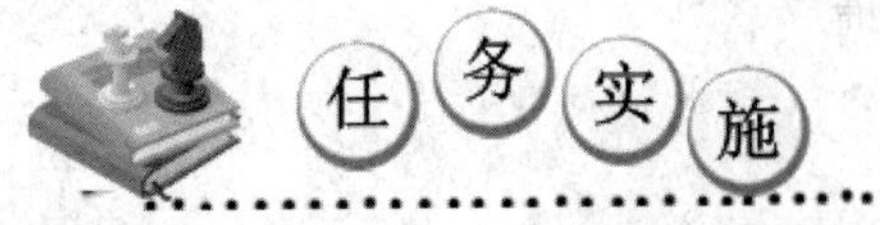

<table>
<tr><th colspan="2">第一步　课前认知</th></tr>
<tr><th>主要内容</th><th>教师评价</th></tr>
<tr><td>回答以下问题：
(1)你计划过学生活动吗？有什么不尽如人意的地方吗？

(2)下面哪些是项目？
① 开发一个新产品；
② 管理一个 IT 企业；
③ 实施一个新的信息系统；
④ 邀请客户考察公司；
⑤ 生产一瓶可口可乐；
⑥ 主办一场生日宴会；
⑦ 举办一次技术交流会；
⑧ 癌症研究。

(3)你觉得学习项目管理有何意义？</td><td></td></tr>
</table>

<table>
<tr><th colspan="2">第二步　课堂学习</th></tr>
<tr><th>主要内容</th><th>教师评价</th></tr>
<tr><td>(1)本堂课学习笔记：</td><td></td></tr>
</table>

续表

(2)回想你今天遇到的或者做过的、参与的事情，哪些是项目？总结自己在项目中起到了什么作用，记录下来； (3)如何对项目进行工作分解？	

第三步　课后拓展	
主要内容	教师评价
(1)你身边的项目有比较复杂的项目吗？有感觉做起来不是很顺利的项目吗？试着分析一下原因。 (2)列出今天要做的一项活动，绘出 WBS 图和甘特图并组织实施。如果当天完成了，马上总结；如果当天完成不了的，等按计划完成后进行总结。	

(1)请总结：通过课堂学习、课下自学、小组交流、同学的分享，你了解了哪些具体知识？ (2)请总结：通过近期开展的项目管理活动，你在哪些方面有所提升？请举例具体描述。 (3)通过本项目的实施，你有哪些感想、收获和成长？	
签名：	日期：
本团队成员对你的评价：	

续表

签名：	日期：
其他团队对你的评价：	
签名：	日期：
教师对你的评价：	
签名：	日期：

请学有余力的同学思考并学习整理如下内容：

（1）请做一份班级元旦联欢会项目管理计划。

（2）假如让你准备一个生日聚会，你如何写项目工作计划。

（3）利用你学过的项目管理知识，试着从正反两方面分析一下“韩信点兵，多多益善”这个典故。

项目 05 高绩效团队

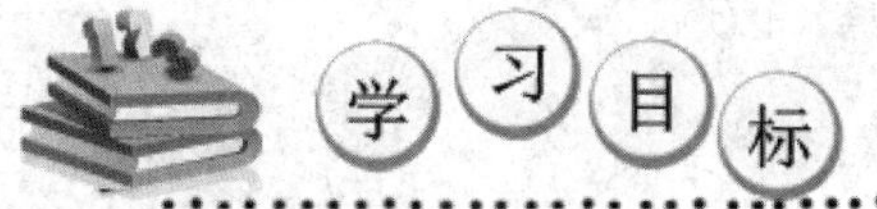

这个时代已经演变成依赖于协作才能成功的时代，因此你需要成为一个高效团队的成员才有可能在这个时代取得成功。团队是目标统一、规则明确的群体。而一个高效的团队应具有什么样的特征呢？如果你是一个团队领导者，你知道团队建设可以从哪些方面入手吗？如何达成团队目标呢？你怎样做才能成为团队中举轻若重的成员？把最强的人都放在一起就一定是一个超级强的团队吗？今天我们就一起开始创建团队的旅程……

通过本项目的实践，我们将达到如下目标：

- 认知团队，把握团队内涵、核心要素与价值；
- 清楚一个人的人际能力在团队价值中的作用；
- 明确高效团队的特征；
- 学习作为一个团队领导者的关键职责与能力要求；
- 主动用高效团队的规范要求自己；
- 在日常生活与学习中能够主动激发、培养自己的团队意识与能力。

本项目是通过课堂学习让学生充分意识到习惯的力量。通过学生自身有意识地自我分析、认识到自身存在的好习惯与坏习惯，项目运用有效的习惯养成方法引领学生从改变具体的行为做起，坚持训练至少 21 天，最终养成个人良好习惯。项目以小组为单位，一起研讨、分析、制定计划，相互监督执行，并辅以阶段分享和反馈，组织小组内相互学习，见证彼此成长，最后进行项目总结。

1. 项目相关知识结构图

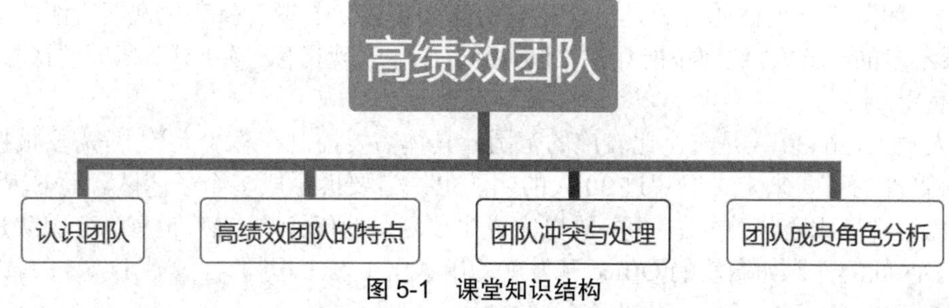

图 5-1 课堂知识结构

2. 相关知识点

知识点 1:认识团队

案例分享:大雁的启示

每只雁鼓动双翼时,对尾随的同伴都具有“鼓舞”的作用。雁群排成“V”字形时,彼此扇动翅膀获得向上的气流。

当带头的雁疲倦了,它会退回队伍,由另一只雁取代它的位置。

队伍中后面的大雁会以叫声鼓励前面的伙伴继续前进。

当有雁生病或受伤时,其他两只雁会由队伍飞下协助及保护它。这两只雁会一直伴随在它的旁边,直到它康复或死亡为止。然后它们自己组成队伍再开始飞行,或者去追赶原来的雁群。

图 5-2 大雁的启示

大雁的队伍是我们都熟知的,那么到底什么是团队呢?

篮球大赛结束后,常会从各个优胜队中挑出最优秀的队员,组成一支“梦之队”赴各地比赛,以制造新一轮高潮,但结果总是令球迷失望——胜少负多。其原因在于他们不是真正意义上的团队,虽然他们都是最顶尖的篮球种子选手,但是由于他们平时分属不同球队,无法培养团队精神,不能形成有效的团队攻击。

由此看来,团队并不是一群人的机械组合。一个真正的团队应该有一个共同的目标,其成员之间的行为相互依存、相互影响,并且能很好合作,追求集体的成功。

团队(Team)是由一些为了实现一个目标而相互依赖的个体组合而成的正式群体。可见,团队是具有核心共同目标的群体。

团队作为有共同目标的一群人的组织,他们在工作中互相依靠,共同为结果负责。在这个过程中,团队成员把彼此看做是一个完整的社会实体。卡岑巴赫和史密斯给团队的定义是:数量不多的一群人,他们技能互补、目标相同、工作表现指标一致、具有协同的认知、彼此为对方负责。

在人数上,6~30 人是一个比较广的范围。具体需要控制在多少人数上,需要根据团队的目标、管理的模式来定。但超过 30 人的团队也许需要拆分成多个子团队。而 6 人以下,可能就比较难形成团队的分工体系,难以完成比较复杂的任务。当然,也有许多团队是超出这个数字区间的。比如微软的 Office 开发就动用了上千名工程师。

团队有以下几个特征维度：

目的：
- 产品开发
- 问题解决
- 企业再造
- 其他任务和组织希望实现的目的

结构：
- 受监控团队
- 自我管理团队

成员：
- 功能型团队
- 交叉功能型团队

持续时间：
- 长久团队
- 临时团队

团队可以是以上四个维度属性的任意组合。当今最常见的三种团队类型分别是：职能型团队、虚拟工作团队和跨职能团队。

职能型团队（Functional Team）：是由一名管理者及来自特定相关领域的下属组成的。由于在同一职能领域中，因此职权、决策、领导及交互作用这些问题相对简单。

虚拟工作团队（Virtual Team）：指的是那些利用计算机技术把实际上分散的成员联系起来以实现共同目标的工作团队。在虚拟工作团队中，成员通过网络、可视电话系统、传真、E-mail，甚至互联网上的在线会议进行沟通与联系。

跨职能团队（Cross-functional Team）：它是由来自不同领域的专家组成的一个混合体，目的是协同完成各种任务。

知识点 2：高绩效团队的特点

团队测评

表 5-1　团队能力自测

	总是这样	经常这样	有时这样	很少这样	从不这样
（1）我提供事实和表达自己的观点、意见、感受和信息，以帮助小组讨论（提供信息和观点者）	4	3	2	1	0
（2）我从其他小组成员那里征求事实、信息、观点、意见和感受，以帮助小组讨论（寻求信息和观点者）	4	3	2	1	0

续表

	总是这样	经常这样	有时这样	很少这样	从不这样
(3)我提出小组后面的工作计划,并提醒大家注意需完成的任务,以此把握小组的方向。我向不同的小组成员分配不同的责任(方向和角色定义者)	4	3	2	1	0
(4)我集中小组成员的相关观点或建议,总结、复述小组所讨论的主要论点(总结者)	4	3	2	1	0
(5)我带给小组活力,鼓励小组成员努力工作以完成我们的目标(鼓舞者)	4	3	2	1	0
(6)我要求他人对小组的讨论内容进行总结,以确保他们理解小组决策,了解小组正在讨论的材料(理解情况检查者)	4	3	2	1	0
把以上6题分数相加,并且乘以100除以24,得分为A________					
(7)我热情鼓励所有小组成员参与,我愿意倾听他们的观点,让他们知道我重视他们对群体的贡献(参与鼓励者)	4	3	2	1	0
(8)我利用良好的沟通技巧帮助小组成员交流,以保证每个小组成员明白他人的发言(促进交流者)	4	3	2	1	0
(9)我会讲笑话,并会建议以有趣的方式工作,借此减轻小组中的紧张感,增加大家一同工作的乐趣(释放压力者)	4	3	2	1	0
(10)我观察小组的工作方式,利用我的观察去帮助大家讨论小组如何更好地工作(进程观察者)	4	3	2	1	0
(11)我促成有分歧的小组成员进行公开讨论,以协调思想,增进小组凝聚力。当成员们似乎不能直接解决冲突时,我会进行调停(人际问题解决者)	4	3	2	1	0
(12)我向其他成员表达支持、接受和喜爱,当其他成员在小组中表现出建设性行为时,我给予适当的赞扬(支持者与表扬者)	4	3	2	1	0
把以上6题分数相加,并且乘以100除以24,得分为B________					

A的得分高表示重于完成工作,B的得分高表示重于维护小组良好的关系。A与B分数都高时,则表示你既是一个团队的执行者,又是一个很好的团队组织者。

讲解要点

高效团队的产生,需要关注多个特征的有效达成。

1)清晰的目标

一个高效团队,首先要有明确的共同目标,这是保持团队内部平衡,迅速稳定前行的基础。任何决策和手段以及团队中的个人,都要紧紧围绕这个共同目标而行动。一个无明确方向和领导的团队,极易毁于内耗之中。清晰的目标可以激励个体为实现团队目标而调整个人关注的重心。在高效团队中,成员为团队目标奉献自己的力量,他们清楚地知道团队希望自己干什么以及成员之间怎样相互协作才能实现最终目标。

正是因为团队的共同目标,使团队之间会产生一种必然的竞争状态。也正是这种竞争状态,使团队之间形成壁垒,并强化团队成员的内部认同与协作。

2)相关技能

团队的高效性需要一群能力很强的成员组成。这些成员应具备实现理想目标所必需的技能以及相互之间良好合作的个性品质。合作的品质尤其重要。

成员之间有一些技能高度互补,这样可以促使任务的更好达成。犹如一个交响乐团,每个人各司其职,最终的结果便是一曲美妙的音乐。

3)相互信任

成员之间相互信任是高效团队的显著特征,也就是说,每个成员对其他人的品行和能力都深信不疑。但是信任的建立需要一个长期的过程。

4)统一承诺

在高效团队中,成员会对团队表现出高度的忠诚与奉献精神,成员彼此之间拥有亲近感、归属感与利他主义的追求。团队成员会有比较强的团队归属,并重视团队成员的身份特征。而且人生许多美好的时光,正是在团队中度过的。那些能够带来美好时光的团队,一定是具有较好内部承诺的团队。

5)良好沟通

团队成员之间以他们可以清晰理解的方式传递信息,这些信息包括语言与非语言的信息。这些沟通还表现为成员彼此之间积极的反馈互动。

6)谈判技能

作为一个团队整体,内部分工经常并非如岗位职责般清晰。因此,需要团队成员之间达成一种比较默契的分工,因此需要成员具有谈判互动技能,以此达成任务的合理分工。

7)恰当领导

团队需要持续的强化动力机制,而强有力的领导者可以为团队提供持续的目标意义感与凝聚力维护作用。

8)内外支持

巧妇难为无米之炊,因此团队绩效的达成,需要获得来自外部的资源支持。这里的外部包括团队所在组织、所在集团。内部的支持则表现为一套合乎团队特征的管理规范、评估、激励体系,从而使团队成员之间更多的管理职责达成自我组织状态。

团队精神不是一个口号、一种语录,而是每个队员对于某些问题的共同价值观,以及在关键问题上的一致理解与行为。

每个人都有不同,但在一个团队中需要彼此之间的协作,如图 5-3 所示。

图 5-3 每个人都是成功不可缺少的

一方面，在团队中的个人需要理解、通情、宽容与沟通的能力，另一方面有效的团队也可以促进个人这些能力的提升。

（1）理解：就是明确人与人之间的不同，能够公平公正地彼此对待。

（2）通情：通过“站在别人的角度与立场上思考”来达成对他人观点的理解。

（3）宽容：要以开放的心态面对别人不同的价值观、态度和行为。

（4）沟通：开放的沟通是必须的，只有通过沟通才能化解彼此的矛盾，使问题及时处理。

以上几点，特别强调了团队合作中的人际互动。同时，一个团队的有效性，还依赖于团队成员对任务的关注与投入。

通过个体在团队中的工作任务完成情况与团队人际促进导向，对人的团队能力做出简要评估，也可以明确进一步努力的方向。

知识点 3：团队冲突与处理

活动：国王的卡片

活动目的：

此活动主要强调的是队友之间的相互信任和相互理解。通过活动让学生了解团队成员之员在工作中会因资源不同、沟通技巧不同、个人能力差异、价值观差异等产生冲突与误解。

游戏步骤：

（1）培训师首先挑选出 4 名学生参与本游戏，采用如下的站位方法：

1 2 3 遮挡物 4（面对另外三名同学）

（2）培训师给每个人背后贴上一张卡片（共 4 张卡片，2 张蓝色，2 张红色）

（3）每个学生都看不到自己的卡片，但学生 3 可以看到学生 2 和学生 1 卡片的颜色，学生 2 可以看到学生 1 卡片的颜色，学生 1 和 4 谁的卡片颜色都看不到。

（4）要求 4 个学生中，只要有 1 个学生能说出自己卡片的颜色，那么，就算这 4 个人获胜，如果其中只要有 1 个学生说错卡片的颜色，那么就算 4 个人都失败，接受游戏的惩罚。

（5）整个过程中，学生之间不能进行交流和沟通，如有说话的，则认为游戏失败，接受惩罚。

（6）如果时间允许，可将此活动进行 2~3 轮，第二轮的任务难度可要求至少 2 人说出自己的卡片颜色，第三轮的任务难度要求至少 3 人说出自己的卡片颜色。

游戏说明：

此活动主要让学生明白同理心和换位思考的重要性，属于职业素质中关于团队合作的。

可通过游戏中出现的问题和现象，讲解团队冲突、团队信任、团队沟通等要素。

1）冲突的定义

企业组织中的成员在交往中产生意见分歧，出现争论、对抗，导致彼此间关系紧张，称该状态为“冲突”。

2）冲突的原因

个性差异、价值观差异、观点差异、目标差异、对部门忠诚度的差异、文化差异。

3）冲突的后果

因工作引起的冲突，往往会转化为人际关系矛盾；同样，人际关系矛盾亦会反映为工作冲突。

冲突使企业组织中隐藏的不一致得以暴露，可加速问题的解决；但若处理不当，将激化矛盾，从而导致新的冲突。

4）团队冲突的处理方法

表 5-2　团队冲突处理方法

方法	行为特征	使用此种方法的理由
回避	不会造成正面的冲突。忽略或是根本不理会这个争论，不把这项争论当作问题。	差异太小或太大而根本不用解决。这种解决方法可能会破坏关系，甚至制造出更严重的问题来。
迁就	这是一种彼此同意，但是并不彼此信任的行为。这种合作要付出牺牲个人目标的代价。	冒险破坏彼此关系与整体和谐是不值得的。
竞争	正面冲突的、确信的、有野心的，不管付出多大的代价，一定要赢。	适者生存。一定要证明自己的优越性，在道德与专业上你的坚持都是正确的。
妥协	主要冲突者的基本目标都能达成，彼此间的关系也能维持良好，仍有野心，但能彼此合作。	没有一个人或是一种想法是完美无缺的，能够圆满处理问题的好方法不会只有一个，所以你必须先付出，才能有所收获。
合作	形成冲突的双方的需求都是十分重要的，而且对彼此的支持也相当尊重。互信而又十分合作。	当双方都能坦诚地讨论争执点时，就可找出一个相互都能获益的解决方法，并且不会让任何人做出重大的让步。

5)团队冲突的处理步骤

(1)澄清:冲突是什么?

(2)目标:共同的目标是什么?

(3)可供选择的方案:一些可供选择的方案是什么?

(4)可排除障碍:存在哪些障碍?如果障碍排除了,情形将会怎样?

(5)选择:什么样的解决办法符合双方的需求?

(6)认同:解决办法是什么?

知识点4:团队成员角色分析

课堂测试

测评1:团队角色自测
团队角色自测问卷——内容详参拓展学习部分知识点1。
测评2:团队成员行为模式调查
团队成员行为模式调查问卷——内容详参拓展学习部分知识点2。

1)团队角色简介

表5-3 团队角色

类型	典型特征	积极特性	能容忍的弱点
实干者(IMP)	保守,顺从,务实可靠	有组织能力、实践经验,工作勤奋;有自我约束力	缺乏灵活,对没有把握的主意不感兴趣
协调者(CO)	沉着,自信,有抑制力	对各种有价值的意见不带偏见地兼容并蓄,甚为客观	在智能及创造力方面并非超常
推进者(SH)	思维敏捷,开朗,主动探索	有干劲,随时准备向传统、低效率、自满自足挑战	好激起争端,爱冲动,易急燥
创新者(PL)	有个性,思想深刻,不拘一格	才华横溢,富有想象力,智慧,知识渊博	高高在上,不重细节,不拘礼仪
信息者(RI)	性格外向,热情,好奇,联系广泛,消息灵通	有广泛联系人的能力,不断探索新的事物,勇于迎接新的挑战	事过境迁,兴趣马上转移
监督者(ME)	清醒,理智,谨慎	判断力强,分辨力强,讲求实际	缺乏鼓动力和激发他人的能力

续表

类型	典型特征	积极特性	能容忍的弱点
凝聚者（TW）	擅长人际交往，温和，敏感	有适应周围环境及人的能力，能促进团队的合作	在危急时刻优柔寡断
完善者（FI）	勤奋有序，认真，有紧迫感	持之以恒，理想主义追求完美	常拘泥于细节，不洒脱

2）团队成员行为分析

团队成员行为模式将会协助确认你在团队中的行事风格。先以测量表的结果评估你目前的优点，并且作为提高团队成员工作效率计划的基础。团队成员可以利用成员行为模式的资料发现团队的长处，并且讨论提高团队效率的策略。

表 5-4　团队成员行为模式

类型	通常其他人认为你	另一个角度的你
贡献者	可靠 有规划 技术熟练 有效率 实事求是	眼光短浅 受资料限制 完美主义者 心胸狭隘 小心谨慎
合作者	向前看 合作 独立 有弹性 有创造力	太过于未来导向 不是工作任务导向 不切实际 不关心团队程序 是一位梦想家
沟通者	鼓舞他人 热心助人 支持他人 具有幽默感 轻松愉快	不够落实 暧昧含糊 操纵他人 不够慎重 不重视最终结果
挑战者	坦率 诚实 有原则 坚持己见 有道德	固执 傲慢 自以为是 过于挑剔 毫不退让

知识点 1：团队角色自测

团队角色自测问卷说明：

对下列问题的回答,可能在不同程度上描绘了你的行为。每题有8句话,请将10分分配给这8个句子。分配的原则是:最能体现你行为的句子分最高,依此类推。最极端的情况也可能是10分全部分配给其中的某一句话。请根据你的实际情况把分数填入后面的表中。

(1)我认为我能为团队做出的贡献是

A. 我能很快发现并把握新的机遇。

B. 我能与各种类型的人一起合作共事。

C. 我生来就爱出主意。

D. 我的能力在于,一旦发现某些对实现集体目标很有价值的人,就及时推荐他们。

E. 我能把事情办成,这主要靠我个人的实力。

F. 如果最终能导致有益的结果,我愿面对暂时的冷遇。

G. 我通常能意识到什么是现实的,什么是可能的。

H. 在选择行动方案时,我能不带倾向性,也不带偏见地提出一个合理替代方案。

(2)在团队中,我可能有的弱点是

A. 如果会议没有得到很好组织、控制和主持,我会感到不痛快。

B. 我容易对那些有高见而又没有适当地表达出来的人表现得过于宽容。

C. 只要集体在讨论新的观点,我总是说得很多。

D. 我的客观看法,使我很难与同事们打成一片。

E. 在一定要把事情办成的情况下,我有时使人感到特别强硬甚至专断。

F. 可能由于我过分重视集体的气氛,我发现自己很难与众不同。

G. 我易于陷入突发的想象中,而忘了正在进行的事情。

H. 我的同事认为我过分注意细节,总有不必要的担心,怕把事情搞砸。

(3)当我与其他人共同进行一项工作时

A. 我有在不施加任何压力的情况下,去影响他人的能力。

B. 我随时注意防止粗心和工作中的疏忽。

C. 我愿意施加压力以换取行动,确保会议不是在浪费时间或离题太远。

D. 在提出独到见解方面,我是数一数二的。

E. 对于与大家共同利益有关的积极建议,我总是乐于支持。

F. 我热衷寻求最新的思想和发展。

G. 我相信我的判断能力有助于做出正确的决策。

H. 我能使人放心的是,对那些最基本的工作,我都能组织得井井有条。

(4)我在工作团队中的特征是

A. 我有兴趣更多地了解我的同事。

B. 我经常挑战别人的见解或坚持自己的意见。

C. 在辩论中,我通常能找到论据去推翻那些不甚有理的主张。

D. 我认为,只要计划必须开始执行,我有推动工作运转的才能。

E. 我不在意使自己太突出或出人意料。

F. 对承担的任何工作,我都能做到尽善尽美。

G. 我乐于与工作团队以外的人进行联系。

H. 尽管我对所有的观点都感兴趣,但这并不影响我在必要的时候下决心。

(5)在工作中我得到满足,因为

A. 我喜欢分析情况，权衡所有可能的选择。
B. 我对寻找解决问题的可行方案感兴趣。
C. 我感到，我在促进良好的工作关系。
D. 我能对决策有强烈的影响。
E. 我能适应那些有新意的人。
F. 我能使人们在某项必要的行动上达成一致意见。
G. 我身上有一种能使我全身心地投入到工作中去的气质。
H. 我很高兴能找到一块可以发挥我想象力的天地。

（6）如果突然给我一件困难的工作，而且时间有限，人员不熟
A. 在有新方案之前，我宁愿先躲进角落，拟出一个解脱困境的方案。
B. 我比较愿意与那些表现出积极态度的人一起工作。
C. 我会设想通过用人所长的方法来减轻工作负担。
D. 我天生的紧迫感，将有助于我们不会落在计划后面。
E. 我认为我能保持头脑冷静，富有条理地思考问题。
F. 尽管困难重重，我也能保证目标始终如一。
G. 如果集体工作没有进展，我会采取积极措施去加以推动。
H. 我愿意展开广泛的讨论，意在激发新思想，推动工作。

（7）对于那些在团队工作中或与周围人共事时所遇到的问题
A. 我很容易对那些阻碍前进的人表现出不耐烦。
B. 别人可能批评我太重分析而少直觉。
C. 我有做好工作的愿望，能确保工作的持续进展。
D. 我常常容易产生厌烦感，需要有激情的人使我振作起来。
E. 如果目标不明确，让我起步是很困难的。
F. 对于遇到的复杂问题，我有时不善于加以解释和澄清。
G. 对于那些我不能做的事，我有意识地求助他人。
H. 当我与真正的对立面发生冲突时，我没有把握使对方理解我的观点。

表 5-5　自我评价分析表

题号	IMP		CO		SH		PL		RI		ME		TW		FI	
（1）	G		D		F		C		A		H		B		E	
（2）	A		B		E		G		C		D		F		H	
（3）	H		A		C		D		F		G		E		B	
（4）	D		A		B		E		G		C		A		F	
（5）	B		F		D		H		E		A		C		G	
（6）	F		C		G		A		H		E		B		D	
（7）	E		G		A		F		D		B		H		C	
总计																

知识点2:团队成员行为模式调查

团队成员行为模式调查问卷说明:

这是一份问卷调查,因此,答案没有对与错。请按照你目前在团队中的情况,诚实地回答每一个问题,不要用以前你所习惯的方式或希望的情况来回答。

本问卷要求你完成18个句子,每一个句子都有四种可能的选择项目。请依以下的选择量表,根据你的适合程度标示每一个选择项目。

4 —最合适你
3 —第二合适你
2 —第三合适你
1 —最不合适你

例如:

作为一个团队成员,我通常最关心

__1__a. 符合高道德标准

__4__b. 达成我们的目标

__3__c. 尽到我们的责任

__2__d. 我们团体合作的情况

请不要说谎。某些句子可能有两个以上的选择项目适合你,也可能没有任何一个项目适合你,但是请假定这是你仅有的选择,并请按照你认为适合你目前的情况加以排列顺序,每题的选择项都必须按4、3、2、1的顺序排列。

(1)在团队会议时,我经常

____a. 提供团队技术性的资料或咨询

____b. 让团队注意我们的使命和目标

____c. 确定每一个人都参与讨论

____d. 提出有关我们的目标或工作方法的问题

(2)对于团队领导人,我

____a. 建议我们的工作必须是目标导向

____b. 试图协助他建立良好的团队气氛

____c. 在必要时愿意提出和他不同的意见

____d. 依据我的专长提出建议

(3)在压力下,我有时会

____a. 过度使用幽默感和其他化解紧张的手段

____b. 与其他团队成员沟通太直接

____c. 失去耐心,没有让每一个人参与讨论

____d. 抱怨我们的目标缺乏进展

(4)当团队发生冲突时,我总是

____a. 要求诚恳地讨论分歧

____b. 提供理由说明为什么一方或另一方是正确的

____c. 认为分歧可能促使团队方向改变
____d. 试图以一项支持或幽默的说词化解紧张情绪
(5)其他团队成员通常认为我是
____a. 实事求是的
____b. 具有弹性的
____c. 鼓舞他人的
____d. 坦白直率的
(6)有时候,我
____a. 太注重结果导向
____b. 太过悠闲自在
____c. 自以为是
____d. 眼光短浅
(7)当团队中有事情出错时,我总是
____a. 要求重视倾听,回馈和参与
____b. 要求坦诚地讨论我们的问题
____c. 努力提供更多和更好的咨询
____d. 建议我们重新审视基本工作使命
(8)必要时,我能够
____a. 质疑团队某些方面的工作
____b. 促使团队设定更高的绩效标准
____c. 做超出我工作范围外的事
____d. 向其他团队成员反应他们在团队中的行为是否适当
(9)有时候,其他团队成员认为我是
____a. 完美主义者
____b. 不愿意重新评估团队的使命和目标
____c. 并没有认真地要把实际的工作做完
____d. 吹毛求疵者
(10)我相信,要解决团队中的问题需要
____a. 所有的团队成员相互合作
____b. 高水准的倾听技巧
____c. 愿意提出严格的问题
____d. 有良好、可靠的资料
(11)当一个新团队组成时,我总是
____a. 试图会见并认识其他团队成员
____b. 直截了当询问有关团队目标和工作方法的问题
____c. 希望知道团队对我的期望
____d. 努力澄清团队的基本使命
(12)有时候我会让其他团队成员感到不舒服,因为他们
____a. 不能像我一样坚定
____b. 不能达到我的标准

____c. 并不考虑长期的问题

____d. 并不关心团队如何合作

(13)我相信，团队领导人的角色是

____a. 确保企业问题能够有效地解决

____b. 协助团队建立长期和短期的工作目标

____c. 创造一个共同参与决策的工作环境

____d. 提出不同的构想和具有挑战性的假设

(14)我相信，团队的决策应该根据

____a. 团队的使命和目标

____b. 团队成员的一致看法

____c. 公开和坦诚地评估问题

____d. 所得证据的重要性

(15)有时候，我

____a. 认为团队的工作气氛是团队存在的目的

____b. 过分严厉

____c. 没有察觉到有效率的团队程序多么重要

____d. 过度强调策略问题，忽略短期工作成就

(16)别人总是把我描述为

____a. 独立的

____b. 可信赖的

____c. 具有创造力的

____d. 乐于参与的

(17)大多数，我

____a. 负责任而且努力工作

____b. 信守承诺而且具有弹性

____c. 热诚而且幽默

____d. 诚实而且可靠

(18)有时候，我忍受不了其他团队成员，因为他们没有

____a. 重新回顾团队目标，检讨进度

____b. 体现合作的重要性

____c. 反对他们不认同的团队行动

____d. 及时完成团队分配给他们的任务

问卷计分表

请将下一页的问卷计分表撕下。接着请将你从第 1 到 18 个问题的答案，依顺序记到问卷计分表的空格内。

请特别注意：每一个问题的字母顺序并不一样。例如：问题一的顺序是 a、b、c、d，但是问题二的顺序是 d、a、b、c。四项类型的总分必须等于 180。

表 5-6　问卷计分表

（1）	a	b	c	d
（2）	d	a	b	c
（3）	c	d	a	b
（4）	b	c	d	a
（5）	a	b	c	d
（6）	d	a	b	c
（7）	c	d	a	b
（8）	b	c	d	a
（9）	a	b	c	d
（10）	d	a	b	c
（11）	c	d	a	b
（12）	b	c	d	a
（13）	a	b	c	d
（14）	d	a	b	c
（15）	c	d	a	b
（16）	b	c	d	a
（17）	a	b	c	d
（18）	d	a	b	c
总分				

问卷计分表中的四个栏位分别代表四种类型的团队成员，哪一个栏位的分数最高就表示哪个栏位是你的最主要类型。如果四个栏位的分数一样高，或者是彼此间相差 3 分以内，你可以把它们都视为你的主要类型。最低分数的栏位显示你最不显著的类型。

你的主要类型可以定义出，作为一位团队成员你最常使用的一些行为。这并不表示，只使用一种类型。我们都有能力使用四种类型中的任何一种行为。主要类型只是指，我们比较经常使用的一种类型。

1）案例 1：分粥的故事

由 7 个人组成的小团体，其中每个人都是平凡而且平等的，但不免自私自利。他们想通过制定制度来解决每天的吃饭问题——要分食一锅粥，但并没有称量用具。大家试验了不同的方法。

方法一：指定一个人负责分粥事宜。很快大家就发现，这个人为自己分的粥最多。于是又换了一个人，结果总是主持分粥的人碗里的粥又多又好。阿克顿勋爵做的结论是："权力会导致腐败;绝对的权力导致绝对的腐败。”

方法二:大家轮流主持分粥,每人一天。虽然看起来平等了,但是每个人在一周中只有一天吃得饱且有剩余,其余 6 天都饥饿难挨。大家都认为这种办法造成了资源浪费。

方法三:大家选举一个信得过的人主持分粥。开始这位品德尚属上乘的人还能公平分粥,但不久他开始为自己和溜须拍马的人多分。

方法四:选举一个分粥委员会和一个监督委员会,形成监督和制约。公平基本上做到了,可是监督委员会常常提出种种议案,而分粥委员会又据理力争,等粥分完时,粥早就凉了。

方法五:每个人轮流值日分粥,但是分粥的那个人要最后一个领粥。令人惊奇的是,在这个制度下,7 只碗里的粥每次都是一样的多。每个主持分粥的人都认识到,如果 7 只碗里的粥不同,他确定无疑将分到那份最少的。

现代政治经济学是这样表述的:制度至关重要;制度是人选择的,是交易的结果。好的制度浑然天成,清晰而精妙,既简洁又高效,令人为之赞叹。当管理中面临着同样的问题时,我们需要设计一个好的管理制度使大家都无怨言。

2)案例 2:团队信任

这是一个来自越战归来的士兵的故事。他从旧金山打电话给他的父母,告诉他们:“爸妈,我回来了,可是我有个不情之请。我想带一个朋友同我一起回家。”“当然好啊!”他们回答“我们会很高兴见到的。”

不过儿子又继续下去“可是有件事我想先告诉你们,他在越战里受了重伤,少了一条胳膊和一只腿,他现在走投无路,我想请他回来和我们一起生活。”

“儿子,我很遗憾,不过或许我们可以帮他找个安身之处。”父亲又接着说“儿子,你不知道自己在说些什么。像他这样残障的人会对我们的生活造成很大的负担。我们还有自己的生活要过,不能就让他这样破坏了。我建议你先回家然后忘了他,他会找到自己的一片天空的。”就在此时儿子挂上了电话,他的父母再也没有他的消息了。

几天后,这对父母接到了来自旧金山警局的电话,告诉他们亲爱的儿子已经坠楼身亡了。警方相信这只是单纯的自杀案件。于是他们伤心欲绝地飞往旧金山,并在警方带领之下到停尸间去辨认儿子的遗体。

那的确是他们的儿子,但惊讶的是儿子居然只有一条胳膊和一条腿。

故事中的父母就和我们大多数人一样。要去喜爱面貌姣好或谈吐风趣的人很容易,但是要喜欢那些给我们造成不便和不快的人却太难了。我们总是和那些不如我们健康、美丽或聪明的人保持距离。

但有些人却不会如此残酷,他们会无怨无悔地爱他人,不论对方多么糟总是愿意接纳。每个人的心里都藏着一种神奇的东西称为“友情”,你不知道它究竟是如何发生何时发生的,但你却知道它总会带给我们特殊的礼物。你也会了解友情是最珍贵,朋友就像是稀奇的宝物。他们带来欢笑,激励我们成功。他们倾听我们内心的话,与我们分享每一句赞美。他们的心房永远为我们敞开。现在就告诉你的朋友你有多在乎他们。当你对别人宽大之时,即是对你自己宽大。

3)案例 3:大局意识

一位哲学家与一个船夫之间正在进行一场对话。

“你懂哲学吗?”“不懂。”“那你失去了 80% 的生命。”

突然,一个巨浪把船打翻了,哲学家和船夫都掉到了水里面。

看着哲学家在水中胡乱挣扎，船夫问哲学家："你会游泳吗？"

"不……会……"

"那你就失去了100%的生命。"

现在市场上流行一些或中或洋的专家在各种场合讲竞争战略、管理理念、发展速度等概念，当他们去企业中咨询的时候，就像哲学家问船夫一样，虽然他们懂得了这些高深的道理，但却没有能力将它们付诸实践，所以最后当企业失败的时候，他们也就失去了市场。

4)案例4:协作精神

三个和尚在破落的庙宇里相遇。"这个庙为什么一片荒凉呢？"甲和尚触景随口提出这个问题。"一定是和尚不虔诚，所以诸神不灵。"乙和尚说。"一定是和尚不勤劳，所以庙产不修。"丙和尚说。"一定是和尚不敬谨，所以信徒不多。"甲和尚说。三人你一言我一语，最后决定留下来各尽所能，看看能不能够成功地拯救此庙。于是甲和尚恭谨化缘招呼，乙和尚诵经礼佛，丙和尚殷勤打扫。果然香火渐盛，朝拜的信徒络绎而来，而原来的庙宇也再度恢复了鼎盛兴旺的旧观。"都是因为我四处化缘，所以信徒大增。"甲和尚说。"都是因为我虚心礼佛，所以菩萨才显灵。"乙和尚说。"都是因为我勤加整理，所以庙产焕然一新。"丙和尚说。三人为此日夜争执不休，庙里的盛况又逐渐一落千丈。分道扬镳的那一天，他们总算得出一致的结论:这庙之所以荒废，既非和尚不虔诚，也不是和尚不勤劳，更非和尚不敬谨，而是和尚不和睦。

居功是团队精神的杀手，人和万事兴。

5)空想家的"总有一天"

空想家与行动者之间的区别就在于是否进行了持续而有目的的实际行动。实际行动是实现一切改变的必要前提。我们很多时候都说得太多，思考得太多，梦想得太多，希望得太多，我们甚至计划着某种非凡的事业，最终却以没有任何实际行动而告终。

第一步　课前认知	
主要内容	教师评价
回答以下问题: (1)总结自己是如何与好朋友达成默契的？ (2)如何构建与他人的相互信任呢？ (3)思考班级是不是一个团队？观察并思考自己在班级是什么类型的成员？ (4)群体有什么特征？为什么群体有比个人强的价值？	

第二步　课堂学习	
主要内容	教师评价
(1)本堂课学习笔记: (2)请思考从自己的角度出发,如何在团队中发挥积极的作用? (3)一个高效的团队都有哪些特征?如何评估团队有效性? (4)如何有效处置团队中的冲突? (5)团队成员有哪些类型,在团队关系中应注意什么?	

第三步　课后拓展	
主要内容	教师评价
(1)如果发现自己身上出现以下迹象,则表明出现了团队精神的破坏力量,需要警觉,并做出适当的调整: ① 爱拨弄是非,对别人的事喜欢打听、传播。 ② 好出卖别人显示自己高明,个人风头主义(英雄主义),趾高气扬,打压他人,不可一世。 ③ 喜欢拉帮结派、制造矛盾或煽动事端。 ④ 幸灾乐祸,以别人的失败为自己的成功(故意不配合、拆台),嫉妒,排斥,说风凉话。 (2)以下情况需要迅速自我调整: ① 别人好了,产生嫉妒,而不是力争上游、你追我赶。 ② 自己的事和大局的事之间摆不正关系。 ③ 斤斤计较,不能说服自己,或者掂轻怕重。 ④ 高高在上,自命清高,不能摆平自己的心态。 (3)在别人取得了成绩或帮助他人时,你赞美了吗?记录身边同学值得赞美的事并表达出来。	

<table>
<tr><td colspan="2">(1)请总结:通过课堂学习、课下自学、小组交流、同学的分享,你了解了哪些具体知识?</td></tr>
<tr><td colspan="2">(2)请总结:通过本项目训练你哪些方面有所提升?请举例具体描述。

(3)通过本项目的实施,你有哪些感想、收获和成长?</td></tr>
<tr><td>签名:</td><td>日期:</td></tr>
<tr><td colspan="2">本团队成员对你的评价:</td></tr>
<tr><td>签名:</td><td>日期:</td></tr>
<tr><td colspan="2">其他团队对你的评价:</td></tr>
<tr><td>签名:</td><td>日期:</td></tr>
<tr><td colspan="2">教师对你的评价:</td></tr>
<tr><td>签名:</td><td>日期:</td></tr>
</table>

请学有余力的同学思考并学习整理如下内容:

(1)请思考身在团队中的个人,需要从哪些方面强化自己的团队精神,做受团队欢迎的人。

(2)分析并记录自身团队协作方面的不足,制定改进计划并记录改进行动。

(3)你在学校承担了什么任务?你了解它的价值吗?请分析它的价值并记录下来。

项目 06　团队精神熔炼

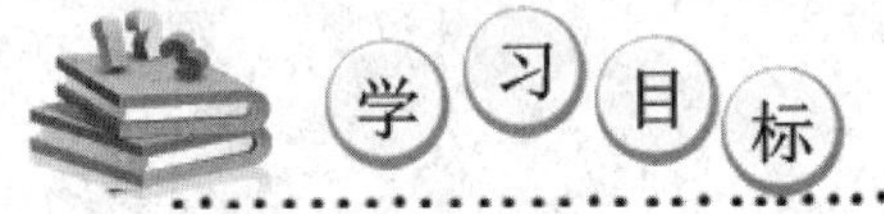

草原上，在野火烧起的时候，众多的蚂蚁迅速聚拢在一起，紧紧地抱成一团，然后象滚雪球一样飞速滚动，逃离火海。在滚动过程中，蚂蚁球发出噼里啪啦的烧焦声，那是最外层的蚂蚁用自己的身体为整个集体开拓生路发出的呐喊。蚂蚁的成功逃离靠的就是团队力量。这么一个弱小的物种能在复杂的自然环境中留存下来，生生不息。靠的是什么？是它们有组织、有秩序的群体，我们称之为团队。

中国古话说，“千人同心，则得千人之力；万人异心，则无一人之用”。

团队无时无刻不在我们身边演绎着它的力量。既然一加一能大于二，就别把两个一分开。终有一天我们会意识到团队合作是人生中最大的财富。就让我们把自己融入集体，在集体中发挥自己的力量，让团队展翅，助我们飞翔吧！

通过本项目的实践，我们将达到如下目标：

- 在活动中体验团队的魅力，挖掘自己的潜能；
- 培养大家参与、分享、总结的习惯；
- 愿意成为高效团队的一分子，为创造完美团队贡献自己的力量；
- 愿意主动建设高效团队，在每一个团队活动中发挥自己的力量；
- 能主动将团队合作的相关知识技能运用到学习、工作中去。

本项目以小组为单位，结合高绩效团队部分所涉及的主要内容，以游戏为载体，以运动为依托，以训练为方式，以感悟为目的。通过学生倾情参与拓展活动的各个环节，体会在团队中的不同角色，通过面对困难时的团队沟通、解决问题时的团队合作、完成任务时的团队分享来体会个体在团队中的作用，从而实现大家从内心到行为的提高与改变。

1. 项目相关知识结构图

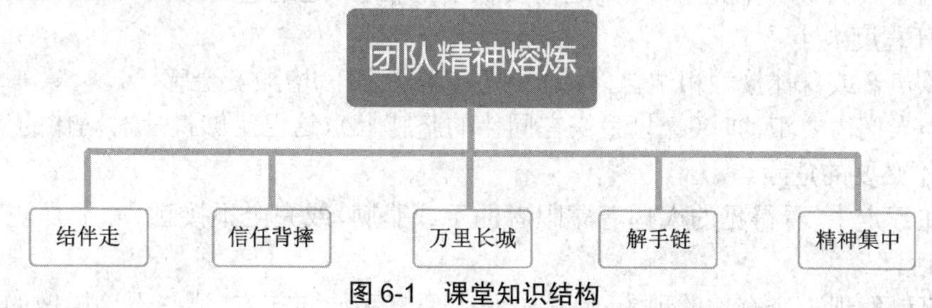

图 6-1　课堂知识结构

2. 相关知识点

知识点 1:活动 1——结伴走

本活动两人一组结对而行,挑战自我的安全区,建立对团队队员的信任,感受这种信任给每个人的突破。同时训练倾听和辅导的技巧。活动可借助桌、椅等可设置障碍的物品,室内或者室外均可,活动时间可视人数而定。

活动体验

操作流程

(1)将团体分为两人一组。

(2)每组有一个人蒙上眼睛。

(3)没蒙眼的学员领着蒙眼者通过一段设有障碍的路。

(4)要求引路的同伴只用声音或身体接触作为引导。

(5)障碍物可以根据情况而定,如椅子、书、绳子等,如在室外可以选择花盆、树木等。

(6)设定的障碍物,最好能使学员要采取走、爬、摇摆等方式才能通过,以增加难度。

(7)经过几分钟舒适的引导后,看得见的同伴告诉蒙眼者跑五步。

(8)观察蒙眼者的反应。

(9)在前进中,要求引导者采用不同方式来引导对方。

讨论要点

(1)当蒙上眼睛后,是否有一种不安全感?

(2)对于引导自己的人,内心的想法如何?是否会完全信任对方?

(3)当蒙眼者被要求跑五步时,他有什么想法?

(4)引导者在行动过程中的心情如何?

(5)采用不同的引导方式,如声音或行动,被蒙眼的学生是否有不同的感受?

讨论并发言

(1)当蒙眼者被告知跑五步时,这需要极度的信任,通过它跑动的幅度,可以看出他对同伴的信任程度大小。

(2)以声音或身体接触相结合,有助于双方建立信任,增加安全感。

(3)当人们需要跑动时(一只手搭在同伴的胳膊上),这已足够挑战对同伴的信任,而无需更多的不必要的危险。

(4)在行走中,看得见的人握着蒙眼者的手或胳膊,或完全不接触(除非是防止跌到),但允许谈话。

(5)可以发现一个有趣的现象:有些蒙眼人要将手伸向前方,那些不这样做的人可能对同伴的引导有更大的信任。

(6)信任是沟通和合作的基础。

(7)双方有效沟通与合作,有助于顺利完成任务。

知识点 2:活动 2——信任背摔

信任背摔是一项心理素质拓展活动,背摔者按照培训师的要求从 1.7 米左右的高台向后摔下,其余所有人按照培训师指导的动作和保护要领在台下稳稳地接住背摔者。此活动目的是建立团队内部的信任感,帮助同学们理解信任和承诺的重要性和力量;增强自信和自我控制;学习换位思考,更好地理解他人;学习如何保持良好的竞技状态:排除杂念,关注动作要领。同时,这个活动还可以锻炼心理素质,克服恐惧,对同学们的心理素质提升有很大帮助。

活动体验

活动准备

接人动作布置:

做右弓步,双手伸出,手掌掌心向上交叠放在对方锁骨上(要注意五指并拢、拇指不能向上),一组的两个人要将脚和膝盖贴紧,腰挺直,抬头斜向上 45 度看着背摔者。

背摔者动作布置:

(1)背摔者手部的准备动作:前伸、内翻、相扣、翻转抵住下颚,将双手用带子系好;

(2)背摔者站在高台上进行以下动作:脚跟并拢、膝盖绷直、腰挺直、含胸、低头、手抵住下颚,准备背摔。

活动规则

全队每个人轮流上到背摔台上背向队友,双脚后跟三分之一出台面(培训师做示范动作),身体重心上移尽量平直地倒下去,下面的队员安全把他接住即为完成。在做这个项目的过程中需要注意以下事项。

首先，要求每位队员轮流站在 1.7 米左右高的背摔台上，背对着大家。背摔队员在背摔台只有严格按照动作要领来做才可以保证足够安全，特别要遵守以下四点：不要向后窜跃、倒下时肘关节收紧不要打开、不要垂直向下跳、要控制自己的双脚不要上下晃动或打开。

其次，搭人床的队员第一组队员的肩膀距背摔台沿约 30 厘米的距离，个子可以不用很高，通常可以安排女生；第二、三组应用力量最强的四个人，当然，如果背摔者的个子较高，受力点应向后调节。每组队员的肩膀应紧密相连勿留空隙；人床形状应保持由低渐高的坡状，剩下的队员要用双掌推住最后一组队友的肩膀处，以保护人床的牢固，所有队员在任何时候都不可以撒手或撤退；当听到背摔队员的询问，“准备好了吗”时，头要向后仰同时侧向队友的背部，当队友倒下来后一定遵守“先放脚，后将身体扶正”的拓展安全原则；另外，做保护的队员不要迅速撒手或鼓掌，以免发生其他意外。最后，二、三组队员在承接几名队员后要交换组位以免疲劳。

注意事项

（1）一定要找同学示范好。

（2）每位同学准备时都要提示细节。

（3）拓展培训师双手绕在胸前，作出以下的沟通对话。拓展培训师：“我叫……（自己的名字），我准备好了，你们准备好了没有？”全体学员回答：“准备好了！”拓展培训师：“我倒了？”全体学员回答：“倒吧！”

突发情况

这个项目的危险性大，所以一定要端正自己的态度，保持极高的警觉性，不得一丝懈怠，以保证队友的安全；如身体存有异常的，如脊椎错位等，可告知培训师，视伤病程度决定参加与否；队员熟记动作要领后，教练员检测一下每一组“人床”的力量，必须坚实有力方可通过。队长组织其他队员喊名字及队训给背摔队员鼓励；活动进行前队员都要将身上的尖锐物品（如：眼镜、发卡、戒指等）放在一边，做完项目后再收回去。

讲解要点

信任自己，信任团队。

信任背摔，是一项心理素质拓展训练活动，通过这个活动可以建立团队成员彼此间的信任关系，同时，对业务人员的心理素质提升有很大帮助。这也是为什么信任背摔几乎成为拓展训练必选项目。

它的经典处在于：信任背摔中，台上的学员和台下学员感觉是截然不同的。台上的学员会感觉害怕、紧张，以至于退缩；而台下的学员就会自然而然的换位思考给他最需要的鼓励与信任，在队友的鼓励下，台上的学员也会对其他伙伴产生充分的信任，拉近了心里距离。项目的顺利完成正是双方换位思考的结果。

信任是团队中最重要的东西，如果团队之间缺少了信任，这个团队会出现问题，也就直接影响到了整体的战斗力。信任背摔拓展项目形式虽然简单，但经过心理专家的反复论证，它确实是让人与人之间的信任迅速上升的最佳途径。信任背摔提供的就是一次让学员之间互动沟通、体验信任的机会，让学员把生命交给自己的伙伴，让学员加深对信任的理解，升华信任感。

如果每个员工都有很强的责任感，把公司当成自己的公司来做，把工作当成自己的事来做，意识到团队合作才是制胜的唯一途径，那公司还难做成功吗？因此，对于企业员工的培训，最重要的就是培养员工的责任感和团队合作意识。这种无形的力量需要拓展训练实实在在的活动才能激发。而在信任背摔中，这个项目只能由团队合作才能完成，台下的学员了解台上的伙伴把生命托付在他们手上，从而使责任感和团结意识迸发得淋漓尽致。

知识点3:活动3——万里长城

所有人围成一个圈，后面的人将双手放在前面的人的双肩上，培训师说开始，参加项目的人围着转圈，培训师说停，前面的人就稳稳地坐在后面的人的腿上，并在培训师的引导下做一些增加难度的动作。以此来让同学们体会团队与个人的关系以及自身的价值体现。

活动体验

活动目的

(1)团队的沟通与协作。

(2)考验团队能否从组建到变成熟。

(3)强调整体协作与配合，只有依靠团队的力量才能顺利完成任务。

(4)互相理解，对团队甘愿付出。

(5)提升团队的信任度。

活动规则

(1)参加者围成一圈，向右转，双手搭住前面一人的双肩，要求所有人注意听口令(比如叫停就停，叫跳就跳，叫坐就坐，叫坐时前面一人要坐在后面一人腿上，叫走就走)，听到后必须按口令做，否则受罚。

(2)游戏开始，所有人听口令往前走，1-2-1，1-2-1，1-2坐，第一次一般会有人跌倒或者不坐下，不坐下的要受罚。

(3)让大家依然双手搭住前面一人双肩，但距离缩短，再试一次，所有人都坐住了，开始倒数10-9-8…2-1)，站起。

(4)参加者双手搭住前面一人的双肩，再试一次，应该都能做成功。

(5)活动结束后，可以请人谈谈感受。

图6-2 万里长城

注意事项

尽量在开阔的场地开展活动，注意安全。

突发情况

在坐下去的时候后面的同学可能会支撑不住前面同学的力量，导致坐到地上，还有同学之间的肢体接触，避免四肢受伤。

（1）没有完美的个人，只有完美的团队。

（2）对于团队来讲，每个人的存在都是有价值的，团队目标的达成需要每个人的付出。

知识点 4:活动 4——解手链

非常类似儿时的翻绳游戏，所不同的是想要过关必须要靠团队的群策群力，依靠每个组员的分工合作，而且你的思维方式越广，你面前的道路也就越顺利。

活动体验

活动规则

（1）将全班学生分成若干个小组，每组 10~12 人，让每组成员手拉手围成一个圆圈，记住自己左右手各相握的人。

（2）在节奏感较强的背景音乐声中，大家放开手，随意走动，音乐一停，脚步即停。找到原来左右手相握的人分别握住。

（3）小组中所有参与者的手都彼此相握，形成了一个复杂的"手链"。节奏舒展的背景音乐中，主持人要求大家在手不松开的情况下，无论用什么方法，将交错的"手链"解开，形成一个大圆圈。

（4）第一轮由于每圈人数不多，较快就完成了任务。第二轮把两个小组的成员合并形成一个大圈，按第一轮的操作重复进行一次。

（5）第三轮将第二轮中两个圈的成员合并成一个特大的圈，按第一轮的操作重复进行一次。

（6）全班交流，分享感受。

想办法达到一个目的

最终恢复成单圈手拉手（相邻两人左右手相牵）。 如人数是双数，会变成两个圈。

注意事项

（1）根据人数要有足够的空间，而且要有清晰的背景音乐烘托气氛，产生动静分明的效果。

（2）强调记住自己左手、右手相握者，不要搞错。

（3）当出现"手链"非常复杂，有人想放弃时，主持人要暗示、鼓励，一定可以解开"手链"。

（4）解"手链"过程中，可以采用各种方法，如跨、钻、套、转等，就是不能放开手。

讨论

(1)你在开始的时候感觉怎样,是否思路很混乱?

可能答案:感觉思路很乱,因为每一个人都有自己的思维定势,所以会产生各自不同的想法,甚至会产生冲突。

(2)你的小组开始沟通时是否有冲突发生,后来又是如何解决的?

可能答案:冲突肯定会有的,冲突是建立在不同的利益和偏好的基础上的;游戏中我们发现只要我们的目标一致,一定程度的冲突会使我们找到更多有利于解决问题的方法,关键是我们要充分利用有效的沟通方法。

(3)当解开了一点以后,你的想法是否发生了变化?

可能答案:当事情有了突破时,可能我们的思路会变得简单和清晰,自然就会有更默契的配合。

(4)最后问题得到了解决,你认为是什么使你们的小组成功?

可能答案:成功的关键来自于小组成员良好的沟通和精诚合作。

(5)这个游戏对团队中的冲突和竞争合作有什么启示?

总结归纳:合作中的冲突在所难免,关键是我们要正确认识冲突与竞争合作的关系。

知识点5:活动5——精神集中

参与人员做整齐蹲下起立运动。故事引入:国际一家大型风险投资机构准备为一家刚创业起步的企业A做投资,于是派人到A企业进行现场调研,并准备通过测试决定是否投资,企业在考察项目后觉得项目很好,于是准备对企业员工进行测试,通过精神集中活动,看企业员工是否具备团队合作意识,最终由员工参与活动的表现决定是否进行最后的投资。最后经过3个回合的测试,都未完成挑战目标,最终A企业失去了获得投资的机会。通过活动,看看我们能不能抓住身边的机会?

活动体验

比赛规则:

所有人当听到“精神”的口令时,做蹲下动作,当听到“集中”口令时做起立动作;

在完成活动当中要求所有人动作要一致,出现动作不一致、口号喊错或发现有人该喊口令时没有喊口令,即宣布失败;

按照教练要求完成动作,第一回合做7次蹲下起立,在第2次,第4次,第5次时只做动作不出声;第一回合结束后,让大家分享;第二回合做9次蹲下起立,在第3次,第4次,第6次,第8次只做动作不出声;第二回合结束后,让大家分享;第三回合做11次蹲下起立,在第2次,第3次,第5次,第6次,第9次只做动作不出声;三轮逐步提升难度。

注意事项：

此活动要求教练一定要认真监督，发现队员出现错误及时喊停，让大家多去总结经验。

游戏时间：40 分钟。

游戏人数：不限。

(1)当你听完游戏规则后是否觉得完成任务很简单？为什么？

(2)团队在完成任务的过程中都出现了哪些问题？

(3)当你出错的时候心里作何感受？当你的队友出错时你的情绪如何？

(4)你觉得怎样可以将任务完成得更加出色呢？

知识点 1：游戏 1——翻树叶

全体队员站在叶子上，在不触地面的情况下将叶子翻面。本项目可以通过肢体接触，打破人际藩篱，活跃团队气氛，从具有挑战性的活动设计中，学习问题决策与团队互动。

游戏体验

活动准备：

器材、场地，12~16 人一组，每组一块布(约可让整组人站上或稍大)。

活动规则：

(1)整组人员站在叶子上后由训练员开始宣布规则；

(2)所有学员现在是一群雨后受困的蚂蚁，在水面好不容易找到一块叶子并站在上面，却又发现叶面充满了毒液，除非大家可以将叶子翻面，否则又将遭受另一次生命的威胁；

(3)在叶子成功翻面以前，每隔 3 分钟，就有一人中毒失明(或无法说话)，中毒者由团队自行决定；

(4)整个过程都站在叶子上，包含讨论；

(5)所有人身体的各部位均不可触碰到叶子以外的部分，否则重来。

（1）你觉得任务完成的关键是什么？

（2）决策是如何形成的？活动中的关键人物是谁？扮演什么角色？平时生活中团队是否有这样的角色存在？有什么异同？

（3）在活动中，当人们彼此失去了适当的距离，对人际关系有帮助或影响吗？

（4）在参与团队决策过程中，你所处的位置与参与程度有什么关联性？和现实生活中的状况相似吗？

（5）在有限的视野和活动范围中，人际沟通有哪些改变或影响？忽略了什么？或是会特别注意某些情况？举例说明。

（6）团队是如何决定出中毒者的？依据什么判断？被选中者的心情如何？如何配合团队运作？

（7）如同活动中，当某些人在实际工作（或生活）出现状况时，团队是否适时地照顾到对方的感受？或曾提供哪些协助？

知识点 2:游戏 2——齐眉棍

准备一根 2~3 米左右的轻质塑料棍（没有塑料棍，可用竹竿代替），让小组成员站成相对的两排，让小组成员全部伸出一只手的食指，举到自己的眉头的位置。将轻质塑料棍放在每个人的食指上，必须保证每个人的食指都接触到轻质塑料棍，并且手的食指都在轻质塑料棍下面，其他部位都不能碰到塑料棍。小组成员的任务是：在保证每个人的手指都在轻质塑料棍下面的情况下，将轻质塑料棍完全水平地向下移动。一旦有人的手离开轻质塑料棍或轻质塑料棍没有水平向下移动，任务就算失败。

活动体验

活动准备

轻质塑料棍（每队需要一根）、秒表、音乐。

活动规则

（1）高度以团队中个子最低的成员眉毛高度为准。

（2）手指平放横杆下，不可出现勾、夹等动作。

（3）全体成员一起参与，如任何人手脱杆，重新开始。

图 6-3 齐眉棍

（4）只允许出现“下”“停”两个声音，违反规定，重新开始。

注意事项

（1）在以往的经历中，有些学员站在旁边看着队友做，这样违背了活动的主旨，所以必须让所有学员参与到活动中。

（2）整个活动主教老师把握进度，助教老师听从主教老师安排，各位老师在学院活动进行中一定要执法严格。

（3）主教老师一定要把握好，不能通过时，严厉地喊出重新再来的原因，比如：有人脱杆，重新再来；有人说话，重新再来之类的。

突发情况

在个别案例中有学员因一再地重新来过而脾气急躁，主教老师要耐心鼓励其积极参与，与此同时主教老师执法可以相对宽松一些。

（1）这是一个团队的游戏，一个团队的工作，只有当团队里的所有人都能认清形势，目标一致，我们的目标才有实现的可能。一旦团队中有人稍有不慎，“齐眉棍”便会从我们的手中掉下去。

（2）步调一致，一切行动听指挥，做到心往一处想，劲往一处使。人的潜力是巨大的，只要在团队中大家同心协力、团结拼搏，就没有战胜不了的困难，也没有实现不了的任务。这要求在团队中要有统一指挥的领导者，同时要有铁的纪律和严格的操作流程。同样，在管理中，我们也需要领导者，也需要严格的组织纪律，但现实情况是什么呢？每个组织都有自己的领导者，也有规章制度，但他们发挥的作用在哪儿呢？很多领导跟下属成天嘻嘻哈哈，称兄道弟，吃喝不分，喜欢接受下属的恭维、奉承、送礼、行贿等等，结果不但得不到下属的尊重，在工作中也会丧失原则。所以，作为组织领导者，必须与下属保持一定的距离，要对所有人都一视同仁。这样，既可以约束自己，也可以约束员工。同时，铁的纪律要靠铁的执行力才会出现好的效果。在这个游戏中，如果我们不按口令行动，那最后肯定会以失败告终。在一个组织里，规章制度是不可或缺的。在有的单位里，规章制度更是多如牛毛，或者三天出一个规定，五天出一个章程。这些东西都被用在哪里了呢？被公司领导层和执行层束之高阁，他们把这些东西当作对外做秀的工具。有了完善的制度，却难以施行，要之何用？

（3）在游戏中，某些队员可能会因急于求成或者做事效率高于他人，而有被淘汰的可能。如果我们的组织中，某些员工急功近利、急于求成，那么他可能太过浮躁，经不起时间和工作压力的考验，淘汰无妨；假如这个员工本身就是以高效率、高质量著称，是“渔夫”找来的“鲶鱼”，而其他人恰是一群养尊处优的“沙丁鱼”呢？“鲶鱼”的高效率可能会导致这场游戏中的失败，被众“沙丁鱼”指责为不按“节奏”办事，没有“集体观念”，从而被淘汰出局。那么，一旦出现这种情况，领导者就必须得认清形势，做到奖勤罚懒，因为如果众人畏首畏尾，皆不敢也不愿意积极主动行动起来，游戏将无法继续，完成目标就更加无从谈起。

（4）假如在游戏中，我们采取的是奖励的手段，而不是处罚的措施，那结果又将是什么样呢？我相信，大家主动完成任务的激情会高涨，虽然可能会有脱手的情况出现，但在经过两三次磨合之后，众人肯定能毫无任何偏差地将塑料棍移到膝盖的位置。同样，在组织中，我们怎么就不能多用奖励，少用惩罚的措施呢？我们知道，人都有趋利避害的习性。没有人不喜欢微笑，没有人不喜欢得到鼓励和赞赏。与此同时，没有人喜欢面对恶毒的面孔，没有人喜欢被训斥和处罚。我们有的管理者，他们成天将员工盯得死死的，想尽各种办法来制约员工，他们扮演的角色除了是一个监督者、执法者之外，其他什么都不是。长此下去，员工的激情将会被湮没，创造力将会被熄灭，主动性和积极性将受到严重的打击。相反，如果我们换一种方式，变处罚为奖励，以奖励先进来激励后进，奖励勤奋者来激励懒惰者，那么，势必能形成后进追赶先进，大家共同进步的你追我赶的良好局面，从而在无形中促进了整个组织的发展和进步。由此，我们在管理中必须注意方法得体，多用激励手段，少用处罚措施。

第一步　课前认知	
主要内容	教师评价
回答以下问题： （1）谈谈你对拓展训练这种学习形式的体验和感觉？ （2）你认为拓展训练的作用是什么？	

第二步　课堂学习	
主要内容	教师评价
（1）本堂课学习笔记： （2）你都参加了什么活动？你对各个活动或项目的训练环节还有印象吗？ （3）让你最受触动的活动是哪一个？最触动你的环节是哪一部分？为什么？ （4）你在各个活动中分别承担了什么角色？又从每个活动中感悟到了什么？ （5）你还了解哪些有关团队精神熔炼的游戏或训练方法，请写出来跟大家一起分享吧！	

<table>
<tr><th colspan="2">第三步　课后拓展</th></tr>
<tr><th>主要内容</th><th>教师评价</th></tr>
<tr><td>(1)你认为身边的朋友或同学谁比较受团队的欢迎？为什么？请仔细观察他有哪些特点？

(2)今天帮助班级或团队中的两个人分别做一件对他们有益的事情。你自己发现了什么？

(3)假如你现在负责一件自己规划的事情，同时需要团队协助你一起完成，你将如何进行团队建设。请主要考虑如何设立目标、建立互信、设立规则、奖励成员、让所有团队成员追随你。

(4)如何才能更好地处理与同学间的冲突。当团队中出现问题或争议，比如大家对某件事情产生了不同看法，你将如何处理。

(5)从今天起，认真提升你的团队协作能力，请把过程记录在下方吧！</td><td></td></tr>
</table>

<table>
<tr><td colspan="2">(1)请总结：通过课堂训练、课下拓展学习等环节加深了你对哪些知识的认识和理解？</td></tr>
<tr><td colspan="2">(2)通过本项目的实施，你有哪些感想、收获和成长？</td></tr>
<tr><td>签名：</td><td>日期：</td></tr>
<tr><td colspan="2">本团队成员对你的评价：</td></tr>
<tr><td>签名：</td><td>日期：</td></tr>
</table>

续表

<table>
<tr><td colspan="2">其他团队对你的评价：</td></tr>
<tr><td>签名：</td><td>日期：</td></tr>
<tr><td colspan="2">教师对你的评价：</td></tr>
<tr><td>签名：</td><td>日期：</td></tr>
</table>

请学有余力的同学们思考并学习整理如下内容：

（1）思考一下如何可以使班级或球队等实现高效。

（2）你的家庭是团队吗？那家人分别是什么角色？家庭的目标又是什么？思考一下做一件有利于家庭或班级的事情吧！

（3）请写出三个你认为最适合担任团队领导者的人，为什么？

项目 07　执行力

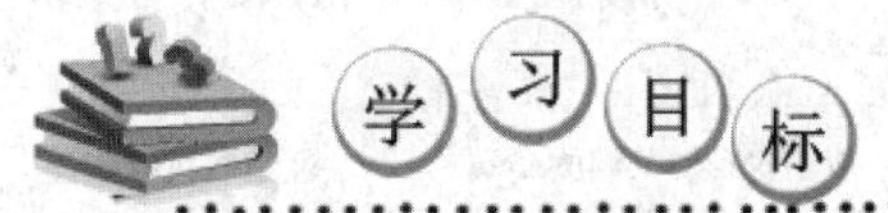

什么是执行力？执行力是保质保量地完成工作任务的能力，就是部门和个人理解、贯彻、落实、执行决策的能力。对于一个组织，则是长期战略一步步落到实处的能力，是一个组织成功的必要条件。组织的成功离不开好的执行力，当组织的战略方向已经或基本确定，这时候执行力就变得最为关键。战略与执行就好比是理论与实践的关系，理论给予实践方向性指导，而实践可以用来检验和修正理论。即使最伟大的战略目标，如果失去了有效执行，也只是纸上谈兵。因此，我们有义务提高自己的执行力，同时也是在提高个人的核心竞争力。执行力，就个人而言，就是把想干的事干成功的能力。个人执行力的强弱取决于两个要素——个人能力和工作态度，能力是基础，态度是关键。所以，提升个人执行力，一方面是要通过加强学习和实践锻炼来增强自身素质，而更重要的则是端正工作态度。

"不要问组织能为你做什么，应该问你能为组织做什么。"提高执行力就应该从自己做起，从自己的工作做起。让我们开始行动吧！

通过本项目的实践，我们将达到如下目标：

- 了解执行力的重要性，认识到提升执行力迫在眉睫；
- 知道打造执行力需要修炼的基础素质；
- 掌握执行到位的关键点，明白细节决定成败；
- 愿意通过个人努力修炼执行力必备的基础素质；
- 使同学们反省自己的基础素养并有计划地进行提升；
- 使同学们在学习和生活的细节上执行到位。

你是执行的强者还是弱者？你知道执行力是否到位取决于那些因素吗？你读过《致加西亚的信》吗？你听过《三个和尚没水喝》的故事吗？你愿意成为执行力标杆吗？其实执行不分大小事，执行力也不是简单的行动力，如何有效落实，如何实现分工协作，请大家在执行中认真体会吧！本项目请大家通过课堂学习及课后拓展，小组研讨，自拟任务，可以举办一场活动，也可以开展一周的学习，先明确任务是什么？要达到什么样的目标？然后做出详细计划并执行到位。

1. 项目相关知识结构图

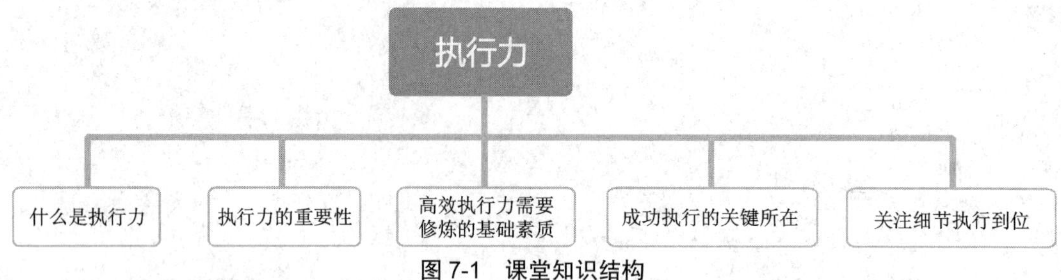

图 7-1 课堂知识结构

2. 相关知识点

知识点1:什么是执行力

案例分享:西点军校的启示

有人作过统计:在世界五百强里面,美国西点军校毕业出来的董事长有一千多名,副董事长也有二千多名,总经理以上的是五千多名。

任何一个商学院都没有培养出来这么多高级管理人才!

请同学们思考:为什么任何一个商学院都没有西点军校培育的优秀人才多?

西点军校对学生的要求:准时、守纪、严格、正直、刚毅,这正是企业优秀员工必备的素质。没有任何借口是美国西点军校奉为经典的行为准则之一,听上去似乎过于绝对而且极为霸道,如果仅从字面理解的确让人难以接受,可要是再往深层次方面想一想,就会发现这条看似不合理的准则实际上却是一条培养意志力、增强责任感、提高抗压能力的有效途径。西点军校的目的就是要以此来让学生适应压力,锻炼他们不达目的誓不罢休的毅力,让他们清楚地知道工作中不存在任何借口,失败是没有理由的。

总结:美国传奇人物四星上将巴顿曾经说过:“要想打胜仗,我就得去找那些没有任何借口去完成任务的人”,同样企业要想求生存谋发展也需要不找任何借口的员工。

不找任何借口就意味着执行力,工作就是这样,重要的是你能够完成多少好点子,而不只是想到多少好点子。

执行是一个被长期忽视的主题。

有无数的人拥有卓越的智慧,但只有那些懂得如何执行的人才能获得成功。

无数的企业拥有伟大的构想,但只有那些懂得如何执行的公司才能获得成功。

为什么完美无缺的战略方案达不到预期的效果?

为什么小心翼翼费尽心思却被对手抢占先机?

为什么同样的计划,同样的策略,业绩却相差十万八千里?

其实多数情况下不是战略的问题,而是执行力出现了问题。

那到底执行是什么?

执行就是计划转化成结果的具体过程。

执行力就是完成执行过程的能力和手段,也就是把计划变成结果的能力。

知识点 2:执行力的重要性

文章分享:《90% 的玄机》

有一篇陈鸿桥写的关于一道数学题的文章,题目叫《90% 的玄机》。

数学题是这样的:90%×90%×90%×90%×90%=? 结果是 59%。

文章中说:从小到大,各种考试的等级我们是知道的,60 分是及格线,100 分是满分(但比较难),而 90 分则是一个可以引以为豪的分数。把这道数学题引申到工作中:“把工作做到 60% 太危险,会被公司炒鱿鱼;做到 100% 太辛苦,也不太现实;把工作做到 90% 就很不错了。”“很不错”的 90 分最终带来的结果可能是 59 分——一个不及格的分数。

培训师总结:90%×90%×90%×90%×90%= 59%,这个简单的等式在数学之外的意义就是过程控制效应——工作过程都是由一个个细微的环节串联而成的,各个环节之间相互影响的关系以乘法为基准产生最终结果,而不是百分比的简单叠加。它最大的实际寓意在于执行过程不能打折。事事以为“差不多”便可,结果是:由于执行的偏差,导致许多“差不多的计划”到最后一个环节时已经变得面目全非。企业经常面对的都是看似琐碎、简单的事情,这些事情也最容易被忽略。其实,企业也好,个人也好,无论有怎样辉煌的目标,但如果在每一个环节连接和细节处理上不能够到位,都会导致最终的失败。只有“大处着眼,小处着手”,才能达到管理的最高境界。

青岛海尔的张瑞敏提出“日清日结,今日事今日毕”的 OEC 管理办法,以此来要求员工每天的工作,每天必须完成他所说的“说了不等于做了,做了不等于做对了,做对了不等于做到位了,今天做到位不等于永远做到位了”。的确没有几个企业把口号和概念落实得像海尔那么到位,无论是组织还是个人,提升执行力都迫在眉睫。

如果不能付诸实施的话,再周密的计划也是一钱不值,可以说,我们的企业正在研究执行力，在想方设法打造和提升自己的执行力。因为大家都认识到，执行力是决定企业成败的一个重要因素，是企业核心竞争力形成的关键。没有执行力，就没有竞争力。可见执行力的重要性。

如果我们没有强有力的执行，所有的战略、策划、制度只能是建在沙滩上的高楼。所以我们应该修炼自身的执行力。

知识点 3:高效执行力需要修炼的基础素质

图片分享

执行力是每一个职业人应该必备的基本能力，那我们作为准职业人执行力缘何而来？看看下面这张图吧！请同学们思考，看一下身边是什么抢走了我们的情绪自主权？

图 7-2 高效执行力基础素质

就像这幅图一样，心、性、品、智、能这些基础素质是土壤，树干、树枝、树叶就是我们外在的表现，包括积极的语言、正向的思维、积极的行动、高效的执行等，如果土壤是肥沃的，那大树没有理由不茁壮成长，没有理由不枝繁叶茂。

所以提升执行力，并不是一蹴而就的，应该从修炼基础素质开始。

1)心——灵商

比尔盖茨曾经说过：“人可以不伟大，但不可以没有责任心”。这句话是建立在他对执行力重要性认知的基础之上的，一个人具有高度的责任感才能在执行中勇于负责，在每一个环节力求完美，保质保量地完成计划或任务。所以微软非常重视对员工责任感的培养，责任感也成为微软招聘员工的重要标准。也正是这种做法成就了微软一流的执行力，打造了声名显赫富可敌国的微软商业帝国。

有人说一滴水可以折射出太阳的光辉，一件小事可以看出一个人的内心世界。一个职业人有没有责任心、是不是热爱自己的工作、忠诚于自己的公司，并不仅仅体现在大是大非面前，也体现在细微的小事上；工作和生活中我们的责任心是如何体现的呢？

2）性——气质

我们要了理自己的性格，锻炼自己的承压能力，提高自己的逆商。常听说性格天成，与生俱来——江山易改，本性难移。性格没有好坏之分，所有的优点都是放对了地方的缺点，所有的缺点都是优点的延长线，无论你是什么样的个性，你都可以通过用心修炼来提升自己的执行力。

3）品——道德

君子务本，本立而道生。我们需要时刻反思自己为人处事之本的东西做到位没有。比如随喜、知人、利人、责己、宽容、感恩，这是我们的仁爱之心。工作中是否忠诚敬业，忠于工作，忠于公司，忠于自己的领导，这是每个员工的高尚品德，也是每位职业人必备的职业素质。只有具备了忠诚的素质才能保证工作的顺利执行和落实。忠诚敬业其实为的不是老板，不是公司，恰恰是我们自己。我们是在工作中利用公司的平台打造自己的职业品牌。

4）智——智商

智商是指知识、文化、思考力、决策层面的东西。智慧的头脑不仅是指基础智力（IQ），还有敏锐的目光（观察力）、系统的逻辑思维能力、敏捷的反应力等。

而对于我们每个人，我们更应关注自己工作中潜能的挖掘。要懂得三思而行，善于发动群众，积极发挥自己的长处，知道勤能补拙并认真管理好时间。会干、巧干也是智慧的体现。有这样一句谚语："巧干能捕雄狮，蛮干难捉蟋蟀。"这句话道出了一个普遍的真理，即做事要讲究方法，巧干胜于蛮干。

5）能——技能

能是指专业技能，包括你的情商和经营人生的能力。我们培养好习惯和构建富有成效的日常行为习惯的第一个步骤便是进行自我评估。

了解自己的途径其实很多，包括向同事和亲人虚心地请教等。我们收到的关于他人如何看待自己的信息，或许和事实情况有所偏差，但是，不管怎样，当我们下决心去做这项必要的调查时，我们就已经走出了完善自我的第一步。

现实中很多人都有这样的迷惑，为什么那些看起来能力远不如自己的人，最终取得的成就却远远大于自己呢？如果这个问题你百思不得其解，那么就回答下面一系列的问题：

你掌握了岗位的相关知识吗？

你的表达能力——文字组织、口语演讲、沟通交际能力等是否也同样棒？

你岗位相关的技术（专指某一领域的专业技术）是否达标？

你的操作能力即动脑和动手的执行能力强吗？

所以心、性、品、智、能，这是执行力的根，根基打好，基础素质训练到位，我们就可以通过抓住关键点和细节等做到高效执行。

知识点4:成功执行的关键所在

故事分享:故事三则

故事一:降落伞的故事

这是一个发生在第二次世界大战中期,美国空军和降落伞制造商之间的真实故事。当时,降落伞的安全度不够完美,即使经过降落伞制造商努力地改善,使得生产的降落伞的良品率已经达到了99.9%,应该说这个良品率即使现在许多企业也很难达到。但是美国空军却对此公司说No,他们要求所交降落伞的良品率必须达到100%。于是降落伞制造商的总经理便去飞行大队商讨此事,看是否能够降低这个标准?因为厂商认为,能够达到这个程度已接近完美了,没有什么必要再改。当然美国空军一口回绝,因为品质没有折扣。后来,军方的要求改变了检查品质的方法。那就是从厂商前一周交货的降落伞中,随机挑出一个,让厂商负责人装备上身后,亲自从飞行中的机身跳下。这个方法实施后,不良率立刻变成零。

总结:所以一切都是态度、决心问题。敢做、决心做到这是提高执行力首要解决的问题。心里想的是一定要,那一切困难都将迎刃而解。

故事二:不可能中的彩票

从前有个落魄不得志的青年,三天两天祷告,"老天啊,请让我中一次彩票吧!"时隔几天后又垂头丧气地跪倒:"老天啊,为何不让我中彩票,求您让我中一次彩票吧!"过了几天又跪着重复祈祷"老天呀,您为何不听我的祈求,让我中彩票吧,只要一次。"正在这时天空中仿佛发出一阵洪亮的声音,"我一直在听你的祈祷,可最起码你应该先去买张彩票吧!"

总结:这个故事说明行动才会有结果,什么都不去做,机会当然不会从天上掉下来,不立即行动起来,一切都是空谈。

故事三:打猎

有位猎人带着三个儿子到草原上猎杀野兔。在到达目的地,准备开始行动之前,猎人向三个儿子提出了一个问题:"你看到了什么?"

老大回答道:"我看到了我们手里的猎枪、在草原上奔跑的野兔,还有一望无际的草原。"

猎人摇摇头说:"不对。"

老二的回答是:"我看到了爸爸、大哥、弟弟、猎枪、野兔,还有茫茫无际的草原。"

猎人又摇摇头说:"不对。"

而老三的回答只有一句话:"我只看到了野兔。"

这时猎人才说:"你答对了。"

总结:在学习、生活和工作中也是这样,如果你眼睛里目标并不明确,总想着一口吃成个胖子,遍地开花,最终很可能落得个猴子掰玉米的下场,一事无成。

1)成功执行的关键——要敢

只要有决心没有什么事情是做不成的。既然接受了任务就不要顾虑太多,我们应该做到不在乎外部条件,勇于一往无前。

2)成功执行的关键——要快

在现实生活中要想获得智慧和财富就得马上去实践,立即去行动。当我们接到任务时要快速执行,理解就快速执行,不理解就在执行中快速理解。

因此,高效执行,要做到下定决心,积极行动,才有机会将自己的理想变为现实。要快,就是想好了立即去做,马上执行,决不拖延!

美国哈佛大学人才学家哈里克说:“世界上有93%的人都因拖延的陋习而一事无成,这是因为拖延能够杀伤人的积极性!”

心理学家们多年来一直在探寻成功人事的精神世界,他们发现了两种本质的力量:一种是在严格而缜密的逻辑思维引导下艰苦工作,另一种是在突发的灵感激励下立即行动。

执行力本质的特征就是行动力,最佳的表现就是行动,说一尺不如行一寸,等“万事俱备”只不过是“不可能实现的”代名词,只会助长你拖延的毛病,只要你养成立即行动的好习惯,保持言必行,行必果的工作态度就一定能培养出超前的执行力。让我们快速行动起来!

3)成功执行的关键——要对

要对是指我们做事情要盯住目标。没有目标,即使下再大的决心也是徒劳的,没有目标,我们行动越快,也许偏离的越远,就不可能到达胜利的彼岸。要想成功,必须要有明确的目标。

有目标的人终将胜过没有目标的人,一个人不知道自己该往哪里去,终究不会有什么成就。把自己的愿望明确化,就是目标。

有了明确的目标,才会为行动指出正确的方向,才会在实现目标的道路上少走弯路。如果漫无目标,或目标过多,则会使目标不明确、不具体,从而阻碍我们前进。

所以执行的秘诀就是:

执行开始前决心第一,成败第二;

执行过程中速度第一,完美第二;

执行结束后结果第一,理由第二。

知识点5:关注细节执行到位

故事分享:一个球的区别

在职业棒球队中,一个击球手的平均命中率是25%,也就是每4个击球机会中,他能打中1次,凭这样的成绩,他可以进入一支不错的球队做个二线队员。而一个平均命中率超过30%的队员,则是响当当的大明星了。

每个赛季结束的时候，只有十一二个击球手的平均命中率能达到30%。除了享受到棒球界的最高礼遇外，他们还会得到几百万美元的奖金，大公司会用重金聘请他们做广告。但是，请思考一个问题，伟大的击球手同二线球手之间的差别其实只有1/20。即每20个击球机会中，二线球手击中5次，而明星球手击中6次——仅仅是一球之差！

总结：人生也是一场棒球赛，从“不错”到“极品”往往只需要一小步。

细节是一种习惯，是一种积累，也是一种眼光、一种智慧。细节不是空喊出来的。细节就是一种积累的经验和习惯，只有保持一定的工作标准，你才能注意到问题的细节，才不会为了细节而细节。让我们从0起，1就是1，2就是2，心中有一万，着眼1＋1，才能创造成功。

《战国策》中有这样一句话“行百里者半九十”，意思是说，走100里的路到90里才算是一半，在工作中也是同样的道理，无论什么事情，哪怕你做了99%，还剩1%没完成，也不能算是执行到位；在数学上100-1=99，但在经营上有的时候100-1可能等于0。100次决策有一次失败就可能让一个企业关门，100件产品中1件不和格就可能使企业失去信誉，100次经济预算中一次失误就可能让企业破产。管理专家一针见血的指出：从手中溜走1%的不合格，到客户手里就是100%的不合格；所以我们应该时刻以高标准要求自己，执行到位。

清清楚楚做事，明明白白做人，每天努力去做好每一件事，我们要用认真积极的态度来对待自己的人生，做好每件小事，干好每件不起眼的工作。“千里之行，始于足下，九层之台，起于垒土。”认真做好身边琐碎的小事，干好别人不愿干的工作，这是成就任何事业的必备要素。平常拒绝做小事，想要关键时创造奇迹，那是痴人说梦，天下没有这样简单的事。

细节是构成金字塔的一块块方石，是铺就铁路的一条条枕木。我们只有关注细节，把握细节，演绎细节，才能把握人生和命运。所以我们必须改变心浮气躁、浅尝辄止的毛病，提倡注重细节、把小事做细。 泰山不拒细壤，故能成其高；江海不择细流，故能就其深。不积跬步，无以至千里，不积小流，无以成江河。美丽的细节是一滴滴润物细无声的露珠，是一缕缕清爽怡人的春风；美丽的细节，是一串串拨动心弦的音符，是一次次感动生命的诗句。美丽的细节，充盈着爱意，传递着真情，散发着美的芳香……珍视那些美丽的细节，就是在珍视迎面走来的一个个成功的机遇。我们不能希求生活变得如何伟大，我们只求把细节做得更好。“一句话，一生情”，歌词有时就这么轻易道破了生活的真相。真正的温情，只在细节中默默传递；真正爱你的人，也会在细节中表达关爱。

所以我们做事请不仅要敢，还要快；不仅要对，还要关注细节做到位。

知识点1：海恩法则

海恩法则是德国飞机涡轮机的发明者帕布斯•海恩提出一个在航空界关于飞行安全的

法则。海恩法则指出：每一起严重事故的背后，必然有 29 次轻微事故和 300 起未遂先兆以及 1000 起事故隐患。

虽然这一分析会随着飞行器的安全系数增加和飞行器的总量变化而发生变化，但它确实说明了飞行安全与事故隐患之间的必然联系。当然，这种联系不仅仅表现在飞行领域，在其他领域也同样存在。

按照海恩法则分析，当一件重大事故发生后，我们在处理事故本身的同时，还要及时对同类问题的“事故征兆”和“事故苗头”进行排查处理，以此防止类似问题的重复发生，及时解决再次发生重大事故的隐患，关注细节，把问题解决在萌芽状态。

1)故事:农夫的故事

有个农夫一早起来，告诉妻子说他要去耕田，当他走到 40 号田地时，却发现耕耘机没有油了；原本打算立刻要去加油的，突然想到家里的三四只猪还没有喂，于是转回家去；经过仓库时，望见旁边有马铃薯田，他想起马铃薯可能正在发芽，于是又走到马铃薯田去；路途中经过木材堆，又记起家中需要一些柴火；正当要去取柴的时候，看见了一只生病的鸡躺在地上……这样来来回回跑了几趟，这个农夫从早上一直到太阳落山，油也没加，猪也没喂，田也没耕……很显然，最后他什么事也没有做好。其中“致命”的原因就是执行力很差。也许，在现实生活中，会有跟故事中农夫一样的人，没有定性，常常很难把一件重要的事完成，这就是缺乏执行力的表现。

2)结果不等于任务

有一位俄罗斯记者，走在一条马路上，他突然发现，在马路边有两个人，前面的一个人在使劲地挖坑，后面的一个人在拼命地填土。路人很奇怪，为什么挖了坑又马上填上了呢，便上前询问。挖坑的人回答道：“我们在种树。”这更让人迷糊了！挖坑的人又补充说：“我们单位是严格按照规章制度考核的。我挖一个坑可以得到 20 元，他填满一个坑可以得到 15 元，本来还有一位同事的，他负责种树、浇水及施肥，每种一棵树可以得到 10 元。不过他今天生病了没有来，但我们的工作不能停啊，所以，你就只看到我们俩在这里挖坑和填土了。”

在上面的故事中，显然，那家企业要的不是挖了多少个坑，也不是填了多少个坑，而是最后有多少棵树在挖好的坑里按要求种起来。

3)故事:穷和尚与富和尚

四川的边远地区有两个和尚，一个穷，一个富。

有一天，穷和尚对富和尚说：“我想到佛教圣地南海去朝拜，你说行不行？”

富和尚问：“来回好几千里，你靠什么去呢？”

穷和尚说：“我只要有一个喝水的瓶子、一个吃饭的泥盆就行了。”

富和尚听了哈哈大笑，说：“几年以前，我就下决心要租条船到南海去朝圣，但是，凭我的条件，到现在还没能办到。你靠一只破瓶子、一个泥瓦盆就要到南海去？真是白日做梦！”

一年以后，富和尚还在为租赁船只筹钱，穷和尚却已经从南海朝圣回来了。

提示：富和尚“常立志”，只是立在口头上；穷和尚“立常志”，却是踏踏实实地立在行动上。富和尚的条件比穷和尚好得多，但是当穷和尚已经实现自己愿望的时候，富和尚还在空谈。客观条件要靠主观努力去创造。怕苦怕累，空谈口号，是什么事情也办不成的。

4)故事:巴顿将军

巴顿将军要提拔人时常常把所有的候选人排到一起,给他们提一个想要他们解决的问题。他说:“伙计们,我要在仓库后面挖一条战壕,8英尺长,3英尺宽,6英寸深。”就告诉他们那么多。那是一个带后窗户的仓库。候选人正在检查工具时,他走进仓库,通过窗户进行观察。

他看到伙计们把锹和镐都放到仓库后面的地上。他们休息几分钟后开始议论为什么要他们挖那么浅的战壕。他们有的说6英寸还不够当火炮掩体;其他人争论说,这样的战壕太热或太冷;如果伙计们是军官,他们会抱怨他们不该干挖战壕这么普通的体力劳动。最后,有个伙计对别人建议:“让我们把战壕挖好后离开这里吧,那个老家伙想用战壕干什么都没关系。”

最后,巴顿写道:“那个伙计得到了提拔,我必须挑选不找任何借口完成任务的人。”

5)故事:三个和尚没水喝

《三个和尚没水喝》的故事已经家喻户晓、耳熟能详了。当庙里只有一个和尚时,他能自己做主及时找水,满足了水源需求,有水喝;当庙里有两个和尚时,通过协商可以自觉地进行分工合作及时找水,也满足了水源需求,有水喝;当庙里由两个和尚增加到了三个时,却出现了协商不好的问题,都不去找水了,其结果便是无水可用,没水喝。小时候听这个故事仅仅觉得好玩,认为是对和尚的调侃抑或是对懒人的嘲讽罢了。随着年龄增长,工作后才发现这是一个很深刻的故事,不是一个“懒”字就能全部概括得了的。

通过以上故事描述,我们应该真切认识和理解到公司推行执行力建设的紧迫性和重要性。

6)故事:老鼠和猫

从前,有一只能干的黑猫,它每天都能捉到10多只老鼠,让老鼠们吃尽了苦头。于是,老鼠们开会共商对付黑猫的办法。有的建议加紧研制毒药,有的说干脆一齐扑上去把黑猫咬死。最后,还是老奸巨猾的鼠王提出了一个与众不同的想法:“老鼠杀猫是不可能的。如果不能杀死它,就应设法躲避它。咱们推选出一名勇士,偷偷地在猫的脖子上挂个铃铛。这样一来,只要猫一动就会有响声,大家就可以事先躲起来。”老鼠们公认这是个很好的想法。但怎样执行呢?奖励办法一个又一个地提出来,但讨论来讨论去,老鼠们也没有找到一个敢于执行这一想法的勇士。

这个故事告诉我们。有好的想法却不能执行,那只能是空想。同样,对于企业来说,管理者有了决策,但因脱离了实际,无法执行,最终也无济于事。执行才是最重要的。

7)故事:“不可嘲笑的跑步计划”

有一个跑步计划是这样制定的:第一个月,跑完家属楼到学校的1000米;第二个月,跑完1050米;第三个月,跑完1100米……第二年,跑完家属楼到火车站的5000米。一个月多跑50米,这是懒惰者为自己制定的一张长跑妥协书?

文章最后揭开了谜底:这是一个14岁、先天性残疾(单腿)并伴有癫痫病的男孩制定的长跑计划。6年后,这个男孩在全国残疾人运动会上夺得金牌。在单腿站立回答记者提问时,他说:“每次跑步时,我都对自己说‘让我跑完这段路’。”

每月增加50米,每天增加不到2米。2米的距离,对于健全人来说,不过是吸口气的事,但对于残疾的小男孩,那就是他的人生目标。认真执行,结局可能是一败涂地,也可能是冠军的奖台。就看我们有没有信心与毅力大声说:让我跑完这段路。

8）故事：割草工的故事

一个替人割草打工的男孩打电话给一位陈太太说："您需不需要割草？"陈太太回答说："不需要，我已有了割草工。"男孩又说："我会帮您拔掉花丛中的杂草。"陈太太回答："我的割草工也做了。"男孩又说："我会帮您把草与走道的四周割齐。"陈太太说："我请的那人也已做了，谢谢你，我不需要新的割草工人。"男孩便挂了电话，此时男孩的室友问他说："你不是就在陈太太那割草打工吗？为什么还要打这电话？"男孩说："我只是想知道我做得有多好！"只想知道自己工作得好不好，平常我们要多问自己我做得怎么样，这就是责任，其实工作本身就意味着责任，优秀的人知道如何为自己的行为负责。

9）故事：买纸

一个老板叫一员工去买复印纸。员工就去了，买了三张复印纸回来。老板大叫，三张复印纸，怎么够，我至少要三摞。员工第二天就去买了三摞复印纸回来。老板一看，又叫，你怎么买了 B5 的，我要的是 A4 的。员工过了几天，买了三摞 A4 的复印纸回来，老板骂道：怎么买了一个星期，才买好？员工回：你又没有说什么时候要。就买复印纸，员工跑了三趟，老板气了三次。老板会摇头叹道，员工执行力太差了！员工心里会说，老板能力欠缺，连个任务都交待不清楚，只会支使下属白忙活！

问题出在哪呢？

员工为什么不能站在老板的角度想这个简单的问题。去买复印纸之前，应该就去相关部门了解一下平时都用什么类型的纸，一般一次采购多少，然后再行动。理性的执行才是真正的执行！

老板怎么就没有根据不同的对象发布不同的指令呢？新员工、老员工、A 部门的员工，B 部门的员工……领悟力不同，接触范围不同，执行力也不同。作为现代企业经营管理者，不仅要"知人善任"还要"知人善用"。作一个下属，做好上司的"替身"才能实现"为社会工作，为组织工作，为老总工作，更为自己工作"。

10）故事：取球

有一天下午，我和表妹在家里打羽毛球。一不小心，球落到了吊扇叶片上。我急了，放下球拍就去搬椅子。可是吊扇太高，站在椅子上还差一大截。我又从墙角找来扫帚，举得高高的，还是够不着。我在这儿忙活，表妹却站在一边不作声，只是望着吊扇发呆。我正想说她两句，她突然开口了："快让开，快让开！"我莫名其妙，跳下椅子闪在一旁。她跑去扭开电扇开关，"呼"的一声，吊扇转动了，羽毛球也飞了下来。 我说："这个办法真灵，我怎么没想到呢？""你呀，忙着搬凳子，拿扫帚，哪有时间动脑筋？要记住，蛮干不如巧干！"

11）故事：Lucia 的做事哲学

Lucia 从国外留学回来，应聘进了一家国外的政府机构代表处。聪明伶俐的她很快适应了环境，她不仅干活很轻松而且深得领导层喜欢。原来她的办公室哲学就是"Easy Going"，为此她总是采用不急不燥的工作态度，遇到上司分配的工作，她先用脑子过滤所有的真正需求，并不急于去表现自己的能力。自己有 99% 把握的事情，她尽心尽力去完成。遇上自己的难处，她总是诚恳要求其他同事出力，当然她懂得如何回报大家的帮忙，买个下午茶招待大家，如果遇上同事们加班，她不忘把所有外卖电话贴在告示板上，暖了大家的心。她的上司外语能力没她强，所以只要总部有人来，她就像贴身小助理，帮着老板前后打点，自然老板对这样的"努力"看在眼里。Lucia 总结自己的巧干经验时，不忘提醒：巧干就是动脑干活儿！

12）故事：差别

阿诺德和布鲁诺同时受雇于一家店铺，拿着同样的薪水。可是一段时间以后，阿诺德青云直上，而布鲁诺却仍在原地踏步。布鲁诺到老板那儿发牢骚。老板一边耐心地听着他的抱怨，一边在心里盘算怎样向他解释清楚他和阿诺德之间差别。“布鲁诺，”老板说话了，“你去集市一趟，看看今天早上有什么卖的东西。”布鲁诺从集市上回来向老板汇报说，今早集市上只有一个农民拉了一车土豆在卖。“有多少？”老板问。布鲁诺赶快又跑到集市上，然后回来告诉老板说一共有 40 袋土豆。“价格是多少？”布鲁诺第三次跑到集市上问来了价格。“好吧，”老板对他说，“现在请你坐在椅子上别说话，看看别人怎么说。”阿诺德很快就从集市上回来了，跟老板汇报说，到现在为止，只有一个农民在卖土豆，一共 40 袋，价格是多少；土豆质量很不错，他带回来一个让老板看看。这个农民一个小时以后还会运来几箱西红柿，据他看价格非常公道。昨天的西红柿卖得很快，库存已经不多了。他想这么便宜的西红柿老板肯定会要进一些，所以他不仅带回了一个西红柿做样品，而且把那个农民也带来了，他现在正在外面等回话呢。此时，老板转向布鲁诺，说：“现在你知道为什么阿诺德的薪水比你高了吧？”

谁的执行力强，谁就会成功。

第一步　课前认知	
主要内容	教师评价
回答以下问题： （1）请用一些词汇、短句描述你眼中的“执行力”。 （2）结合自己的行为习惯和身边朋友的案例，谈谈你对执行力的理解吧！ （3）执行力现状调查	

表 7-1　执行力现状调查表

问　题	是	否
① 已经决定的事情，我总是能立即执行？		
② 即使别人反对我，我仍能按照最初的意愿马上行动？		
③ 今天天气似乎要变坏，但出门带雨具又麻烦，你能很轻松地做出决定吗？		
④ 对于学习中不明白的地方，你能立即想办法去解决吗？		
⑤ 对于一项困难的事情，你能否全力以赴地完成使命呢？		
⑥ 老师让周末交作业，作业你做得尚不完善，而周六日又有其他安排，你会等到周一才完成作业吗？		

续表

第一步　课前认知			
问　题	是	否	
⑦ 你善于寻找借口，来掩饰自己的小错误吗？			
⑧ 你能很快适应新的环境吗？			
⑨ 假如是在工作中，你了解到自己和领导的观点相左，你能直抒己见吗？			
⑩ 在一项重要的事情开展之前，你是否尽可能多地获取建议呢？			
⑪ 你认为自己勤奋而不懒散吗？			
⑫ 你能直率地说出自己拒绝一件事情的真实动机而不虚构一些理由来掩饰吗？			
⑬ 你能轻而易举适应与过去迥然不同的新习惯、新规定吗？			
⑭ 你对自己许下的诺言是否一贯遵守？			
⑮ 不管做什么事情，你是否有对自己计分评估的习惯？			
⑯ 做事情之前，你是否做计划呢？			
注：请在与你的情况相符或大体相符的问题后选择“是”，统计你选择“是”的个数。老师将说明意义。			

第二步　课堂学习	
主要内容	教师评价
（1）本堂课学习笔记： （2）判断自己的性格特征，你知道自身性格的最大长处和短处吗？ （3）反省自己在“心、性、品、智、能”各个层面修炼如何？是否达标，如果不达标又有多大差距呢？ （4）你一旦决定了做某件事情，决心坚定吗？请举例说。	

第三步　课后拓展	
主要内容	教师评价
（1）你有拖沓的习惯吗？接到任务是否能立即行动？请分析为什么？ （2）回忆自己最近的一个任务，看看自己是否执行到位并达成了最初的目标。	

续表

第三步　课后拓展	
(3)回忆自己身边发生的一件因忽视细节而导致严重后果的事,并加以分析。	

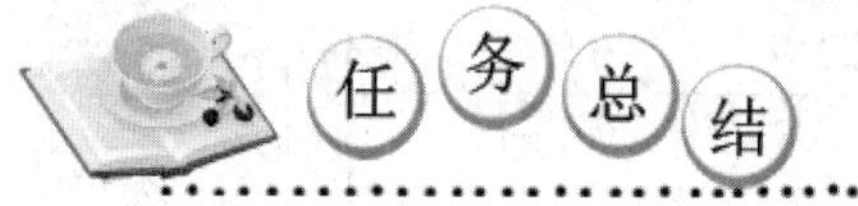

(1)请总结:通过课堂学习、课下自学、小组交流、同学的分享,你了解了哪些具体知识? (2)通过本项目的实施你有哪些感想、收获和成长?	
签名:	日期:
本团队成员对你的评价:	
签名:	日期:
其他团队对你的评价:	
签名:	日期:
教师对你的评价:	
签名:	日期:

请学有余力的同学思考并学习整理如下内容:

(1)自评自己的执行力基础素质,列出需要提升的方向并制定计划。

(2)你下周的学习任务是什么?你要达到什么样的目标?可以认真执行吗?请做出详细计划并执行到位。

项目 08　孝道与感恩

中华民族自古有“滴水之恩当涌泉相报”的说法，也有不少感人肺腑的“感恩”故事曾经熏陶和感染了一代又一代人。感恩不仅仅是为了报恩，因为有些恩泽我们是无法回报的，有些恩情唯有用纯真的心灵去感动、去铭记，才能真正对得起给你恩惠的人。“鸦有反哺之意、羊知跪乳之恩”，关爱父母是我们的责任，即使只是对他们的一声问候，都能够给他们脸上增添笑容。感恩父母、感恩老师、感恩朋友、感恩同学……

感恩使我们在不幸时得到慰籍、获得温暖，激发我们挑战困难的勇气，进而获得前进的动力。感恩能让我们更快乐、幸福、舒心！ 学会感恩，你的一颗心将永远被温暖笼罩、被甜美滋润，你的生活中将没有冰雪、冲突、愤怒、咒骂。

通过本项目的实践，我们将达到如下目标：

● 百善孝为先，使我们愿意并学会尽孝；

● 让大家具备感恩心态；

● 提高自身的责任感。

本项目是将发生在自己生活当中的感恩故事，不限形式展示出来，可以是自己的亲身经历，或是发生在身边的所见所闻，也可以是通过各种渠道得到的信息，得出自己的感悟，分享给大家。可以与所有学生现场互动，以活泼有趣的形式开展，让同学们在轻松欢乐的氛围中快速吸纳并学会感恩。可以重点对父母、老师、兄弟姐妹、同学、朋友、陌生人甚至是敌人进行感恩，形式不限，比如讲述自己的亲身经历、分享自己的所见所闻，可以通过一部电影、一首歌曲、一本书、一段话得出感想，进行分享。例如自己的无意犯错得到了亲人的宽容；自己的得失得到了朋友的帮助；自己的进步得到了师生的肯定；都可以进行感恩分享与传递。感人的故事、简单的解说、自我的展示、师生的互动，让同学们认识到一种简单朴实的情感，同时让自己也学会了感恩和报恩，学会了交际和与人相处。成长来源于生活，快乐取决于感恩，每天对人、对事都怀有一颗感恩的心，将做人的信念植根于心，让大家体会生活皆学问、快乐每一天。

1. 项目相关知识结构图

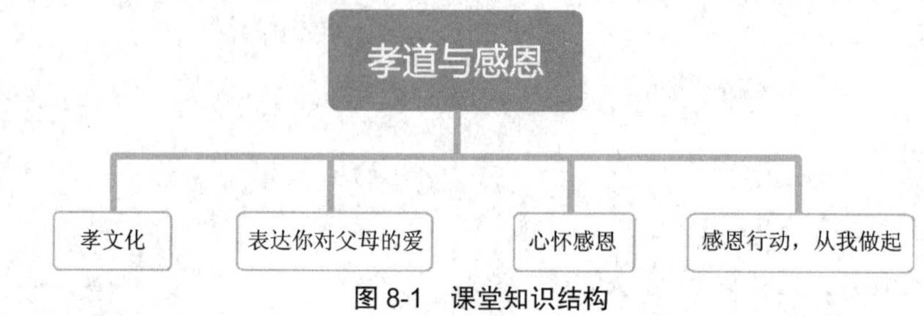

图 8-1 课堂知识结构

2. 相关知识点

知识点 1:孝文化

案例分享:《爸爸的求职信》

读者可上网观看视频《爸爸的求职信》。

小时候,父亲总是那个无所不能的“超人”,他一点点教会你这个世界的规矩,也无时无刻不守护着你。但当你长大了,爸爸这个“过时的超人”只是你生活的旁观者。他怔怔地看着你的背影渐行渐远,你再也不需要他的照顾了。你前路上的许多东西,已属于他不明白的新世界。看不懂网络账单、不懂外卖……他想重新学习加班订餐、泡咖啡、协助他人,而更重要的目的,就是寻找存在感,让自己能跟上孩子的步伐。他没想到早已退休的自己,还会再下岗。他更没想到的是,他是从父亲这个岗位上下岗。但他明白,早已长大的你能够靠自己的力量把自己照顾得很好。你的独立,是他的骄傲也是他的落寞。

“百善孝为先”,孝敬父母、尊重老人是全社会道德中永恒的主题。家庭是社会的细胞,家庭稳定,社会就稳定。而孝,正是调节家庭关系的一剂良药。一个孝敬父母、品德高尚的人,必是遵守社会公德和职业道德、效忠国家的人。从孝出发,才能家和万事兴,才谈得上齐家治国平天下。

1)为什么我们要孝顺?

想必大家都听过:“你要好好学习,等你长大以后一定要好好孝顺父母。”很少有人会想到我们为什么要去爱父母,父母赋予我们生命,养育我们长大,教给我们知识技能和做人的道理。那么为什么我们要爱父母,孝顺父母呢?

（1）孝敬父母是人类的本能。

父母给了我们生命，哺育我们成长。而在我们成长的过程中，他们付出了艰辛，他们流过汗水和眼泪，也曾为了我们开心和幸福过，他们付出了全部，把一切的希望寄托在我们身上。他们盼望我们长大成人，能够出人头地，有所作为，所谓“望子成龙，望女成凤。”所以当我们长大以后，一定要好好地孝顺父母，没有父母就没有我们的今天和未来。

（2）回报父母的养育之恩。

随着年龄的增长，父母的岁数越来越大，白发也越来越多，皱纹也渐渐在父母的脸上显现。作为儿女的我们只能看着时光溜走，其实我们可以在空闲的时间多陪伴父母，让父母不感到孤单。

（3）老吾老以及人之老，幼吾幼以及人之幼。

孝敬父母是天经地义的，就像呼吸一样自然。你如何对待你的父母，你的孩子就会如何对待你。这是一种潜移默化的意识。

父母的爱大多数是无私的。父爱与母爱，往往母爱会使你感到更为熟悉，但是父爱不是不存在，而是默默地出现在你身边；它不是表现在外的，而是那种内藏、深沉的亲情。天下有许多父母都是如此，他们对我们一直都是默默奉献，让我们齐声说：“感谢你们一直的照顾，你们永远都是我们的支柱。”

2）怎样孝敬父母？

（1）孝敬父母，就要听从父母的正确教导；

（2）孝敬父母，就要体谅父母和家庭上的困难，不向父母提过分的要求；

（3）孝敬父母，同父母保持亲密融洽的关系，主动承担家务劳动；

（4）孝敬父母，就要赡养父母，还要从精神上关心父母。

知识点 2：表达你对父母的爱

小组讨论

（1）你经常和你的父母说类似下面的话吗？

① 好了，好了，知道了，真啰唆！

② 有事吗，没事？那挂了啊！

③ 说了你也不懂，别问了！

④ 跟你说了多少次不要你做，做又做不好。

⑤ 你们那一套，早就过时了。

⑥ 叫你别收拾我的房间，你看，东西都找不到了！

⑦ 我要吃什么我知道，别夹了！

⑧ 说了别吃这些剩菜了，怎么老不听啊！

⑨ 我自己有分寸，不要老说了，烦不烦！

⑩ 这些东西说了不要了，堆在这里做什么啊！

(2)你有过以下的想法吗?

① 在外面比在家舒服多了。

② 我妈妈非常啰唆,烦死了。

③ 父母让我干什么,我非要对着干。

④ 我不需要赡养父母,他们有退休金。

⑤ 父母应该给我钱,因为我还没有成年。

⑥ 我不应该做家务,因为我不会。

⑦ 向父母要钱是天经地义的。

⑧ 学习成绩不好是我自己的事情,和父母没有关系。

思考:想想父母对你的爱,你想以什么方式表达你的感恩?

有很多人都不怎么和父母好好说话,有些言语说出去会很伤人,明明心里也后悔那样说。其实真正对你好的只有父母,父母从来不图回报,希望你多读点书,以后能过得好点。很多人心里深知父母对自己恩重如山,内心也深爱着他们,却很少表达也不知道怎么表达。

但是爱,真的需要常常表达,并体现在生活的每一个细节中。

(1)离家前,和父母说一声:“我出发了。”

(2)到家了,在门口喊一声:“我回来了。”

(3)为父母做可口的饭菜。

(4)父母做好了饭菜,饭后自己主动去洗碗。

(5)在外聚餐,有节俭习惯的父母会想将剩饭剩菜打包,你就愉快地帮助他们打包。

(6)为父母购买得体的衣服。

(7)为年事已高的父母做一张随身携带的卡片,放在衣兜里,上面注明姓名、家庭住址、联系人电话以及病例史等。

(8)教父母学习他们没接触过的新事物,如使用智能手机,父母年纪大了,理解力会不如我们,教他们需要十分耐心,就像父母教小时候的我们学走路一样耐心。

(9)用上班的第一笔工资给父母买一份礼物,礼物不一定贵重,父母喜欢就好。

(10)夏天陪父母去游泳,冬天为父母泡脚。

(11)陪父母去散散步,唠唠嗑。

(12)陪父母看看电视,聊聊剧情。

(13)休年假自驾游陪父母去他们喜欢的景点。

(14)用心关注细节,时常夸夸父母。

(15)家里备些常用药、体温计、血压计等。

(16)记得父母的生日,买个生日蛋糕,一起聚聚。

(17)拍家庭聚会录像时,多给父母些镜头,即使他们摇着手可爱地拒绝:“不要拍我,老了,老了。”

(18)常给父母捶捶背、捏捏肩。

(19)陪父母每年做一次体检。

（20）和父母相距甚远的，多给父母打个电话，聊聊近况。

（21）常回家看看。

……

还记得那首流行一时的歌曲《常回家看看》，细细品味歌词真是非常有道理的。再美好的词语，再称心的礼物，也比不上儿女亲自回家的喜悦，制作精美的家庭爱心折纸，把对父母的爱装满口袋。

打个电话给父母，向他们道声平安，跟父母说说你会照顾好自己，按时吃饭睡觉，工作也很认真努力。然后问问爸妈最近在忙什么，身体好不好，吃饭睡觉怎么样，爸妈就会很高兴。每逢节日更要问声节日快乐，大胆而真挚地说出你心里的感谢。

“每逢佳节倍思亲”“谁言寸草心，报得三春晖”，当我们想起远在家乡的亲人时，想起爸爸苍老的大手，想起妈妈慈祥的目光时，我们的感恩之情就有油然而生。在特殊的日子写下一封满怀感谢的家书，然后寄回家里，让自己的感谢都寄托在这小小的信封里，父母看后一定会感动不已。

节日给父母买一件称心的礼物，礼物是一种表达内心的方法，父母并不在乎其价值，看重的是礼物中所包含的情感。儿女送的礼物代表感恩的心，表达了子女对父母最温馨、最美好的心意。

知识点 3：心怀感恩

小组研讨

请各小组讨论缺乏感恩的表现有哪些？

（1）小组研讨并记录。

（2）选 1 位小组成员代表小组分享研讨结果。

（3）研讨时间 5 分钟。

思考：请列举缺乏感恩的表现。

____

____

____

在现实生活中，我们经常可以见到一些不停埋怨的人，“真不幸，今天的天气怎么这样不好”“今天真倒霉，被老师骂了一顿”“真惨啊，丢了钱包，自行车又坏了”“唉，宿舍楼的阿姨真啰唆”……这个世界对他们来说，永远没有快乐的事情，高兴的事被抛在了脑后，不顺心的事却总挂在嘴边。每时每刻，他们都有许多不开心的事，把自己搞得很烦躁，把别人搞

得很不安。但其实换一个角度想，你会发现世界很美好。

人的一生中，小而言之，从小时候起，就领受了父母的养育之恩；等到上学，有老师的教育之恩；工作以后，又有领导、同事的关怀、帮助之恩；年纪大了之后，又免不了要接受晚辈的赡养、照顾之恩。大而言之，作为单个的社会成员，我们生活在一个多层次的社会大环境之中，都从这个大环境里获得了一定的生存条件和发展机会，也就是说，这个社会大环境是有恩于我们每个人的。感恩，说明一个人对自己与他人和社会的关系有着正确的认识；报恩，则是在这种正确认识之下产生的一种责任感。没有社会成员的感恩和报恩，很难想象一个社会能够正常发展下去。在感恩的空气中，人们对许多事情都可以平心静气；在感恩的空气中，人们可以认真务实地从细小的一件事做起；在感恩的空气中，人们自发地做到严于律己宽以待人；在感恩的空气中，人们正视错误，互相帮助；在感恩的空气中，人们将不会感到孤独……

一切情绪之中最有威力的便是爱心，但它以不同的面貌呈现出来。感恩也是一种爱，如果我们常心存感恩，人生就会过得快乐，因此请好好经营你的人生，让它充满芬芳。

感恩是积极向上的思考和谦卑的态度，它是自发性的行为。当一个人懂得感恩时，便会将感恩化作一种充满爱意的行动，践行于生活中。一颗感恩的心，就是一个和平的种子，因为感恩不是简单的报恩，它是责任、自立、自尊和追求阳光人生的精神境界！

朋友相聚，酒甜歌美，情深意浓，我感恩朋友的温暖、生活的香醇、如歌的友情。我走向大自然，放眼花红草绿，莺飞燕舞，我感恩大自然的无尽美好、上天的无私给予、大地的宽容浩博。生活的每一天，我都充满着感恩情怀，我学会了宽容和付出，懂得了回报。所以，我每天都有一个好心情，幸福地生活着。我懂得了感恩，才会在生活中发现美好，用微笑去对待每一天，用微笑去对待世界、人生、朋友和困难。宽容和感动可以化腐朽为神奇，化冰峰为春暖，化干戈为玉帛。

对于生活心存感恩，你就不会有太多的抱怨，世上没有十全十美的事物。感恩之心足以稀释我们心中的狭隘和蛮横，还可以帮助我们度过痛苦和灾难。常怀感恩之心，我们就可以原谅那些有过结怨甚至触及心灵痛处的人，会使我们已有的人生资源变得更加丰富，使我们的心胸更加宽阔。

感恩是生活中的大智慧，能使我们感受到大自然的美妙、生活的美好，能保持我们的积极、健康、阳光的良好心态。怀有感恩之情，对别人、对环境就会少一份挑剔，多一份欣赏和感激。感恩，是一种美好的情感，使你的心和你所企盼的事物联系得更紧，感恩将坚定你对生活和一切美好事物的信念，从而一生被美好的事物包围。常怀感恩之心，我们便能够生活在一个美好的世界，我们的人生也会变得更加美好。

知识点 4:感恩行动，从我做起

案例分享:《有人偷偷爱着你》

读者可上网观看视频《有人偷偷爱着你》。 生活就像重感冒，需要一场治愈。

身边的美好一直都在，只要你有发现美的眼睛。我们应该怀有感恩之心，用自己的行动去回报。

请同学们思考：表达感恩的方式有哪些？

____

____

感恩是一束金色的阳光，能融化冰雪，让我们学会感恩，让这束阳光照耀在我们的心底。

如果你想来表达你对别人或生活的感恩，有几种表达感恩的提示：养成感恩的习惯；一封表达谢意的书信；一个小小的拥抱；对每一天怀有感恩；不求回报的小小善意；一份小小的礼物；列一下你感谢别人的理由；公开地感谢别人；给他们意外惊喜。

“保持一颗感恩的心，凡事只要你对人、事、物，保持一颗感恩的心，你一定会成功。”成功的秘诀就是要有一颗感恩的心。

感恩，是结草衔环，是滴水之恩当涌泉相报。

感恩，是一种美德，是一种境界。

感恩，是值得你用一生去等待的一次宝贵机遇。

感恩，是值得你用一生去珍视的一次爱的教育。

感恩，不是为求得心理平衡的片刻答谢，而是发自内心的永恒回报。

感恩，让生活充满阳光，让世界充满温馨。

知识点 1:感恩的内涵

感恩是一种处世哲学，感恩是一种生活智慧，感恩更是教我们学会做人，成就阳光人生的支点。从成长的角度来看，心理学家普遍认同这样一个规律：心改变，态度就跟着改变；态度改变，习惯就跟着改变；习惯改变，性格就跟着改变；性格改变，人生就跟着改变。

有一个真实的故事。故事发生在西部一个极度缺水的沙漠地区。这里，每人每天的用水量严格限定在 3 斤，这还得靠驻军从很远的地方运来。日常生活用水包括喂牲口，全靠这 3 斤珍贵的水。

人缺水不行，牲畜也样。有一天，一头被人们认为憨厚、忠实的老黄牛渴极了，挣脱缰绳，闯入沙漠里唯一的、也是运水车必经的公路。运水的军车来了，老牛以无法解释的识别力迅速冲上公路，军车立即紧急刹车。老牛沉默地立在车前，任凭驾驶员怎么驱赶，就是不肯挪动半步。后来，牛的主人寻来了，扬鞭抽打瘦骨嶙峋的牛背。牛被打得皮开肉绽，哀叫不止，但就是不肯让开。最后，运水的战士说：“让我违反一次规定吧，我愿意接受处分。”他从水车上取来半盆 3 斤左右的水，放在老牛而前。出人意料的是，老牛并没有喝那以死争取来的水，而是对着夕阳仰天长哞，似乎在呼唤着什么。正在大家惊异的时候，只见不远处的沙丘后面跑出一头小牛犊，受伤的老牛慈爱地看着小牛贪婪地喝完水，伸出舌头舔舔小牛的眼睛，小牛也舔舔老牛的眼睛，人们看到母子眼中的泪水。没等主人吆喝，在一片寂静中，它们掉转头，慢慢地往回走……

想想这头倔强的牛，是不是像极了我们的父母。

我们总是有太多的借口安慰自己，原谅自己，“我很忙，我没有空”。而他们总是有太多的理由原谅我们，每次打电话不停地叮嘱：“多穿点衣服，多吃点好吃的，不要累着……”

人生道路，曲折坎坷，不知有多少艰难险阻，甚至遭遇挫折和失败。在危困时刻，有人向你伸出温暖的双手，帮你解除生活的困顿；有人为你指点迷津，让你明确前进的方向；甚至有人用肩膀把你扛起来，让你攀上人生的高峰……你最终战胜了苦难，扬帆远航，驶向光明幸福的彼岸。那么，你能不心存感激吗？你能不思回报吗？感恩的关键在于回报意识。回报，就是对哺育、培养、教导、指引、帮助、支持你的人心存感激，并通过自己的付出，用实际行动予以报答。

1）案例

襄樊5名受助学生的冷漠，逐渐让资助者寒心。

2007年8月中旬，在襄樊市总工会、市女企业家协会联合举行的第九次“金秋助学”活动中，主办方宣布：5名贫困学生被取消继续受助的资格。

2006年8月，襄樊市总工会与该市女企业家协会联合开展“金秋助学”活动，19位女企业家与22名贫困学生结成帮扶对子，承诺4年内每人每年资助1000元至3000元不等。入学前，该市总工会给每名受助学生及其家长发了一封信，希望他们抽空给资助者写封信，汇报一下学习生活情况。

但一年来，部分受助学生的表现令人失望，未给资助者写信，有一名男生倒是给资助者写过一封短信，但信中只是强调其家庭如何困难，希望资助者再次慷慨解囊，通篇连个“谢谢”都没说，让资助者心里很不是滋味。

2007年夏，该市总工会再次组织女企业家们捐赠时，部分女企业家表示“不愿再资助无情的贫困生”，结果22名贫困学生中只有17人再度获得资助。多年来为资助贫困生东奔西走、劳神费力的襄樊市总工会副主席周萍，为此十分尴尬，她感觉部分贫困生心理上“极度自尊又极度自卑”，缺乏一种正确对待他人和社会的“阳光心态”；有的学生竟认为“成绩好，获资助是理所当然的”，缺乏起码的感恩之心。

“滴水之恩当涌泉相报。”感恩，是我们民族的优良传统，也是一个正直的人起码的品德。事实上，我们也非常需要感恩，因为，父母对我们有养育之恩，老师对我们有教育之恩，领导对我们有知遇之恩，同事对我们有协助之恩，社会对我们有关爱之恩……赠人玫瑰，手留余香。一个经常怀着感恩之心的人，心地坦荡，胸怀宽阔，会自觉自愿地给人以帮助。

2）故事

一天晚上，晓芳跟妈妈吵架了，她什么都没带就只身往外跑。但是，走了一段路，她发现自己竟然一分钱都没带。走着走着，她肚子饿了，看到前面有一个面摊，煮出的面香喷喷的，一定很好吃！可是，她没钱啊！过了一段时间，面摊老板看到晓芳还站在那边，一直没有离去，就问她："小姑娘，你是不是要吃面啊？""但是……但是我忘了带钱。"晓芳不好意思地回答。面摊老板热情地说："没关系，我可以请你吃呀！来，我给你做碗面条吧，怎么样？""太好了！"晓芳已经饿得不行了。

不一会儿，老板端来了一碗面条和一碟小菜。晓芳吃了几口，忍不住掉下了眼泪。"小姑娘，你怎么了？"老板问道。"哦，我没事，我只是感激！"晓芳边擦眼泪，边对老板说，"您是陌生人，只不过在路上看到我，就对我这么好，煮面给我吃！但是……我妈，我跟她吵架了，她竟然把我赶出来了……您是陌生人都能对我这么好，而我妈，竟然对我这么绝情！"

老板听了，委婉地劝说她："小姑娘，你怎么会这样想呢！你想想看，我只不过煮了一碗面给你吃，你就这么感激我，而你妈呢？给你煮了 10 多年的面，洗了 10 多年的衣服，你怎么不感激她呢？你怎么还要跟她吵架呢？"

晓芳听了这话，当场愣住了！是啊！陌生人煮了一碗面，我都如此感激，而妈妈辛苦地把我养大，我为什么没有感激她呢？而且，只是因为一件小事，我就跟妈妈大吵一架，唉……匆匆吃完面，晓芳鼓起勇气，朝家走去，她恨不得飞回家对妈妈说："妈！对不起，我错了！"

当晓芳走到自家胡同口时，看到妈妈那疲惫而又熟悉的身影，正焦急地左右张望……

看到晓芳回来了，妈妈惊喜地叫道："晓芳啊！你让妈急死了！赶紧回家吧！饭已经做好了，菜都快凉了！妈以后不再跟你吵架了，好吧？"

此时，晓芳的眼泪不争气地涌了出来，在模糊的视线中，她看到了妈妈一双泛红的双眼……

别人的一点小恩惠可能令你感激不尽，但是对于父母一辈子的恩情你可能都视而不见！

实际与父母的沟通，我们应负一半的责任。记得有句名言这样讲："世界上没有相处不了的人，只有不会相处的人。"这说明，再难相处的人也是可以相处好的，关键是用什么方式。代沟虽然很难完全消除，但是可以通过我们的努力尽量缩小——假如你能掌握与父母沟通的方法。

第一步　课前认知	
主要内容	教师评价
回答以下问题： (1)你觉得我们为何要孝顺？ (2)你认为怎样才算是孝顺？	

第二步　课堂学习	
主要内容	教师评价
（1）本堂课学习笔记： （2）你认为感恩会给你带来什么？ （3）请思考并描述一个发生在自己身上的感恩故事。	

第三步　课后拓展	
主要内容	教师评价
（1）思考：感恩的节日有哪些？你感恩的对象有哪些？ （2）请制定你的感恩行动计划列表。要求：行为具体、清晰，完成时间明确，并将它写到纸上交给督促你实现承诺的人。 （3）从今天起，后面部分将通过21天的行为跟踪，帮助我们将计划转化为行动，将知识转化为技能，最终养成感恩的行为习惯。可以通过个人思考及小组研讨，确定有利于习惯养成的更高效的任务。请把21天任务清单写在下面吧。	

（1）请总结：通过课堂学习、课下自学、小组交流、同学的分享，你了解了哪些具体知识？ （2）通过本项目的实施，你有哪些感想、收获和成长？	
签名：	日期：
本团队成员对你的评价：	

续表

签名：	日期：
其他团队对你的评价：	
签名：	日期：
教师对你的评价：	
签名：	日期：

请学有余力的同学思考并学习整理如下内容：

（1）阅读书籍《水知道答案》。

（2）整理读书心得并在小组内分享。

（3）你对哪些人是感恩的，想想自己该用什么样的方式去表达。

项目 09 就业准备

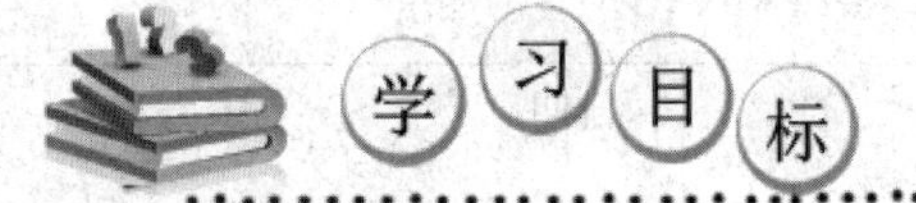

机遇只偏爱那些有准备的头脑的人。

——巴斯德

我国高等教育从20世纪末以来得到了迅速发展，在短短的几年时间里完成了由精英化教育向大众化教育的转变。用人单位对毕业生设计的就业门槛越来越高，毕业生面临着越来越苛刻的挑选。这时，就业准备就成为就业成功的重要影响因素。即将毕业的大学生就像刚刚孕育成熟的生命一样，迫切地希望融入社会来一展自己的抱负，但是近年来，大学生就业形势日趋严峻，高等教育人才培养机制与社会人才需求在对接上也有偏差。一方面是大学生就业难，另一方面却是用人单位抱怨优秀毕业生难觅、招聘到岗的大学毕业生不好用、职场新人适应能力差。因此，做好就业准备显得尤为重要。面临就业，你将如何准备呢？职场新人的必备素质：做人、做事、自我管理、职业心态等，你是否都做好了充分的准备？

相信如果每一个大学生在就业之前都认真地思考过这些的话，那么每一个大学生就都能实现自己的人生抱负。

通过本项目的实践，我们将达到如下目标：

- 认知大学生就业；
- 了解当前大学生就业形势；
- 了解就业过程，认识就业规律；
- 通过自我分析树立个人就业目标；
- 了解行业最新动态；
- 在就业计划中前进。

本项目是通过课堂学习了解就业准备相关知识，以小组为单位，搜集就业相关信息，分析就业形势和模拟就业行业发展动态，结合个人分析，确定就业目标，制定行动计划。并将搜集的信息进行整理，将上述所有内容制作成PPT，以小组为单位，每组选派一名代表上台分享。后续小组内一起研讨、分析、调整计划，并相互监督执行。让我们一起见证机遇对有准备的头脑是多么的亲和。

1. 项目相关知识结构图

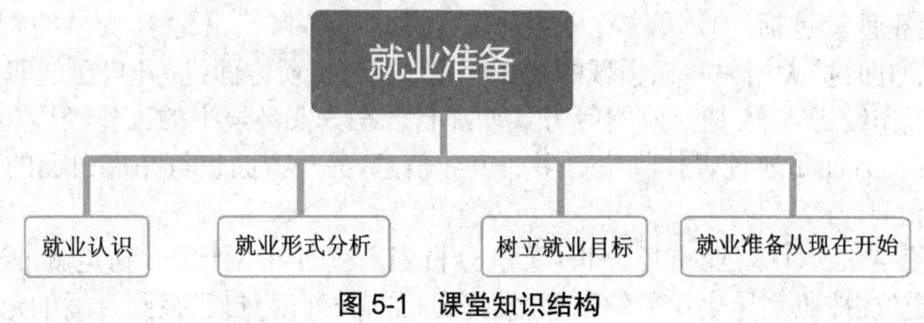

图 5-1　课堂知识结构

2. 相关知识点

知识点 1:就业认知

小组讨论

请各小组讨论如下问题：
(1)什么是就业？
(2)毕业意味着什么？
(3)企业是什么地方？
(4)我们为什么要就业？
时间要求:5 分钟。
每个小组选派 1 位代表,分享本组结论。

就业,一般人都会这样认为,不就是找个公司面试吗？其实,就业是学生由校园人角色向职业人角色的一个转变过程。这个转变,通过一系列的招聘活动来实现。这些活动,也是用人单位和应聘人员进行交互的一个过程。这个过程在不同时期都有一定的特点。例如,以前以人才招聘会为主,现在越来越多的招聘企业重视网上招聘。只要是社会活动,就会有自己的规律。公司的招聘行为都具有一定的规律,只要了解这个规律,就可以在一定程度上达到事半功倍的效果。这个过程又需要做各种准备,一般就业的准备分为长期准备和短期准备,无论是哪种准备,都应该进行合理的职业规划。一个好的职业规划包括明确的就业目标、一定的专业实力、充足的职位信息以及良好的应聘技巧等。

就业不是一个等待企业为自己打分的过程。它是一个发现合适企业，主动向企业推销自己的过程。

这个过程，根据准备的时间和内容来划分，可以分为长期准备和短期准备两类。长期准备侧重于就业前期的自我综合素质的提高和就业资源的收集和分析，短期准备则侧重于提升整个应聘过程中的能力。

长期准备通常包括：① 关注行业发展：了解并评估自己最适合从事的行业或方向；② 专业技能方面：扩大相关知识领域的知识面；③ 综合素质方面：提升自己的职业素质和综合能力；④ 工作经历方面：通过实习等方式增加自己在真实环境下的工作经历和经验；⑤ 收集就业资源：一方面是通过媒体收集更多的就业信息，另一方面也可拓展自己的社交圈以获得更多内部信息。

短期准备包括：① 就业市场分析：了解分析当前就业市场情况，确定就业渠道和职位等；② 个人定位：按照差异化竞争的原理，发挥自己的长处，为自己找到合适的定位；③ 应聘技巧准备：包括学习各种应聘技巧，如准备优秀的简历，练习面试技巧；④ 针对需求提升自己：根据就业的实际情况，快速提升自己某方面的知识、技能和能力。

知识点 2:就业形势分析

活动：学习回顾

> 活动流程：
>
> （1）按照小组进行讨论和准备，分享学习心得。学习心得包括学会哪些技能、得到哪些提升、有哪些心得体会。
>
> （2）讨论完毕之后，每组派出 1~2 名学员分享和陈述。
>
> （3）教师进行点评和总结。
>
> 活动要求：
>
> （1）分组讨论的时候，必须从自身的学习情况出发认真思考并做好讨论准备。
>
> （2）活动过程中要积极讨论，认真对待。

近年来，大学生就业问题一直是备受关注的话题。随着我国高校不断扩大招生规模，越来越多的毕业生进入社会，就业压力不断增加，就业形势日益严峻。所以我们有必要深入分析我国大学生就业问题的现状，充分理解现阶段就业的形势，大学生对就业问题要做好心理准备，充分认识自我，认真做好社会调查，寻找社会需求，选择合适的工作，要充分发掘自身能力和人际关系的优势，重新认识自己。

（1）请各小组查阅大学生就业相关信息并了解相关数据。

近 5 年，历年大学生毕业人数有多少？

不同专业毕业生起薪有何不同？

不同地区毕业生薪资起点比较。

(2)请各小组研讨分析大学生就业难的原因。

自身原因有哪些？

企业原因有哪些？

社会原因有哪些？

(3)请各小组研讨我们能够做的改变有哪些？

____

____

知识点 3:树立就业目标

就业期望小测试

(1)你毕业后是否需要就业？

(2)毕业后期望薪水是多少？

(3)你认为自己的优势在哪里？

(4)就业终究是谁的事情？

(5)你学习的目的是什么？

(6)你的就业城市是哪里？

请大家认真思考上述问题，并把结果写在下面的横线上。

____

____

要成为一个真正的职业人，首先要确定自己的职业定位和职业期望。应聘的过程正是对自己的职业定位和职业期望进行修正的过程。如果一开始就能对自己有一个准确的定位，在求职过程中就能收到事半功倍的效果。

应聘前应该自我了解如下内容。

行业：自己最愿意从事什么行业？

技术：自己擅长或喜欢从事的技术方向和应用方向。

地区：自己希望工作的地区在哪里？

薪水：自己期望的薪水是多少？

职位：自己期望的职位是什么？

信息：自己通过什么渠道获取招聘信息？

知识点4:就业准备从现在开始

小组讨论:企业招聘需求

请大家思考、讨论并总结企业的招聘需求有哪些?

形式:分组讨论,指派组长负责将讨论结果反馈给老师。

总结:职业素质方面(包括团队意识和沟通能力);就业意识方面(包括就业技巧和简历、面试能力等);专业技能方面;个人经验方面……

大多数学生都要经过几次面试才能找到一份理想的工作,而这份工作离原来的设想也许会有比较大的距离。原因在于大多数学生开始时的期望与实际情况有一定的差距。

如何避免这种情况的发生呢?请结合自己的就业期望,从以下几方面思考支撑这些期望的理由。

1)招聘信息

每个地区都有很多招聘渠道和媒介,比如全国性的招聘平台和网站、地区性的招聘平台和网站。

每个人的社会关系也是一个广大而有效的招聘渠道。每个人的一生可以认识1 000个有名有姓的人,而这些人又认识更多的人。很多时候,机会就是这些人带来的。

思考:请写出你所知道的三个本地主要招聘会、三个本地主要招聘机构、三个招聘网站以及三个其他的招聘渠道。

2)知识体系

同学们对技能的掌握情况千差万别,另外,切实有效的实习经验也会加大这种差别。因此,即使是同班同学,最后的就业结果也可能大相径庭。

思考:请写出自己以往课程的考试成绩,想一想这些成绩是否能代表自己真正掌握了这些知识?

3)项目经验

企业招聘时,对应聘者项目经验的考察是非常重要的一个环节。企业通过这样的考察,判断应聘者是否做过项目,是否能够解决实际问题,是否能从项目中获得技术上的提升。

思考:请写出自己做过的所有项目、自己在这些项目中担任的角色以及自己在项目中实际做出的贡献。总结自己的经验、能力与企业的差距。

4)应聘技能

任何事物都有一定的内在规律,应聘也不例外。每年都有许多如何写简历、如何面试的书和多媒体资料出现在市场上。

面对就业,行走职场,谁没有孤独、彷徨、焦虑的时候呢?只不过时间长短不同而已。对于就业，我们需要多一点点耐心。困难总会过去的，要相信自己的能力和价值。有时，机会出现在拐角处。我们只要多坚持一下，就能抓住机会。

就业准备从现在开始！请告知亲朋好友，我要就业了，充分利用他们身边的资源，多与老师沟通交流；开始学习应聘技巧，如准备优秀的简历，练习面试技巧等；针对需求提升自己，根据就业的实际情况，快速提升自己某方面的知识、技能和能力。

要多去感受目标完成后的感觉。比如世界著名的财富管理专家李•布劳尔说过：“我不会去为自己设定一些繁重的任务，而是每天设定一些小目标，然后思考‘为什么要这么干’。我每天都花时间想象如果自己身体健壮，会感觉如何？外在气质看上去怎样？能做些什么？在实现愿景的过程中，我也获得了自信。”

有了自信，我们的坚持能变得更长久。

知识点 1：工作经验和学习经验的比较

企业招聘一个人，考察的不是这个人能展现出什么样的才能，而是这个人能否完成这个岗位的工作。企业往往喜欢招聘有一定实际工作经验的人。因为这些人的工作经历可以证明他有能力完成企业提出的岗位要求。

职业教育容易培养出更有实战能力的人，而学历教育则容易培养出更有实战潜力的人。每个企业对这种能力的解释和要求都不一样，并且在不断变化。密切关注企业对人才的各方面要求，并对照自己取长补短，才能使自己的实力满足企业的要求。否则，再多的就业技巧也会成为空中楼阁。

知识点 2：如何快速提升实力

有的同学往往认为学会了很多的知识，能力已经很强，却忽略是否能够将所学知识融会贯通，是否学会了解决实际问题的思维方法。于是，到企业才发现自己还有很多不会的东西，尤其是知识的深度和熟练程度比不上那些有工作经验的人。

与其在正式应聘时被公司婉拒，不如应聘前做好实力提升的工作。面试时如果达不到公司的要求，是不可能得到预期岗位的。想进入企业后再去提升能力，这样的机会已经越来越少。过去的口头禅“给我一个机会，我将还你一个奇迹”现在已经变成了白开水一样的空口号。因为每个公司都知道，过去没有积累实力的人，将来也很难表现实力，更不要说创造奇迹了。

但是有些公司会有些学徒工或兼职一样的工作机会，这些职位一般只给少量薪水或不给薪水，这就是实习。实习是快速提升实力的最好机会。

我们要明确实习的目的。实习是为了更好地实践所学的东西，而不是真正就业，只要能达到实践和学习的目的，实习就是物有所值。实习相当于不交学费、由公司进行培养的学习,利远远大于弊。所以,实习机会现在越来越紧俏,学员一定要珍惜。

知识点3:实习的优点与缺点

学习的优点:可以提升自己专业上的实际工作能力;可以提升自己的人际交往能力;有些公司会从实习生中挑选表现较好的录用为正式员工;在公司实习,可以拓展自己的交往圈子,获得很多在圈外无法知道的就业信息和就业机会。

学习的缺点:可能会很辛苦,比如会有一个过渡期,这期间会从事与专业不相关的杂事,或者在很远的地方实习,来去非常辛苦。薪水回报太少,很多公司不愿意要实习生,考虑的是需要分派专门的人来引导实习生完成工作,还容易得不偿失,因此,有些公司给实习生的薪水很少或干脆不给。公司规模较小,学到的东西不多。

1)案例1:卖画的故事

有一个绘画者去问一个画家:"为什么我用尽了各种办法,卖一幅画至少要花一年的时间?而你却总能轻轻松松地一天之内把画卖掉?"

画家说:"你画一幅画只用了一天,卖这张画当然要用一年;如果你像我一样,画一幅画用一年的时间,那你只需要一天就能把画卖出去。"

启示:生活中,是否经常有类似的例子,有人找工作找了大半年也没有找到合适的,而有的人一开始就能找到满意的工作。这证明了产品的品质或实力才是招聘中决定性的因素,相关的技巧只能锦上添花而不能化腐朽为神奇。

2)案例2

一位女生,平时学习成绩中等,也没有项目实习的经验,但一直遵照就业老师的指导,掌握了很多求职方法和技巧。赴企业应聘时表现优秀,最后进入了北京一家中型外包企业。但一个月后,因为该学员能力太差,无法达到岗位要求,尽管学员十分努力,试用期不到还是被企业辞退。

启示:熟悉简历和招聘的规律,掌握投简历和面试的技巧,并不能代替个人的实际工作能力。应聘不是工作的结束,而是工作的开始,能力达不到要求,不仅面试不容易成功,工作中迟早也会暴露出来。

第一步 课前认知	
主要内容	教师评价
回答以下问题: (1)你认为什么样的工作是好工作?	

续表

(2)请写出你对就业市场的理解。 (3)结合自己的现实情况，你认为就业期望包括哪些内容？ (4)请写出自己看过的应聘资料名称。	

第二步　课堂学习	
主要内容	教师评价
(1)本堂课学习笔记： (2)请结合个人实习经历，谈谈你认为自己工作中可能会出现什么问题？ (3)你认为自己适合什么工作？喜欢做什么工作？ (4)你的能力和自己想从事的岗位在哪些方面是匹配的？ (5)结合个人求职意向，请思考，自己应该弥补哪些方面的知识才能满足岗位需求？	

第三步　课后拓展	
主要内容	教师评价
(1)识别你的职业需求。 （见表 9-1） 确定你所写的每个要求是“必须”，还是“希望”。 所有的“要求”都写完后，分析你选择它们的原因及其重要性。	

表 9-1　职业需求表

序号	职业要求	必须 / 希望
①		
②		
③		
④		
⑤		

续表

接下来，请认真考虑，当你一个一个失去它们的时候，你的感受会是怎样，并把它们写下来。 请把你不愿放弃的“要求”综合起来考虑，看哪些是你最不愿放弃的，并将它们排序。 （2）请总结自己在学校完成的项目有什么不足？ （3）请思考：我们可以通过哪些途径寻找实习机会？	

任务总结

（1）请总结：通过课堂学习、课下自学、小组交流、同学的分享，你了解了哪些具体知识？ （2）请思考：你对就业有计划吗？你对未来有计划吗？你的就业计划是长期的还是短期的？你将如何实施？ （3）通过本项目的实施，你有哪些感想、收获和成长？	
签名：	日期：
本团队成员对你的评价：	
签名：	日期：

续表

其他团队对你的评价：	
签名：	日期：
教师对你的评价：	
签名：	日期：

请学有余力的同学思考并学习整理如下内容：

(1)请认真思考，做一个详细的自我分析，并确定个人求职目标。

(2)请结合个人求职意向，做自我就业策划。

(3)结合目标岗位需求，分析自身差距，制定提升计划并实施。

项目 10 职业心态与综合素质训练

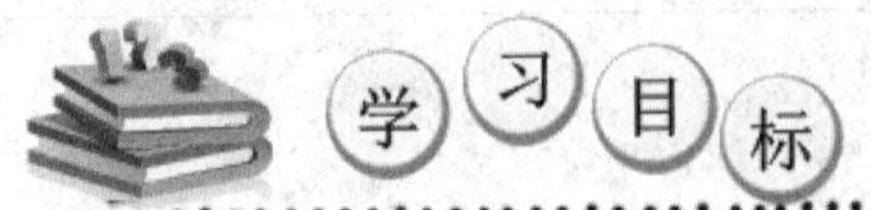

随着世界经济的不断市场化和全球化以及竞争机制的不断完善，中国的市场竞争急剧升级，企业分工更加专业化、细致化、精确化。相应的，对于职业人士而言，对其职业素养的要求就更加严格了。根据适者生存的法则，企业竞争常常表现为不同人群的比拼；所以，作为职业化的社会群体，企业唯有集中具备必要素质的人员并进行职业化训练，才能实现生存与发展的目的。

员工对职业的理解、认同、自豪感直接影响其工作状态与表现。如何拥有积极阳光心态，主动快乐地工作是所有职场人都需具备的职业素养。良好的职业素养应该是衡量一个职业人成熟度的重要指标，它表现出了职业人在从事职业中会尽自己最大的努力把工作做好的素质和能力，做任何事都是基于“工作目标”，不会因为个人的情绪、境遇和私欲发生改变，它是专业、敬业和良好职业道德的综合，良好的职业素养能将员工绩效发挥到极致。

通过本项目的实践，我们将达到如下目标：了解企业的具体用人需求；明确现代企业的用人标准；提高团队合作的意识；加强不断的学习意识；培养良好的工作心态；加强独自生存能力训练；加强职业道德培养。

本项目通过课堂学习让学生充分意识到职业心态与综合素质的重要性。通过学生自身有意识地自我分析，找到自身综合素质提升的方向，并制定具体提升计划。项目以小组为单位，一起研讨、分析、制定计划、相互监督执行，并辅以阶段分享和反馈，组织小组内相互学习，见证彼此成长，最后进行项目总结。

1. 项目相关知识结构图

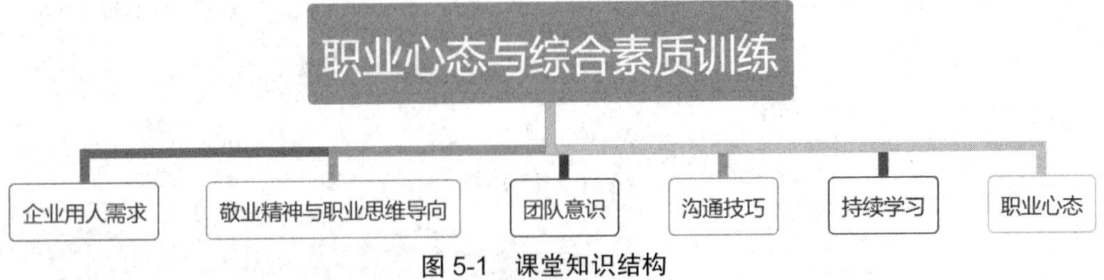

图 5-1 课堂知识结构

2. 相关知识点

知识点 1:企业用人需求

小组讨论

你认为企业需要什么样的人？ 你了解哪些企业的用人标准？ 小组讨论时间:5 分钟。 选 1 名代表分享本组研讨结果。

目前大学生的扩招人数逐年增加,这不仅给每年从象牙塔中走出来的高校毕业生带来巨大的就业压力,同时也给整个社会就业形势造成非常大的影响。从就业人数和能够提供的就业岗位来看,目前处于一个“供大于求”的局面,通俗一点讲就是现在是一个买方市场,挑选什么样的人才,完全是由企业来决定。这就要求我们需要详细了解企业的用人标准及需求,只有做到“知己知彼”,才能做到“百战不殆”。

现代企业用人的十大标准。

1)有良好的敬业精神和工作态度

近年来,对企业用人需求的调查结果表明,敬业精神及工作态度,是企业遴选人才优先考虑的条件。对企业忠诚和工作积极主动的人是企业最欢迎的;而那些动辄就想跳槽,耐心不足、不虚心、办事不踏实的人,则是私营企业最不欢迎的。一般来说,人的智力差别不大,工作成效的高低往往取决于对工作的态度以及勇于承担任务和责任的精神;在工作中遇到挫折而不屈不挠、坚持到底的员工,其成效必然较高,并因此而受到公司老板和同事们的器重和信赖。

2)有较高的专业能力和学习潜力

现代社会分工越来越细,各行各业所需专业知识愈来愈专、愈来愈精。因此,专业知识及工作能力已成为企业招聘人才时重点考虑的问题。但在越来越多的企业重视教育训练、自行培养人才的趋势下,新进人员是否具备专业知识和工作经验已不是企业选择人才所必须具备的条件,取而代之的是该人接受训练的可能性,即学习潜力如何。

所谓具有学习潜力,是指素质不错,有极高的追求成功的动机,学习欲望和学习能力都较强。近年来,企业更流行的做法是在招聘人员时加考其志向及智力方面的试题,其目的在于测验应聘者的潜力如何。

3)道德品质好

道德品质是一个人为人处事的根本,也是公司对人才的基本要求。一个人再有学问、再有能力,如果道德品质不好,将会对企业造成极大的损害。

4)反应能力强

对问题分析缜密、判断正确而且能够迅速作出反应的人,在处理问题时比较容易成功。尤其是私营企业的经营管理者面临诸多变化,几乎每天都处在危机管理之中,只有抢先发现机遇,确切掌握时效,妥善应对各种局面,才能立于不败之地。

一个分析能力强、反应敏捷并且能迅速而有效地解决问题的员工将是企业十分重视而大有发展前途的人才。

5)愿意学习新东西

现代社会,科学技术的发展日新月异,市场竞争瞬息万变,企业如想持续进步,只有不断创新,否则,保持现状即意味着落后。企业所开展的一切工作都是以人为主体的,因此,拥有学习意愿强、能够接受创新思想的员工,企业的发展必然比较迅速。

6)善于沟通

随着社会日趋开放和多元化,沟通能力成为现代人们生活必备的能力。对一个企业的员工而言,必然有面对老板、同事、客户的时候,甚至还需要处理企业与股东、同行、政府、社区居民的关系,平时经常会有与其他单位或个人进行协调、解说、宣传等工作,由此可见沟通能力的重要性。

7)能够“合群”

在当今的社会,一个人无论多么优秀与杰出,如果仅凭自己的力量也难以取得事业上的成功,凡是能够顺利完成工作的人,必定要具有集体主义精神。

员工要具有集体主义精神或合群性,几乎已成为企业的普遍要求。个人英雄主义色彩太浓的人在企业里不太容易立足,因为想要做好一件事情,绝不能仅凭个人爱好独断专行。只有通过不断沟通、协调、讨论,优先从集体利益考虑,集合众人的智慧和力量,才能做出为大家接受和支持的决定,才能把事情办好。

8)身体状况好

一位能够胜任工作的员工,除了品德、能力、个性等因素外,健康的身体也是重要因素。成功的事业源于健康的身体,一个身体健康的员工,做起事来精力充沛,干劲十足,并能担负较繁重的工作,不会因体力不支而无法完成任务。

9)自我了解

对人生进行规划或设计逐渐受到人们的重视。所谓人生设计,是指通过对自我的了解,选择适合的工作或事业,投身其中并为之奋斗,对财富、家庭、社交、休闲等进行切实可行的规划,以满足自己的期望。

人生目标明确,自我判断力强的员工不会人云亦云、随波逐流。他们即使面临挫折,也能努力坚持,不会轻易放弃,因而能在工作中发挥主观能动性。

10)适应环境

企业在遴选人才时,必然注重所选人员适应环境的能力,避免提拔个性极端的人,因为这样的人较难与人和谐相处,或是做事不够踏实,这些都会影响同事的工作情绪和士气。

新人初到一个公司工作,开始时必然感到陌生,但如能在最短的时间内熟悉工作环境,并且与同事和睦相处,取得大家的认同和信任,企业必定重视这名员工的发展潜力。反之,如果过于坚持己见,处处与人格格不入,即使满腹才学,也难以施展。

知识点 2:敬业精神与职业思维导向

案例分析

一个老款手机,第一次没修好,顾客返回维修,维修后发回;测试后还是没修好,又发回厂家维修;等维修后发给顾客,顾客发现还是没修好。

——某顾客投诉案例

假如你接到投诉,你的习惯反应是什么?

习以为常,都是老问题啦!

不管我的事,躲起来。

只要不出什么乱子就好!

作为职业人,你将如何思考?

企业员工需要时刻树立"职业神圣"的观念。一个人对自己的职业不敬,便是对这一职业的亵渎,其结果是会把事情做坏,给企业和个人带来双重损失。

作为职业人我们应该有清楚的角色认知,认清自己身处何位,应该做出什么样的贡献。做一个解决问题的高手。

请思考:职业人应该具备什么样的思考方式?你理解的职场规则有哪些?你认为该如何体现自己的工作价值?做好工作的内在动力是什么?

作为职业人,我们做事情的逻辑应该是关注需求、目标和方法。学会换位思考和主动工作,变"要我做"为"我要做"。不要"做一天和尚撞一天钟"而要"做一天和尚撞好一天钟"。

知识点 3:团队意识

案例分析

某公司用高薪从人才市场招了一位网络管理员小王,半年多来,小王在工作中表现突出,技术能力得到了大家的认可,每次均能够按计划、保证质量地完成项目任务。在别人手中的难点问题,只要到了小王那里,十有八九是迎刃而解。公司对小王的专业能力非常满意,有意提升他为项目主管,然而,在考察中发现,小王除了完成自己的项目任务外,从不关心其他事情；且对自己的技术保密，很少为别人答疑；对分配的任务有时也是挑三拣四；若临时增加工作，便表露出非常不乐意的态度。另外，他从来都是以各种借口拒不参加公司举办的集体活动。如此不具备团队精神的员工，领导认为不适宜做公司的部门主管。

请思考：工作中如何体现自己的团队意识呢？

什么是团队精神？

一位资深人力资源专家说，团队精神有两层含义：一是与别人沟通、交流的能力；二是与人合作的能力。员工个人的工作能力和团队精神对企业而言是同等重要的，这是说个人工作能力是推动企业发展的纵向动力。

团队精神的基础——个性。团队创造团队业绩，团队业绩来自哪里？从根本上说，首先来自于团队成员个人的成果。这里恰恰不要求团队成员都去完成同一件事情，而要求团队成员个人去做好这一件事情。

也就是说，企业最不可忽视团队高效率的培养，团队精神的形成，其基础是尊重个人的兴趣和成就。设置不同的岗位，选拔不同的人才，给予不同的待遇、培养和肯定，让每一个成员都拥有和表现特长。这样的氛围越浓厚越好。

团队精神的核心——团结协作、优势互补。团队精神强调的不仅是一般意义上的合作与共同出力，因为这最多带来“1+1=2”的效果，要发挥团队的优势，其核心在于大家在工作上加强沟通，利用个性和能力差异，在团结协作中实现优势互补，发挥积极协同的系统效应，带来“1+1>2”的绩效。社会学实验表明，两个人以团队的方式相互协作、优势互补，其工作绩效明显优于两个人单干时绩效的总和。团队的一大特色是团队成员在才能上应是互补的。共同完成目标任务的保证就在于发挥每个人的特长，并注重流程，使之产生协同效应。

团队精神的最高境界——凝聚力。全体成员的向心力、凝聚力是从松散的个人走向团队最重要的标志。在这里，有着一个共同的目标并鼓励所有成员为之奋斗固然是重要的，但是，向心力、凝聚力来自于团队成员自觉的内心动力，来自于共识的价值观，很难想象在没有展示自我机会的团队里形成真正的向心力；同样也很难想象，在没有明了的协作意愿和协作方式下能形成真正的凝聚力。那么，确保没有信任危机就成为问题的关键所在，而损害最大的莫过于团队成员对信任的丧失。

作为团队成员，要培养团队精神。必须要注重以下能力和品质的培养。

（1）培养表达与沟通的能力：表达与沟通能力是非常重要的，不论你做出了多么优秀的工作，不会表达，不能让更多的人去理解和分享，那就几乎等于白做。注重培养各个小团队精神，才能逐渐上升为大团队精神，才能使整个团队获得成功。

（2）培养主动做事的品格：每一个人都有对成功的渴望，但是成功不是等来的，而是靠努力做出来的。任何一个团队的成员，都不能被动地等待别人告诉你应该做什么，而应该主动去了解我们该做什么，自己想要做什么，然后进行周密规划，并全力以赴地去完成。

（3）培养敬业的品格：今天的事业是集体的事业，今天的竞争是集体的竞争，一个人的价值只有在集体中才能得到体现。成功的潜在危机是忽视了与人合作或不会与人合作。有些人的动手能力强，点子也不错，但当他的想法与别人的不一致时，就固执己见，不知如何求同存异。有的团队成员谈到自己的同事时，对同事很挑剔，不能客观看待别人的本质。实际上，团队中的每个人各有长处和不足，关键是成员之间以怎样的态度去看待，能够在平常之中发现对方的美，而不是挑他的毛病，培养自己求同存异的素质，对培养团队精神尤为重要。这需要我们在日常生活中培养良好的与人相处的心态，并在日常生活中运用。这不仅是培养团队精神的需要，也是获得人生快乐的重要方面。

(4)培养全局意识、大局观念：团队精神不反对个性张扬，但个性必须与团队的行动一致，要有整体意识、大局观念，考虑团队的需要。团队成员要互相帮助、互相照顾、互相配合，为集体的目标而共同努力。所以在工作中，有意识地培养全局观念极为重要。

为了培养团队精神，建议同学们在读书之余积极去参加各种社会团体的工作。在与他人分工合作、分享成果、互助互惠的过程中，可以体会到团队精神的重要性。

在学习过程中，千万不要吝啬于把好的思路、想法和结果与别人分享，担心别人走到你前面的想法是非常不健康的，也无助于你个人的成功。记住："你付出的越多，你得到的就越多"。试想，如果你的行为让人觉得"你的是我的，我的还是我的"，当你需要帮忙时，你认为别人会来帮助你吗？反之，如果你时常慷慨地帮助别人，那你是不是会得到更多人的回报？

在团队之中，要勇于承认他人的贡献，如果借助了别人的智慧和成果，得到了他人的帮助，就应该表示感谢。这也是团队精神的基本体现。

"快飞"并不是正确的目标，有些鸟飞得快，有些鸟飞得慢。如果飞的方向不对，只会离目标越来越远，也许飞慢一点反而更容易调整方向。目标定得越近越不容易迷失。指定一个实际、可达到的目标，会更容易实现。做最好的自己，只要日复一日地飞，只要目标比昨天近，就应该为自己感到自豪。

知识点 4:沟通技巧

沟通能力评估

请你就以下问题认真地问问自己。

(1)你相信沟通在组织中的重要性吗？

(2)在日常生活中，你会寻求沟通的机会吗？

(3)当你站在演讲台时，能很清楚地表达自己的观点吗？

(4)在会议中，你善于发表自己的观点吗？

(5)你是否经常与朋友保持联系？

(6)在休闲时间，你经常阅读书籍和报纸吗？

(7)你能自行构思，写出一份报告吗？

(8)对于一篇文章，你能很快区分其优劣吗？

(9)在与别人沟通的过程中，你都能清楚地表达你的意思吗？

(10)你觉得你的每一次沟通都是成功的吗？

(11)你觉得自己的沟通能力对工作有很大帮助吗?

(12)喜欢与你的上司一起进餐吗?

以上回答,回答"是"得1分,回答"否"不得分,得分在8~12分,说明协调沟通能力比较好;得分在1~4分时,说明协调沟通能力不太好,需要好好培养。

有些企业在面试求职人员时,往往会问求职者最开心的事情是什么,如果求职者回答最开心的事就是和朋友聚在一起,做好吃的与朋友一起分享,那么这个人的求职过程就会变得简单和容易。能做出这一回答的人,一定具备良好的团队精神和沟通能力,而且喜欢自己做事情。

能够有效沟通,意味着能够清楚而有说服力地传递信息、想法以及观点。钢铁大王施瓦布曾说过,他愿意付给有演说和表达能力的人更多的报酬。在人们面前清楚地说明一个构想,并说服对方接受或赞成这一构想,是一种杰出的能力。这一能力是做好工作的基础,更是提高自己绩效的保证。因此企业十分注重员工的沟通能力。

好的员工都具有好的沟通能力。他们无论在语言沟通还是书面报告中,总能清楚地表达自己的想法和观点,总能清楚地向下属传达公司的决策,没有任何异议和模棱两可的地方。良好的沟通能力保证了他所在的团队拥有明确的行动目标,具备快捷的反应能力和灵活性,从而保证了高绩效。

请大家研讨:如何与领导进行沟通?如何与同事进行沟通?如何与人面对面沟通?

知识点5:持续学习

故事分享

故事1:在一个漆黑的晚上,老鼠首领带领着小老鼠外出觅食,在一家人的厨房内,垃圾桶中有很多剩余的饭菜,对于老鼠来说,就好像人类发现了宝藏。

正当一大群老鼠在垃圾桶觅食之际,突然传来了一阵令它们肝胆俱裂的声音,那是一头大花猫的叫声。它们震惊之余,便各自四处逃命,但大花猫绝不留情,穷追不舍,终于有两只小老鼠躲避不及,被大花猫捉到,正要向将它们吞噬之际,突然传来一连串凶恶的狗吠声,令大花猫手足无措,狼狈逃命。

大花猫走后,老鼠首领从垃圾桶后面走出来说:"我早就对你们说,多学一种语言有利无害,这次我就因此救了你们一命。"

"多一门技艺,多一条路。"不断学习是成功人士的终身追求。

故事2:一个年轻人在沙漠中行走,忽然他听到一个声音告诉他,小伙子,从地上捡些石块放在你的包里,明天你会既惊喜又后悔。小伙子想,我怎么会既惊喜又后悔呢?带着这个疑问,他随便往包里装了几个石块,一夜无话。第二天早晨,小伙子打开包一看,石块变成了五颜六色、光彩夺目、价值连城的宝石。他真是既惊喜又后悔，惊喜的是石块变成了宝石，后悔的是自己捡少了。“书到用时方恨少”，说的不就是这个道理吗？学习是为将来做储备，只有不断学习，掌握了足够的知识、本领，你才会拥有发展的基础。机遇，永远等待有准备的人。

讲解要点

学习和思考能力决定了你在企业能走得多远飞得多高，因为任何项目都是需要学习和思考才可以改进或者创新。当一个人没有了从外界、从他人学习新东西的能力或者兴趣时，当一个人不愿意思考或者没时间思考并且排斥创新时，他的进步与成长之路也就停止了。关于学习：没有良好的学习心态，就不会拥有职业化行为；把握职业化的学习方向是成功的基础；空杯心态是职业不断进步的保障。

当下知识有两大特点：一是积累多，知识量大，多得叫人眼花缭乱，目不暇接；二是增长快，发展快，快得千变万化，日新月异。任何一项知识和技术都只有暂时性的意义，这使得人才成本的折旧速度大大加快。尤其在网络经济高速发展的时代，新事物、新情况层出不穷，适应这个多变时代的方法之一就是不断学习与提高。

在知识经济中，每个人获取知识多少很大程度上取决于个人的学习能力，形成自身的知识学习能力成为至高无上的任务。从某种意义上说，未来的“文盲”不是不识字的人，而是不会学习的人。

在这个知识与科技发展一日千里的时代，唯有不断学习，不断充实自己，不断追求成长，才能使自己在职场上始终立于不败之地。

竞争在加剧，实力和能力的打拼将越来越激烈。如果不去学习，就不能提高自己的能力，就会落后。职场中有些人，不去通过学习来提高自己的能力，而是去抱怨公司、老板对自己的不够重视。实际上，问题出在你自己身上，你不养成学习的习惯，不提高自己的工作能力，老板怎么会青睐你呢？

现在找一份满意的工作不容易，能“站住脚”更难。如果不能在工作中不断地学习，以提高自己的知识和能力，就算你曾是公司的元老，就算你是硕士、博士甚至博士后，你不能应付自己的工作，不能为公司创造更大的价值，老板也会为了公司的利益，把你辞退。

要想在激烈竞争的职场中胜出，就必须在工作中不断地学习，不断地吸取，以新的技能来支持你的成功。没有支持，就没有能力，能力是自己所学的知识、工作经验、人生阅历和他人的传授相结合的，能力的培养是和不断学习密不可分的，只有不断充实和完善自己，才能赢在各个起跑线上。

通过在工作中不断学习，就能提高自己的实际能力。作为一名企业的员工，无论是在职业生涯的哪个阶段，学习的脚步都不能停歇，要把工作视为学习的殿堂。你的知识对于所服务的公司而言是很有价值的宝库，所以你要好好自我监督，别让自己的技能落在时代的后面。

社会中的每个人都需要有很强的学习能力作为支撑。如果你不能与时俱进，不断地通过勤奋学习来充实自己，提高自己的能力，那你很可能从一个“人才”变成企业乃至社会的包袱。人才其实是一个动态的概念，他不是一成不变的，不是永恒的。它需要不断地发展，只有学习能力不断地加强和提高，才能保证人才的新鲜，这样的人才是信息时代的人才，才是真正意义上的人才。

对于优秀员工的成长来说，学习是十分重要的。从不懂到懂，直到成为专业能手，就是一个不断学习实践的过程。不学习将失去竞争力，在这个知识经济时代，我们必须注重自己的学习能力，必须要勤于学习、善于学习，并且终身学习，才能在激烈竞争的社会中立于不败之地。

知识点 6:职业心态

小组讨论

请对照在职场中成熟情感的八大要求，你认为自己在哪些方面还需进一步改进，并提出你的改进计划，见表 10-1。

表 10-1 职场情感要求对照表

职场中成熟情感的要求	你的实际行为	你的改进计划
善于与思想或习惯不同的人一起工作		
主动地承担与职责相关的责任，并敢于为结果负责		
独立地做出判断和决定		
控制自己的情绪		
善于接受别人的批评		
顾全大局		
找到幸福的感觉		
常有感恩之情		

心态是人的心理由于各种信息刺激所做出反应的趋向，积极正确的心态不是先天固有的，而是后天修炼获得的。到底如何修炼正确的心态呢？孟子说：“天将降大任于斯人也，必先苦其心志，劳其筋骨，饿其体肤，空乏其身”。苦其心志就是利用各种方式、方法、信息去激发正确心态的诞生。那么身在职场，我们应该具有怎样的良好心态呢？

（1）阳光心态：以积极、开放、感恩、知足、宽容的心态对待我们周边的人与事。

（2）感恩心态：以感激和回报的心情对待周围事物。

（3）老板心态：以老板的心态对待工作，也就是像老板一样，把单位当成自己的。

（4）主人心态：它不是当老板才有的心态，也不是老板的专利。不要只为薪水工作，事实上，薪水只是对工作者的一种报偿。一个人如果只为薪水而工作，没有更高的目标，并不是一种好的选择,受害最深的不是别人,而是自己。我们都是在为自己的工作。

(5)做事心态:做的越多好处越多,什么好处都要靠血水、泪水、汗水来换,这是对刚毕业大学生的忠告。

(6)吃亏心态:一个没有一点奉献精神,过于斤斤计较,就是一个自私意识过重的人,也就是一个不大气的人。永远不要怕吃亏,因为吃亏就是占便宜。

(7)包容心态:没有一种包容的心态,就没有一种和谐的氛围。你能包容谁,谁就能包容你。

(8)开放心态:心有多么开放,舞台就有多么广阔。

(9)家的心态:拥有了热爱,就拥有了家的感觉;拥有了家的感觉,就拥有了幸福的感觉。

知识点 1:初入职场寄语

(1)当遇到问题,你说别人有问题,你就立刻开始原地踏步了。

(2)当遇到问题,说这是我的责任,你就立刻成长了。

(3)公司找你,是来解决问题的,如没有问题,你的价值也就没有施展的机会。

(4)私下说公司不好,还要在公司上班,等于出卖自己的灵魂。

(5)一个人要成功,要么组织一支团队,要么加入一支团队。

(6)出丑才会成长,成长就会出丑。

(7)你的命运决定于你经常接触的人。

(8)思路决定出路,态度决定高度,格局决定结局,细节决定成败,素质决定一切,心态决定幸福。

知识点 2:与人面对面沟通的策略

策略一:80% 的时间倾听,20% 的时间说话。

一般人在倾听时常常出现以下情况。

(1)很容易打断对方讲话。发出认同对方的“嗯……”“是……”等一类的声音。较佳的倾听却是完全没有声音,而且不打断对方讲话,两眼注视对方,等到对方停止发言时,再发表自己的意见。而更加理想的情况是让对方不断地发言,愈保持倾听,你就越有掌控权。

(2)在沟通过程中, 20% 的说话时间中,问问题的时间又占 80%。问问题越简单越好,是非型问题是最好的。说话以自在的态度和缓和的语调,一般人更容易接受。

策略二:沟通中不要指出对方的错误,即使对方是错的。

你沟通的目的不是去不断证明对方是错的。生活中我们常常发现很多人在沟通过程中不断证明自己是对的,却十分不得人缘;沟通天才认为事情无所谓对错,只是适合还是不适合你而已。

所以如果不赞同对方的想法时,不妨还是仔细听他话中的真正意思。若要表达不同的意见时,切记不要说:“你这样说是没错,但我认为……”而最好说:“我很感激你的意见,我觉得这样非常好，同时，我有另一种看法，不知道你认为如何？”“我赞同你的观点，同时……”。要不断赞同对方的观点，然后再说：“同时……”，而不是说“可是……”“但是……”。顶尖沟通者都有方法进入别人的频道，让别人喜欢他，从而博得信任，表达的意见也易被别人采纳。

策略三：恰当地运用肢体语言。

很多人都知道肢体语言在沟通中的作用。但是，要恰如其分地运用肢体语言还是有一定的困难。要明确的是，同样的肢体语言，如果是不同类型的人做出的，它的意义很有可能是不一样的。另外，同样的身体语言在不同语境中的意义也是不一样的。因此，不但要了解肢体语言的意义，而且要培养自己的观察能力，要站在对方的角度来思考，善于从对方不自觉的姿势、表情或神态中发现对方的真实想法，千万不要武断地下结论。

在使用肢体语言的时候，要注意肢体语言使用的情境是否合适，是否与自己的角色相一致。少做无意义的动作，以免分散对方的注意力，影响沟通效果。

知识点3:职业人必备素质

1)勇于承担责任

(1)对自己的行为负责。

在企业中，经常可以看到一类人，在有困难的时候，总是逃避；当要为失败承担责任的时候，也总是把事情撇清得与自己毫无关系。但是当有荣誉的时候，他一定会尽力证明自己的功劳。当你也想这样做的时候，你要明白企业中，这样的人不是受团队欢迎的，更不用想会得到别人的信任和支持。

(2)对自己的选择负责。

路在自己脚下，命运在自己手，责任在自己肩上，在生活的路上，没有人有义务为你做些什么，也没有人会为你的选择承担什么，因此你一定要为自己的选择负责。

(3)尽职尽责。

有责任感的人不会找任何借口，上班迟到了，不是因为路上堵车，而是你起得太晚。工作没完成，不是时间太紧，而是因为能力不够。

(4)信守诺言。

所谓信守诺言指的是能按时、很好地完成答应别人的事，人与人之间的关系能否正常发展，很大程度上取决于人们对诺言的信守，守信用，是一个人对自己和他们负责的重要表现。

(5)培养你的责任感可以从以下几个方面开始。

认真履行各种义务；提高自我控制能力；养成守信用的习惯。

2)善于团队合作

美国著名心理学家荣格有个公式是这样的：我＋我们＝完整的我，这个公式的意思就是你一个人只有把自己融入到集体中，才能最大程度地实现个人价值，完善自己的人生。任何成绩的取得都是与他人协作的结果，不管你所处的是一个软件开发团队，还是销售团队，都是如此。我们只有融入团队才会实现自我业绩的突破，而融入团队的前提就是看到他人的长处，欣赏他人的优点。

3)积极热情

工作中会阻挡你成功的行为有以下几点。

(1)不知道自己为什么工作。

(2)缺少工作的动机是一件很可怕的事情,你有没有问过自己"我为什么工作"?

(3)被动地等待,被动等待不能产生变化,没有变化就没有新的价值产生,没有价值,那你还在等待什么?

(4)拖延和懒惰,俗话说:"今日事今日毕""明日复明日,明日何其多"。

(5)恐惧,人会害怕很多东西,不了解的会害怕,失败过的会害怕,困难的会害怕,很多时候由于恐惧不敢去尝试,不敢去争取,那么,怎么才能继续向前走下去呢?

你应该知道的几个积极的概念。

(1)你在为你自己工作。

(2)你的心态决定行为。

(3)养成良好的习惯。

(4)不要只是被动地等待别人告诉你应该做什么。

(5)既要虚心向他人学习,也要积极地推销自己。

4)结果导向

当今的企业,管理者越来越多地引进结果导向的管理标准。例如:绩效考核、绩效工资、末位淘汰等等。企业追求的是利润,如果没有业绩,无论你在过程中是不是努力了,结果都是一样的。

那么我们就来分析一下结果导向。结果导向有三个参数:目标、标准、时间。结果导向需要你了解结果目标、结果方向,同时以量化的方式,制定出可行的进度和成果指标。这样才能保证你所做的一切,都是为实现结果而服务的。

我们常常会听到领导说:"我要的不是过程,而是结果"。正是由于结果导向的目的性非常强,其最大的特点就是范围化,任何工作都有一个结果目标的衡量标准,在这个目标面前,没有人情,所有的问题只有两个答案:成功或者失败。

在企业中领导者与员工是一对多的关系,那就意味着管理者不可能全程跟踪每个员工的所有工作。员工在工作中遇到什么困难、付出多少努力、员工自身能力的高低,都是管理者不可能完全掌握的,那就需要通过结果导向来考评。

5)服从领导

服从也是一种素质。服从是组织观念的一种形式;服从是责任感的表现形式;服从是对上级的认同和尊重的表现形式;服从是领导能力的基本表现形式。

在企业中学会服从:企业是个人的发展平台;服从保证公平的工作环境;服从会使得整个企业组织的各个环节有效率;服从是下属尊重领导的最好方式;服从不等于盲从;总有你服从的理由,只是你不知道;不理解的也要服从;有异议的也要服从;不要总是被动地服从,而要主动地开拓。

6)自动自发

生活是一种习惯、一种过程、更是一种积累,生活对于每个人都只有一次,所以自动自发、主动争取是我们应该具备的职业素养。

企业是以利润为目标,而不是以你为中心,所以,作为企业不会主动去了解你所擅长的工作,它只能通过交办给你的任务完成得情况来判断,所以,如果交办给你的工作并不是你擅长的,但你能够做好,比和上司争辩或是拖沓对抗更有说服力。作为职业人士,很多企业交给你工作,理由只有一个,就是"企业需要"。很多人在做事情的时候,总想着对自己有没有好处,如果这样你很可能失去工作,如果连工作都没有了,还谈什么其他的呢?

在企业中,“无功便是过”,如果你的业绩没有给企业产生效益,那么你的薪水自然也就不会增加了。我们应该对那些用毕生精力去经营一家企业的人表示敬意,他们不会因为下班的铃声而放下工作。他们因为努力去使那些漫不经心、拖拖拉拉、被动偷懒、不知感恩的员工有一份工作而日增白发。许多员工应该想一想,如果没有老板们付出的努力和心血,他们将可能失去一份工作。

大多数人想要改造这个世界,但却少有人想去改造自己。

7)自我主导

每个人都渴望成功,没有人自甘平庸。但是成功并不简单,要明确自己的目标,了解、自己的竞争力,坚持不懈地努力。

大家也常会说:“命运掌握在自己手中”,这些都是强调我们需要具有自我主导精神。

我们在处理事情的时候,往往会遇到一些熟人,会让处境很尴尬,或者有时候处理问题,在做决定的时候往往会考虑到人的因素,失去公平,左右为难。这个时候我们要记住一点“我是对事情负责,而不是对某个人负责。”

同样,当你做决策的时候,也不要因为队员的能力高于你,或者给出不同意见就畏首畏尾、失去主见。我们要做的是积极地听取不同意见,但是记住这件事是我做主,最后决定就应该是由我来做。

人都有一个特点就是“求同”,不希望自己是另类的;同样,也喜欢用自己的思维方式去衡量别人,这样很容易就让别人影响你的想法,然而,你就是你,别人不可能取代你,既然无法取代你,那又为什么因为别人的想法而改变你自己的想法呢?

8)全力以赴

最近的一档创业类真人体验活动中发现,很多人都喜欢为自己的失败辩解:“我尽力了”,可是尽力就可以了吗,你是否全力以赴了呢?要知道你追求的不是别人的梦想,而是你自己的,对于别人,你的失败和过错并没有多大差别,而对你自己却不一样。

你是要全力以赴还是尽力而为?大家往往把工作仅当做工作,这样的态度,是根本不可能全力以赴的,最多是尽力而为。

全力以赴是一种精神、追求和信念,是一种不达目的誓不罢休的决心;而尽力而为往往成为处事的理由和事后推卸责任的借口。

机会常常对每个人只有一次,很多人都会后悔当初,可是再后悔也不会有时光机带你回到过去。所以,当机会来临,我们要全力以赴,如果这样就算失败也无怨无悔。

就像世界没有完全相同的两个人一样,机会也是无法替代的,如果你失去了,那么将是永别。珍惜眼前的机会,全力以赴面对。

事实上,每个人都是在为自己工作,无论是为了工资还是为了梦想,因为工作,你才可以获得你自己想要的东西,但如果不努力,就会失去这个机会,没有了工作,你还能得到什么呢?

1)名企用人需求

(1)百事可乐——潜能、品质更重要。

潜能、品质和单纯的学历相比,百事更加重视员工的潜能与品质、团队协作和发展。百事在面试、招聘员工时，特别注重三大方面——专业能力、管理能力（潜能）和个人品质。他们强调，一个优秀的百事员工，应具有在既有能力基础上培养发展的可塑性（潜能）。

应聘实用提醒：百事建立了一套自己独有的目标选材系统，进入百事一般要经过 3~4 次面试。面试前，公司根据职位的能力要求对理想人选设定统一标准。在面试过程中，运用科学的方法来考察应聘者的能力和潜力，最后形成一致意见。

（2）格兰仕——“人才蓄水”呼唤应届毕业生。

如果你走进格兰仕集团，迎面可以看到一块广告牌“人是格兰仕的第一资本”。格兰仕的门永远对高素质人才敞开，一直大胆采用人才，形成“F1 方程赛”一样的“能者上，庸者下”的格局。

应聘实用提醒：对于新人的聘用，会将其放到基层锻炼，然后从中筛选出优秀的人才，提拔使用。格兰仕把这一举措称为“人才蓄水”。最近几年来，格兰仕已经有数位大学生脱颖而出，担任区域经理、营销中心经理等重要职务。

（3）西门子——考知识只用 5 分钟。

在西门子，招聘人才往往是能力考核占 40 分钟，经验考察占 30 分钟，而知识考察仅用 5 分钟。因为知识面并不是最重要的，能力才是最重要的。一个人的知识量，两三年的时间就可以改变，经验也会随之改变。

应聘实用提醒：对于吸引、选拔和引进人才，西门子都有一套独特的操作模式。比如说新员工第一天上班，会发现，自己的办公室弄好了，电脑已经摆好了，桌子上还会放着一盒刚印好的名片和一份第一天工作日程的提醒。西门子还特别注重学习与培训的管理，在德国建了一个培训中心，专门做人才培训。

（4）索尼——成绩只是参考。

在索尼，不会刻意强调刚刚毕业的大学生与有经验者的区别，也不会刻意对大学生的专业提出要求。索尼认为新员工一开始不懂并没有什么，只要认真学就可以了。他们在选择员工时会更注重五大标准。首先是好奇心，对于新生事物是否有很强的猎奇能力，有很强烈的创造欲望。其次是恒心，既然好奇了就应该尝试去做，不能半途而废。第三是灵活性，因为一个产品包括很多个环节、很多项功能，因此必须要有灵活性，和大家配合，这一点很重要。第四点要求员工有很好的心理素质，能接受失败，承受打击。第五点就是乐观，为某个环节的失败放弃全部是最大的失败，员工要接受经验教训，把下一件事情做好。

应聘实用提醒：在考察评价应届毕业生应聘者时，索尼不会过于关注考试成绩，它起的只是参考作用。但他们会通过不同的方面，来考察应聘者是否具备索尼要求的素质，比如在校期间参加的各种实习和活动、投寄简历的方式、面试时的着装、交谈时的仪表仪态等。

（5）丰田——在“打杂”中提高。

丰田公司长年积累了一套自己的模式，所以更注重基本综合素质，很重视语言交流能力，因为公司从事的很多工作都是指导性工作，如培训、管理等，跟经销商、用户的沟通非常重要。这点是丰田公司首要要求。

应聘实用提醒：由于各个部门业务内容不太一样，新人刚来时会做一些辅助性工作，但这并不意味着你就是打杂的，或者只是做文秘性工作。在这个工作当中需要你有创意，需要有自己的想法。比如要求你做个文件，只把初步想法告诉你，然后就是你自己考虑怎么把它做成一个完整工作，这就是能力提高过程。做这些辅助性工作的同时也是你提高的过程。

在面试过程当中应该注意细节，比如面试时候坐的姿势，在日资公司，你不要翘着二郎腿坐着，或者交叉胳膊放在胸前，给人感觉得很傲慢，你需要非常谦和的态度，规规矩矩坐在那里。别人谈话时候你应该注意倾听而不是发出不以为然的笑声。

（6）欧莱雅——集诗人和农民于一身。

理想的欧莱雅人应该以公司总裁欧文中先生的一句“名言”来概括——“集诗人和农民于一体”，要像诗人一样富有激情和创造力，又要像农民一样勤恳、踏实。欧莱雅公司招聘时，更倾向于有主动性、创造力又能接受规则的年轻人，而不倾向于自视过高又不喜欢做一些具体工作的人。

应聘实用提醒：欧莱雅中国公司目前近3000名员工中，95%以上员工本土化。欧莱雅的员工都很年轻，人员年轻化在中国更是明显，很多人由于表现极佳，年纪轻轻就被委以重任。如今，公司将近80%的员工均为应届毕业生或者经验在两年以下的新人。这是一种明显倾向新人的招聘策略。

欧莱雅有很多方式对人才进行选拔：广招实习学生，积极与各知名高校合作，采用网络招聘的方式，每年成功地吸引着高素质的年轻人竞相应聘。

（7）TCL集团——你就是我们要的人才。

TCL集团对大学毕业生的基本要求：成绩优秀，品行优良，有良好的团队合作能力；毕业时，毕业证、学位证、报到证三证齐全；非英语专业本科生通过大学英语四级和计算机二级以上考试，英语专业通过英语专业八级，研究生通过大学英语六级；身体健康，无肝炎，无精神病史，无其他传染性疾病。

（8）佳能——拿得起，放得下。

佳能的选人标准首先就是能够在工作上拿得起、放得下。公司给你一个工作，你要在工作时间里完成你的工作职责，当然是出色完成更好，能够达到满意度要求，那就是人才。因为一个组织是由不同的岗位和不同的人来组成，没有说总经理才是人才，一般的职员不是人才。

应聘实用提醒：在佳能看来，学历并不重要。因为在公司里面有不同的岗位，不同的岗位由不同的员工去做不同的事情。只要专业知识达到一定的程度，面试条件合适的话，就会被录用。而且佳能在招聘的时候没有限定专业，有营销类、IT类、财会类、物流类、人事管理类、教育类和发展类，有不同的工作，所有没有太多的专业限制。

（9）安利——选才重在诚信。

安利对人才的要求很基本，也很严格，以下五大要求配合了安利独特的企业文化及业务发展的需要。

应聘实用提醒：① 优良的品格：营销人员无论在何时都应将言必信、行必果作为基本信条，一旦发现有假学历、假文凭者，即使已经是经理级职务，为公司做出过巨大贡献，也照样会开除。② 良好的沟通能力：由于安利是以“店铺销售加雇佣推销员”方式经营，所以营销人员必须面对面地与顾客交流、解释产品用途，通过对顾客需求的了解实现互惠互利。③ 合作的团队精神：安利鼓励员工尽心尽力地为团体合作的长远利益而努力，从而增进相互之间的信任。④ 优秀的专业水准：除了具备良好的专业知识和沟通合作能力，还要懂法律知识。⑤ 良好的服务意识：安利要求销售人员不仅要让顾客感到亲切，更要将健康和美的理念传递给顾客，提供全方位的服务。

（10）北电网络——“软”“硬”兼要

在招聘过程中，北电更注重应聘者两大方面的素质：一方面是硬指标，所谓硬指标就是专业技能；第二是软性指标，软性指标是越来越被重视的一些指标，比如敬业精神和勤奋，比如说团队精神、沟通能力、学习能力、创新和解决问题的能力。

应聘实用提醒：在招聘的时候，一般以下几个职位是面对应届毕业生的：第一个，软件开发工程师，第二个，软件测试工程师，第三个，软件环境开发工程师。这三个职位大约要招 150 至 200 人。还有招一些无线网络市场人员，也是面对应届生的。北电网络中国公司对员工的英语水平要求是偏高的。每一次招聘员工时都会做英文测试，无论是技术部门，还是销售部门、市场部门。因为北电网络中国公司要向设在加拿大多伦多的总部汇报，总部发的一些指令性文件，也全部是英文的。

2)企业中的四类人

(1)“人在”。

该类员工工作意愿不高，能力也不强。他们最大的特征就是当一天和尚撞一天钟，一般情况下，他们不迟到、不早退，但在没有监督的情况下就会偷懒。这样的员工既无才又无德，不过他们也并非一无是处，只要处于监督之下，他们也可以将份内的工作顺利完成。

(2)“人才”。

该类员工能力比较强，但是心态不好。他们最大的特征就是有才华，具有一定的专业才能。但是他们会经常发牢骚，贬低自己的领导和同事。领导安排给他们任务，他们通常也不会用心去做，他们喜欢的是有挑战性的工作。对于这样的员工，领导通常都是限制性地使用。

(3)“人材”。

该类员工能力虽然不强，但是心态很好。他们态度积极，工作认真，对公司、企业忠诚度高，珍惜目前的工作。虽然他们能力不强，但是可以获得比别人更多的培训学习机会。因为领导相信他们经过锻炼以后一定可以成为企业真正的骨干。

(4)“人财”。

该类员工态度好，能力也高。他们的特点是积极主动工作，创新性地完成岗位工作，为企业创造价值与财富。不但高度认同企业文化，而且在组织工作中起到核心和主导作用。这样的员工非常受领导的器重，被列入提拔重用的名单中。当一个人的能力还有缺陷的时候，态度就能够起到很重要的作用，能够在很大程度上弥补技能和知识的不足。

3)职场沟通——在拒绝别人的时候要注意什么

(1)积极地听。

拒绝的话不要脱口而出。不要在他人刚开口时即予以断然的拒绝，不容分辩、过分急躁的拒绝最易引起对方的反感。应该耐心地听完对方的话，并用心弄懂对方的理由和要求，要站在对方立场上认真地思考，一定要显示出明白这个要求对其的重要性。让对方了解到自己的拒绝不是草率做出的，是在认真考虑之后才不得已而为之的。

(2)以和蔼的态度拒绝，首先感谢对方在需要帮助时可以想到你，并且略表歉意。

过分的歉意会造成不诚实的印象，因为如果你真的感到非常抱歉的话，就应该接受对方的请求。不要以一种高高在上的态度拒绝对方的要求，不要对他人的请求流露出不快的神色，更不要蔑视或忽略对方，这些失误都是没有修养的具体表现，会让对方觉得你的拒绝是对他抱有反对态度的机械反应，从而对你的拒绝产生逆反心理。从听对方陈述要求和理由，到拒绝对方并陈述理由，都要始终保持一种和蔼的态度，表示出对对方的好感和真诚之心。

(3)要明白地告诉对方你要考虑的时间。

我们经常以“需要考虑考虑”为托词而不愿意当面拒绝请求，内心希望通过拖延时间使对方知难而退，这是错误的。如果不愿意立刻当面拒绝，否则应该明确告知对方考虑的时间，表示自己的诚信。

（4）多使用抱歉语。

用抱歉语舒缓对方的情绪及抵抗，对于他人的请求，表示出无能为力，或迫于情势而不得不拒绝，一定记得加上“实在对不起”“请您谅解”等歉语。这样，便能不同程度地减轻对方因遭拒绝而受的打击，并舒缓对方的挫折感和对立情绪。

（5）真诚地给出拒绝理由。

说明拒绝的理由不要只用一个“不”字就想让对方“打道回府”，而应给“不”加上合情合理的注解，以使对方明白，自己的拒绝并非毫无理由，也不只是出于借口，而是确有一些无可奈何的原因，确有某种难以说出的苦衷。最好具体地说出理由及原委，以请求对方的谅解。

给出真诚的并且符合逻辑的拒绝理由，有助于维持原有的关系。如果你觉得拒绝的理由不充分，也可以直接拒绝不说明理由。千万不可编造理由，因为谎言终究会被揭穿。当你说明理由后，对方试图反驳，你千万不可与之争辩，只要重申拒绝就行了。争辩会把理性转化为感性。

（6）提出取代的办法。

你的拒绝必定会给请求者造成一些麻烦，影响他的计划正常进程，甚至使他的计划搁浅，这时你若帮他提供一些其他的途径和办法，当然更能减轻对方的挫折感和对你的怨恨心理。向对方表达你愿意帮他的诚意，并缓解对方的被动局面，从而赢得对方的好感。

（7）对事不对人。

一定要让对方知道你拒绝的是他的请求，而不是他本人。拒绝之后，最好可以为对方指出处理其请求的其他可行办法。

总之，成功地拒绝他人的不实之请可以节省自己的时间和精力，还可以免除由不情愿行为所带来的心理压力。关键在于拒绝前必须将对方的利益放在考虑范围之内，才能做到两全。

把握好了以上几点原则后，我们在具体的工作场合，再根据具体的情况需要来采取不同的拒绝策略，这样，才会避免双方的感情受到伤害、影响工作的和谐气氛。

在企业管理中，总有一部分人会站到领导对立面，这些人狂妄自大，对组织管理造成威胁，被称为“刺儿头”员工。对管理者而言，如何处理与这些人之间的关系实在是一大挑战。但是，如果这些人没有过硬的本事，通常情况下，会被炒鱿鱼。作为刚走入职场的新人，我们要学会在工作中察言观色，千万不要一不小心和那些同事站到同一个阵营，成为与领导对立的一个人。当然，在注意避免发生这种情况的同时，我们还要尽量争取与领导搞好关系。一般情况下，要想与领导搞好关系可遵从下面技巧。

4）与领导沟通的技巧

（1）学会当仁不让。

没有人天生就会做一个新的工作，经验都是在做的过程当中学习和积累出来的，因为害怕失败就放弃机会，没有比这更没有出息的了。你的领导也会失望，不是因为你没有做好工作，而是因为你连尝试的意愿都没有。如果你真的努力做了，即使没有达到领导的预定目标都没有什么关系，至少你努力过了。

（2）凡事多动脑筋。

不可能人人都是天才，但也不能人人都是木头。一般而言，领导如果让你做到 1，他会点拨到 0.5，但他希望你能想到 2 甚至 3，假如你连想都不想，就那么照方抓药似地做了，肯定不会出彩。领导喜欢的是创造性地理解，然后发挥，而不是没有任何自己的思想。只有凡事多动脑筋，多学习别人的长处，你才会得到领导的赏识。

（3）少发牢骚，多做事。

一个满腹牢骚的员工在职场中肯定是不受欢迎的，自以为背后发牢骚无伤大雅，却难免隔墙有耳，而且与同事发牢骚也难免被他故意或无意散布出去，小则影响形象，大则惹怒领导，影响前途。本来你仅仅只是宣泄一下压抑的心情，却被变得被动了。

遇到不顺心的事，多往好的方面想，如果是觉得公司制度不合理，也多提针对性意见，意见也要提得有水平，要提到点子上。这样做，比起一味地抱怨不合理要受欢迎。

（4）多站在领导角度考虑问题。

将心比心，多站在领导的角度思考一些问题，很多事情便会豁然开朗，而不是站在与领导对立的立场上想问题，做事情。

（5）多学本领。

没有一个下属不愿意跟领导搞好关系，跟领导搞好关系的基础是什么？是要有自己的一套，能干活，而且还要干得漂亮。工作出色的人不管在哪里都是受欢迎的，尤其更易受领导的器重。

5）与同事沟通的技巧

和同事相处，看起来似乎是一个很简单的问题，但在实际生活和工作中，并非如我们想象的那般简单，其中也有许多人陷入了求全责备的误区。

俗话说："金无足赤，人无完人。"生活、做人的道理我们都懂，但一遇到具体的事情，我们却常常要求他人尽善尽美；一旦发现或意识到同事身上的缺点或不足，就开始求全责备，由于对对方身上的一些无关紧要的方面看不顺眼，而拒绝同对方进行很有价值或很有意义的合作。这种由于非本质的好恶而排斥同对方合作的做法，是事业上的一种失败。

是的，清高、孤僻、个性太强，这些都是缺点和不足，然而问题是，这个人身上还有你所需要的优点和长处，后者才是他个人的价值所在。所以，当遇到类似这样的问题时，你首先要考虑的是同事身上的优点，要想和同事之间合作得更默契，相处得更融洽，我们还需要掌握一点，那就是学会适当地赞美他人。

请记住，如果你突然发现了别人的某些优点，那么不要犹豫，请立刻告诉他。没有比这个更能赢得别人好感的了。

在交往中，适当地赞美对方会让你迅速获得对方的好感。对他人真诚的赞美，正如沙漠中的甘泉一样让人的心灵受到滋润。而当你赞美他人的时候，别人也就会在乎你的价值，你对他人的赞美也会让你获得一种不容易得到的成就感。在由衷的赞美给对方带来愉快以及被肯定的同时，你也会十分难得地分享到一份喜悦和生活的乐趣。

在你的生活和工作当中，也应该这样，以鼓励代替批评，以赞美来启迪他人内在的动力，使其自觉地克服缺点、弥补不足。渐渐地，你就会发现，这种办法比你去责怪、去埋怨要有效得多。这样将会让你拥有越来越多的朋友，创造出一种和谐的气氛，从而给工作带来十分积极的影响。

每一个人都希望受到周围人的称赞，希望自己的价值被认可，渴望对方发自内心的赞扬。鉴于此，我们不妨掌握一些说话的技巧，适当地赞美一下自己的同事。要想做到这一点，在与同事相处的过程中，我们一定要把握以下几点：要表示出先注意"对方"，然后再提到"自己"；要把对方放在主要地位，而把自己放在次要地位；多用引起对方注意的词句，让他感到你值得信赖；表示对对方的话题感兴趣，这本身就是对对方的赞美；在对方遇到困难时，要表示出对他的帮助之意。

从心理分析的角度来说，人的思维总是排斥“你是你，我是我”的言辞，而更倾向于“群体”。如果群体当中有你，这个群体给你温暖感和保护感，你自然就不觉得孤单和寂寞了。因此，在工作当中，如果有人发现自己的行为与大众不一样，心里就会感到不安。

所以，当你和同事在一起时，如果你不想让同事疏远你，要学会说“咱们”，因为这十分微妙。在汉语中，用“咱们”，对方会不知不觉和你找到共同的感觉。

其实，人人都喜欢美的事物，但称赞尺度和场合必须恰当。所以，在工作中赞扬同事要把握尺度，不要过分地赞扬同事，那会给人肉麻的感觉。另外，在赞美的过程中，我们一定要注意避开利益话题，尤其是在领导面前。

如果我们把对领导的赞美仅限于工作业务，在领导和同事看来都是动机不纯的嫌疑，所以，我们在日常生活中要学会寓赞美于工作之外，就领导的爱好、特长、兴趣等方面进行赞美也就避开了这种麻烦，而且在闲谈中可以增加沟通，增进感情。

适度的赞美并不是单纯的奉承，是搞好同事关系、得到接纳的一种好方法。诚恳和适当的赞美会让人心情愉快，提高被赞美者对赞美者的评价，同时降低对方的防御，接下来的事情也就可以进行得更顺利了。真诚的赞美，于人于己都有重要意义。

在工作中，谁都可能有失误，谁都有可能陷入尴尬的境地。因而，给人一个台阶，是为人处世应遵循的原则之一。给人一个台阶，最能显示出一个人的良好修养。只有襟怀坦荡、关心他人的人，才会时刻记得给人一个台阶。给人一个台阶，往往会赢得友谊、得到信赖。给人一个台阶，往往是拥有朋友的开始，也是自己成功的开始。

同一个办公室里有年龄、条件相仿的同事是件很讨厌的事，人人都会把你们两个拿来比较，本来没有心结的慢慢也会感染不自然的情绪。其实办公室同事间本来就是既合作又竞争的关系，若换个角度想，以健康心态看待竞争关系，当同事能力愈来愈强，等于是在无形中促使你提升实力。更何况，在全球化时代，本来就不应该把眼光局限在一个办公室的同事，而应该将同行业的精英视为真正的竞争者，如此一来，自然就不需要把同事当“对手”看待了。

当然，排挤同事的人一定会遭到其他人的排挤；另外，把同事当作阻挡前途的障碍的做法，一定也难以在办公室里立足。因此对于在办公室里跟自己有工作关系的人，不妨试着去赞美他，或请他帮一个小忙，往往可以神奇地化解彼此之间的敌意，当然，如果对方碰到一些尴尬的事情，如果我们能够主动给他找到可以渡过难关或者摆脱窘境的台阶，也一定会赢得对方的信任和感激。

其实，世界上没有十分完美的人，所以在工作中，我们也要学会适应他人、迎合他人，这也是主动给人找台阶的的一种行为。

6）职场中成熟情感的要求

在现实生活中，人们对职场中的成熟情感的要求有8种。

（1）善于与思想或习惯不同的人一起工作。

要善于与思想或习惯不同、做事方法不同的人共同工作，一个情感非常成熟的人可以在一个团队里出色地与不同的人工作，甚至能与很多互补的人一起工作，这种能力是必须具备的。

（2）主动地承担与职责相关的责任，并敢于为结果负责。

要主动地承担与职责相关的责任，并敢于为结果负责。在工作中经常遇到令人头疼的事情就是有些人不承担他的责任，甚至推卸责任，该做决定时却拖着不做决定。如果作为一个在职场里的情感成熟的人，就应有一种承担责任的能力，并敢于为结果负责。

（3）独立地做出判断和决定。

做事不会反复无常，重要的事项无需依赖别人或等待指示，可以独立地进行判断和决定。人们经常说："不在其位，不谋其政"，其实不在其位也应先要谋其政，因为当公司考核个人业绩时，主要是看他在日常工作中的表现是否符合一个更高层次的要求、是否有独立地做出判断和决定的能力。

（4）能控制自己的情绪。

当遇到别人激动时有能力使其恢复平静，并控制自己的情绪，这也是工作中经常碰到的情形。因为处理工作中的冲突时，自己的情绪必然会影响到工作。客观地看待别人提出的意见，特别是与自己不同的意见，从中对自己的行为进行反思，并制订相应的改正计划和措施。

（5）能善于接受别人的批评。

人们都喜欢听别人的表扬，当听到别人批评时就会反驳。常言道"忠言逆耳利于行"。一定要记住，别人给你提意见正是关心和爱护你的具体表现，一定要善于接受别人的批评。

（6）顾全大局。

遇到不喜欢的工作也要顾全大局，要按指令完成工作。不能随心所欲地只干自己喜欢的工作，不喜欢的工作就不干或怠工。要从企业的大局出发来认识自己工作的重要性，主动和圆满地完成本职工作。

（7）找到幸福的感觉。

从目前的收入、工作、家庭和社会中找到幸福的感觉，而非愤世嫉俗，这是一种个人的境界。有的人在职场里表现得不错，因为他需要这份工作，但每当他回到家里时心理就不健康了。所以保持个人心理健康是使个人在职场里得到成就、完全独立地生活，并为社会做出贡献的关键因素。人生活在社会里，社会又由大家和小家构成，个人要有一种责任感和义务感，要为家庭承担责任和义务，同样也应为企业承担责任和义务。

（8）常有感恩之情。

认识到自己的能力与周围的环境时刻息息相关，对人和物常有感恩之情。当你平时看到人和事对你有帮助时，你的心态自然也相应地会有所改变，你如果和在职场里遇到的人和事有特别好的磨合，你就能非常容易地在一个团队里跟大家一起工作，并能客观地看待自己所取得的成绩，而并非只为满足自尊心而工作。

第一步　课前认知	
主要内容	教师评价
回答以下问题： （1）你认为职场成功的要素有哪些？	

续表

（2）你认为身在职场，为何要谈职业素养？ （3）你认为什么是职业？你觉得职场是一个什么样的地方？	

第二步　课堂学习	
主要内容	教师评价
（1）本堂课学习笔记： （2）请思考：你做事越多，错的越多，怎么办？ （3）请思考：如何才能包容他人，与他人和睦相处？ （4）你认为学习力低下的具体表现与特征有哪些？ （5）请思考：获得最佳学习效果的关键是什么？	

第三步　课后拓展	
主要内容	教师评价
（1）思考：你将用怎样的态度来对待你的工作？ （2）你认为职场需要哪些必备素质？	

<table>
<tr><td colspan="2">(1)请总结:通过课堂学习、课下自学、小组交流、同学的分享,你了解了哪些具体知识?

(2)通过本项目的实施,你有哪些感想、收获和成长?</td></tr>
<tr><td>签名:</td><td>日期:</td></tr>
<tr><td colspan="2">本团队成员对你的评价:</td></tr>
<tr><td>签名:</td><td>日期:</td></tr>
<tr><td colspan="2">其他团队对你的评价:</td></tr>
<tr><td>签名:</td><td>日期:</td></tr>
<tr><td colspan="2">教师对你的评价:</td></tr>
<tr><td>签名:</td><td>日期:</td></tr>
</table>

请学有余力的同学思考并学习整理如下内容:

(1)阅读书籍《我为什么不要应届毕业生:大学生到底被谁抛弃》。

(2)根据自身实际情况,明确自身综合素质需要提升的方向并制定具体的提升计划。

(3)整理读书心得并在小组内分享。

项目 11 简历制作

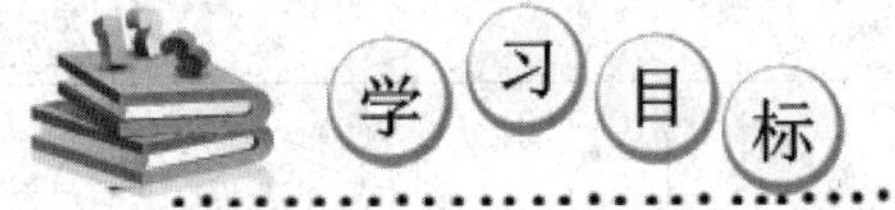

简历，顾名思义，就是对个人学历、经历、特长、爱好及其他有关情况所作的简明扼要的书面介绍。简历是个人形象，包括资历与能力的书面表述，对于求职者而言，它向未来的雇主表明自己拥有能够满足特定工作要求的技能、态度、资质和自信。成功的简历就是一种营销武器，它向未来的雇主证明自己能够解决他的问题或者满足他的特定需要，因此确保自己的面试成功。

以为自己是专业人才，知识储备丰富，相对其他学生来讲项目经验多，就一定能被心仪的公司看中，从而忽略简历的作用，这是大多数面试者折戟沉沙的主要原因。那么，作为求职者该如何写好自己的简历呢？通过本章的学习你将了解简历的基本要素和组成，通过训练，你将掌握制作一份优秀简历的技巧。

通过本项目的实践，我们将达到如下目标：

- 认识到简历制作环节在求职过程中的重要性；
- 掌握简历的基本要素和组成；
- 了解简历制作过程中的一些典型问题；
- 发现自己在简历制作方面的不足，并通过一步步的训练得到提升。

我们知道面试是求职的第一步，得不到面试机会，即使公司跟你匹配度再高，也于事无补，而简历是面试的敲门砖。写一份优秀的简历，所花费的时间并不长，却能给你带来面试机会，能让你找到适合的公司，何乐而不为呢？求职的方式有很多，但是简历适用于每一种、每一阶段的面试，招聘官认知你的第一步就是通过简历，所以它的好坏，直接影响到求职的成败。制作优秀的求职简历是迈向成功的第一步。

1. 项目相关知识结构图

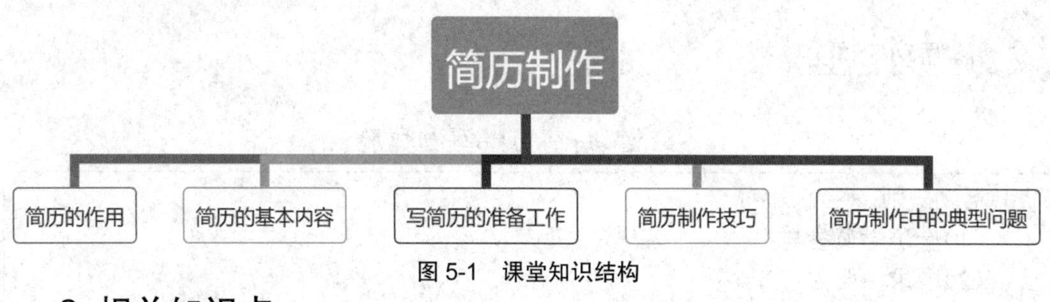

图 5-1　课堂知识结构

2. 相关知识点

知识点 1:简历的作用

案例分享

据某网站统计,规模较大的企业一般每周要接收 500 至 1 000 份电子简历,其中的 80% 在管理者浏览不到 30 秒种后就被删除了。要让别人在半分钟内通过一份 E-mail 对你产生兴趣,这与跟用人单位直接见面相比要难得多。

上周就业部的老师推荐一个同学去 ×× 企业面试,结果学生没有成功,就业老师跟企业沟通后发现,原来问题出在简历上,透过学生对简历的态度,人力资源部经理也可以判断一个人做事情的态度。

总结:一份简历对于一个求职者具有重要意义。看到一份心仪的工作正在招聘,你很想去试一下。事实上,你有可能是这个职位的最佳人选,但是如果你的简历不能吸引到招聘人员,还是可能会失去机会。面对即将开始的招聘会,从未踏出校园的学生该如何写好自己的求职简历?怎样让你的简历在极短的时间内吸引到筛选者的眼球?现在我们来试一试吧!

为什么用人单位不直接给你面试机会?为什么要把简历做得尽量精美?我们需要清楚地知道简历递出去要达到的目的:广告一样,多快好省地把自己“推销”出去,因此千万不要太冗长;使你在众多求职者中凸显出来;获得面试的机会;证明你是适合这份工作的最佳人选。

简历的作用：我的“名片”——展示自己；我的“敲门砖”——帮自己赢得面试机会。

知识点 2：简历的基本内容

活动：简历撰写初体验

活动规则：

（1）全班学员参与；

（2）要求主要内容齐全；

（3）写完后，交给任课老师。

注意：时间控制在 20 分钟以内。

总结：简历书写简单吗？那接下来在我们的讲解过程中大家也校验一下自己的简历是不是合格的呢？

请大家思考下列问题。

1）企业希望了解什么

你是谁？

你想做什么工作？

你能做什么工作？

知道了企业的需求，对应的简历中应该包含基本信息、求职意向、教育经历、工作经历和其他相关信息。其实简历所呈现的内容是要告诉招聘者：

（1）你是谁？因为他不认识你；

（2）你想干什么？这也是他想问你的；

（3）你能干什么？招聘者希望你能用实力证明你自己。

2）简历的基本要素和组成：基本情况、求职意向、项目经验或工作经历、教育背景

应将姓名、性别、联系方式等必填项置于简历前端，使阅读者一目了然。

工作经历或项目经验中要突出自己的优势。

教育背景书写时，学历要按照由高到低的次序写，突出自己的最高学历。

个人特长及爱好、专业化的技能是具有差异化的部分，因人而异，因职责要求而异。

简历不是很多人认为的用来填写个人的“丰功伟绩”，或者仅仅是把工作经历、学习状况罗列一下。只要你的简历没有引起招聘单位的注意，那么你的这次应聘就是失败的。

注意简历撰写的出发点：尽可能地引起用人单位的注意。实际上，招聘单位希望求职者的简历或求职信有足够的信息，让他们提供面试机会，对其作更进一步的了解。如果求职者了解到这一点，并能提供给用人单位最关注的信息，那么就能引起招聘者的充分注意。

简历，顾名思义，言简意赅，切忌啰嗦。不要太具体，把细节问题留到面试时去展示。而许多人的简历要么复杂得像写传记，要么简单至极。简历一般情况是一页，如果太长，招聘者不一定有心思看。

知识点 3:写简历的准备工作

课堂活动:你来做招聘官

提问:如果你做招聘官，你会选中什么样的简历并邀请求职者来面试呢？
你的简历书写是从哪一项工作开始的？
(1)分组进行。
(2)小组讨论，时间为 10 分钟。
(3)每一组由 1 名代表就本组讨论结果发言。
注意:活动时间限制在 15 分钟。
总结:撰写简历从求职调研开始。

不要想着自己能够一下子就能做好所有自己想做的事情，就像一个从来没锻炼过的人，突然要去跑马拉松，这是不现实的。如果想坚持做好一件事，就要把目标变小。

1)撰写简历从求职调研开始

(1)自我调研:了解自己的特点。自己喜欢什么？兴趣在那里？自己能做什么？能力在哪里？

(2)企业调研:找到适合自己的领域。

三要素:你想进入的行业;目标行业中的典型公司;典型公司中的典型职位。

明确调研目标:熟悉公司的情况;了解该企业的招聘规则;更好地体会工作性质。

从有经验的人那里了解信息，不仅为了应付招聘，而且可以更好地了解工作性质。

2)明确简历目标

针对某一招聘信息而准备简历;为不特定招聘而准备简历。

3)简历写作的信息整合

结合调研情况准备简历相关信息，例如:

(1)罗列出自己受教育的情况;

(2)自己所工作过的公司名称、职位、任职时间、主要职责以及取得的业绩和工作经验;

(3)总结一下自己的沟通、协作、创新、学习能力，在写简历时才能做到有的放矢、言之有物。

总之，在明确简历定位后我们开始着手准备相关信息，并确定简历的格式是时序型、功能型、综合型、履历型还是图谱型。

如果现在是你在找一份适合的工作,并且没有人能帮到你,那么你需要一份合适的简历,认真对待简历,将简历做好,这样才能敲开面试的大门。

知识点 4:简历制作技巧

小组讨论

(1)简历制作应注意哪些方面?
(2)你在简历制作过程中重点关注了哪些问题?
(3)整理一下你写简历的体验和心得。
(4)时间为 5 分钟。
(5)每组选 1 名代表上台分享。

如何制作一份完美的简历呢?

1)针对性强

企业对不同岗位的职业技能与素质需求各不一样。因此,建议最好能先确定求职方向,然后根据招聘企业的特点及职位要求进行量身定制,从而制作出一份针对性较强的简历,忌一份简历"走天下"。

2)言简意赅

一个岗位可能会收到数十份甚至上百份简历,导致招聘者查看每一份简历的时间相当有限。因此,建议求职者的简历要简单而有力度,大多数岗位简历的篇幅最好不超过两页,尽量写成一页(技术相关工作岗位的简历可写成两至三页)。

3)突出重点,强化优势

一是目标要突出,应聘哪个岗位,如果简历中没有明确的目标岗位,则有可能直接被淘汰;二是突出与目标岗位相关的个人优势,包括职业技能、素质及经历,工作成果尽量量化,用数字和案例说话。

4)格式方便阅读

目前网络上提供很多简历模板,这只能起参考作用,毕竟每个人的情况各不一样,那些模板未必适合你。因此,建议求职者慎用网络上提供的简历模板及简历封面,而是应该根据自身的情况进行合理设计。正常情况下,一份简历包含个人基本信息、求职意向、职业技能与素质、职业经历四大部分,个人也可视具体情况进行增减。

5)逻辑清晰,层次分明

要注意语言表达技巧,描述要严密,上下内容的衔接要合理,教育及工作经历可采用倒叙的表达方式,重点部分可放在简历最前面。

6）客观真实

诚信是做人之根本，事业之根基。一个不讲诚信的人，很难在社会上立足。同理，如果你在简历中弄虚作假，将会失去更多的机会。即使你能侥幸获得面试机会，但有经验的招聘者在面试过程中一般都可以发现作假，你将因此被拒之门外。一个连诚实都做不到的人，企业拿什么信任你？因此，建议求职者在写简历时一定要做到客观、真实，可根据自身的情况结合求职意向进行纵深挖掘、合理优化，而非夸大其辞、弄虚作假。

知识点 5：简历制作中的典型问题

自我评估

课前准备：准备 5 份典型的简历，每份简历体现了一种简历制作中常有的误区。 第一个突出问题：个人照片模糊不清，而且是黑白照片。 第二个突出问题：装订精美，篇幅太长。 第三个突出问题：语言空洞，口号多多。 第四个突出问题：花里胡哨，视觉杂乱。 第五个突出问题：信息量太少，过于简单。 课堂：展示各简历范本，请同学们分析有什么不当之处，并作分享。 总结：按照每份简历反映的突出问题总结简历制作中的注意事项。

简历中典型的问题。

（1）千篇一律，空洞无物。不少求职简历没有写出自己的专业特点，更没有反映个人特长，却在简历中表明自己哪一项技术都精通，给人无所不能的感觉；这些大话空话没有实质性的内容和说明自己的专业特长是什么、专业能力怎样。仅仅罗列了“参加了很多项目”“技术能力强”等词语，很难吸引用人单位的招聘者。

（2）过于抽象，没有重点。对个人经历的介绍过于抽象，能反映自己技术水平的项目经验也不着重去介绍。这样的简历给人以技术能力不强的印象，是很难打动人的。

（3）夸大其词，华而不实。有些人在简历中有意夸大自己的能力。简历上说“亲自组织过某项活动”，在面对招聘者时却又说不出个所以然，实际只是部分参与或者协助别人去做过某个项目。

（4）缺少真诚，盲目投递。不去了解用人单位的招聘条件，而只是准备一个样式的简历，盲目投递，结果自然就会造成求职简历被扔进废纸篓。

（5）内容繁多，篇幅过长。篇幅太长的简历，招聘者不会花很多时间去看的，简历要求精炼、简短，一般长度在一到两页。

（6）信息量少，过于简单。过于简单的简历显然不合要求。

知识点1:简历的内容

一份简历,一般可以分为四个部分。

第一部分为个人基本情况。应列出自己的姓名、性别、年龄、籍贯、政治面貌、学校、专业、婚姻状况、健康状况、身高、爱好与兴趣、家庭住址、电话号码等。

第二部分为学历情况。应写明曾在某某学校、某某专业学习以及起止期间,并列出所学主要课程及学习成绩,在学校和班级所担任的职务,在校期间所获得的各种奖励和荣誉。

第三部分为工作资历情况。若有工作经验,最好详细列明,首先列出最近的资料,后详述曾经的工作单位、时间、职位、工作性质。

第四部分为求职意向,即求职目标或个人期望的工作职位。表明你通过求职希望得到什么样的工种、职位以及你的奋斗目标,可以和个人特长等写在一起。

为体现不同人群的特点,四部分的排序及组合可根据实际情况有所出入。

知识点2:简历怎么写?

个人简历可以是表格的形式,也可以是其他形式。个人简历一般应包括以下几个方面的内容。

(1)个人资料:姓名、性别、出生年月、家庭地址、政治面貌、婚姻状况、身体状况、兴趣、爱好、性格等。

(2)学业有关内容:就读学校、所学专业、学位、外语及计算机掌握程度等。

(3)本人经历:入学以来的简单经历,主要是担任社会工作或加入党团方面的情况。

(4)所获荣誉:三好学生、优秀团员、优秀学生干部、专项奖学金等。

(5)本人特长:如计算机、外语、驾驶、文艺、体育等。

个人简历应该浓缩学生生活的精华部分,要写得简洁精练,切忌拖泥带水。个人简历后面,可以附上个人获奖证明,如三好学生、优秀学生干部证书的复印件,外语四、六级证书的复印件以及驾驶执照的复印件,这些复印件能够给用人单位留下深刻的印象。

写履历表要注意的问题是:

(1)首先要突出过去的成就,过去的成就是体现你能力的最有力证据,详细把它们写出来,会有说服力。

(2)履历表切忌过长,应尽量浓缩在两页之内,最重要的是要有实质性的东西。

(3)履历表上的资料必须是客观存在的,千万不要吹牛,因为谎话一定会被识破。要本着诚实的态度,有什么写什么。

(4)和写求职信一样,资料不要密密麻麻地堆在一起,项目与项目之间应有一定的空位相隔。

(5)切记不要写对申请职位无用的东西。

知识点 3:简历格式

1)时序型

有许多职业指导和招聘专家认为时序型是简历格式的很好选择,因为这种格式能够演示出持续的职业成长全过程。时序型格式以渐进的顺序罗列你曾就职的职位,从最近的职位开始,然后再回溯。区分时序型格式与其他类型格式的一个特点是罗列出的每一项职位下,你要说明你的责任、该职位所需要的技能以及最关键、突出的成就。关注的焦点在于时间、工作持续期、成长、进步以及成就。

2)功能型

功能型格式在简历的一开始就强调技能、能力、自信、资质以及成就,但是并不把这些内容与某个特定雇主联系在一起。职务、在职时间和工作经历不作为重点,以便突出你个人的资质。这种类型的简历格式关注的焦点完全在于你所做的事情,而不在于这些事情是在什么时候和什么地方做的。

功能型格式的问题在于一些招聘人员不喜欢它。人们似乎默认这种类型的格式是为那些存在问题的求职者所用的:频繁跳槽者、大龄工人、改变职业者、有就业记录空白或者存在学术性技能缺陷的人以及经验不足者。一些招聘人员认为,如果你没有以时序方式列出你的工作经历,那么其中必有原因而且这种原因值得深究。

3)综合型

这种格式提供了最佳选择,首先扼要地介绍你的市场价值(功能型格式),随即列出你的工作经历(时序型格式)。这种强有力的表达方式首先迎合了招聘的准则和要求,推销你的技能、自信和资质,并且通过能够满足潜在行业和雇主需要的工作经历来加以支持。而随后的工作经历部分则提供了曾就职的每项职位的准确信息,它直接支持了功能部分的内容。

这种综合型格式很受招聘机构的欢迎。事实上,它既强化了时序型格式的功能,同时又避免了使用功能型格式而招致的怀疑。当功能部分信息充实,有阅读者感兴趣的材料,而且工作经历部分的内容又能够强有力地作为佐证加以支持时,尤为如此。

4)履历型

履历型格式的使用者绝大多数是专业技术人员或那些应聘的职位仅仅需要罗列出能够表现求职者价值的资信,例如医生就是使用履历型格式的典型职业。在履历型格式中无需其他,只要罗列出你的资信情况,如就读的医学院、实习情况、专业组织成员资格、就职的医院、公开演讲场合以及发表的著作等。换句话说,资信说明一切。

5)图谱型

图谱型格式是一种与传统格式截然不同的简历格式。传统的简历写作只需要运用你的左脑,你的思路限定于理性、分析、逻辑以及传统的方式。而使用图谱型格式你还需要开动你的右脑(大脑的这一半富于创意、想像力和激情),简历也就更加充满活力。

知识点 4:制作个人简历的九大禁忌

在你寄出简历之前,用“九不”标准来检查一下你的简历。

(1)简历的修饰。不要为省钱而去使用低廉质粗的纸张。检查一下是否有排版、语法错误，甚至水渍、咖啡渍。在使用文字处理软件时，使用拼写检查项并请你的朋友来检查你可能忽略的错误。

（2）字符大小。如果你需要用两页纸来完成简历，请清楚、完整地把你的经历和取得的成绩表现出来。不要压缩版面，不要把字体缩小到别人难以阅读的程度。

（3）真实。不要虚构日期或职务名称，不要掩盖你曾经失去工作的事实、频繁更换工作的事实或你从事过较低的职务。如果你未来的雇主去做背景调查发现你在撒谎，那你就和你的工作说“再见”吧！

（4）陈述你的才能。如果你缺少工作所需的经验，不要在简历中使用时间表达法，通过功能表达法或技术表达法，优先来陈述你相关的工作经验和技术。

（5）推出你的长处。不要仅仅抄写你公司人事手册中关于工作性质描写的术语。为了显示你比其他竞争者更有优势，你需要的不是简单地列出你的工作职责，还要列出你所完成的特殊贡献、增长百分比、客户增加数、赢取的奖励等。

（6）不要用任何借口。不要把你离开所从事工作的理由写在你的简历上，例如“公司被售出”“老板是个白痴”或“谋求高薪”等。

（7）你最近在干什么？不要简单地陈列你所从事过的每个职位，人事部经理最感兴趣的是你近10年来的经历，所以请把重点突出在最近和最相关的工作经历上。

（8）确定目标。不要按照报纸上的公司招聘广告把你的简历一一寄出，如果你的条件与工作要求相去甚远，不要投递简历，仔细阅读广告，如果你有合适的资历再去投递。

（9）请不要寄附件。当你寄你的简历时，不要把你学习成绩单复印件、推荐信或奖励证明复印件一并寄出，除非你被特别要求这样做。如果你获得面试机会，你可带上这些材料。

1）简历制作失败的表现

就业求职难，难如上青天。在人才市场“供”远大于“求”的今天，就业求职几乎是每一个职业人士不愿面对却又不得不面对的事情。而大学应届毕业生，由于缺乏工作经验和社会经历，在职业市场中本身就竞争力严重不足，再加上缺乏求职技巧和求职经验，往往使得求职之路更为漫长，甚至一个面试机会对他们来说都是非常难得。事实上，求职并没有想象中的那么难，97%的大学生求职简历不能有效地突出自身的竞争力，简历做得非常失败。主要表现为以下几方面问题：

（1）篇幅过长。

问题：绝大多数简历，篇幅过长，简历中只有不到4%的简历控制在一页中，剩下的都是厚厚的一本，包括奖状、证书等等。而这些厚厚的内容是企业所需要的吗？

独之秀职业顾问建议：应届毕业生的简历最好控制在一页以内，最多不要超过两页，主要内容包括个人信息、学习情况以及主要课程、所掌握的技术、社会实践、校园活动、个性特征、英语计算机证书等。其中各类证书和奖励列出一个清单即可，不必每样都复印一份放在简历后，像本书一样厚厚的，招聘官员并不乐意也没有时间去看。

（2）重点不突出。

问题：几乎100%的简历，重点不突出，这是大学生简历中最大的问题。不能在简历有限的空间中，将自身的竞争力体现出来，吸引企业招聘人员的关注，有些根本与应聘无关的信息占了简历大部分空间。

独之秀职业顾问建议：用人单位对一个应届毕业生最关注的是其学习情况以及学习能力、所掌握的技术、学生的个性价值观、气质等是否和企业吻合，以及班级校园活动和社会实践中所体现出来的各方面综合能力、素质和潜能。因此大学生的简历重点要用在体现这些因素上，要体现出具体在实践实习中承担的每一项工作，具体怎样完成的。

(3)主观性描述太多。

问题：诸如我聪明活泼、友善大方、英语口语流畅等等赞誉之词过多，甚至占了很大篇幅。100% 的简历都描述自己各方面优秀，但都是主观性的描述，筛选简历者和招聘人员是不会相信这些描述的。

独之秀职业顾问建议：主观性自我夸耀的描述应尽量减少，甚至删除。因为这些描述不仅不能让招聘人员对你刮目相看，还会让你有自我吹嘘的嫌疑。每一个应聘者都会在简历中说自己各种好，但是有几个能让面试官相信呢？想让招聘人员了解你的能力，只要把你曾经从事过的各种实践和在实践中的成就列举出来，招聘人员就可以自己作出判断，完全不需要画蛇添足地自己来描述。比如，说自己英语口语流畅，还不如说你曾经在什么口语大赛上获得过什么奖项。

(4)格式套用。

问题：简历格式几乎千篇一律，不仅没有创意，而且不能突出自己的优势。

独之秀职业顾问建议：简历的设计应该因人而异，不可拘泥于格式。排版上以突出你的竞争力为主线。比如没有工作经历的应届毕业生一般可以重点介绍自己的学习成绩、学历能力、社会实践和特长，并列举一些事例来证明，切不可像那些具有丰富工作经验的求职者简单地概括自己曾从事什么工作。而一些广告策划、文案、美术设计等专业的简历则最好在介绍完自己的情况后，在后面附上一些自己的得意作品，不能说简历要简单，我也用一张纸好了。特别是美术设计专业的求职者，最好可以设计一份与众不同的简历，来表现自己的创造力和想象力。

(5)有利信息和负面信息。

问题：简历上有利信息没有，负面信息却太多。

独之秀职业顾问建议：有利信息一定要写全，而负面信息要尽量避免。像年龄、性别、联系方式，希望工作地点等这样一些信息都可以帮助求职者顺利找到合适的工作。特别是联系电话一定要写上，如果你只是简单地写了个邮箱或者宿舍号码，可能会错失很多良机。另一方面，一些对你不利的因素就应该尽量避免，比如外貌不是你的优势甚至是劣势，那你就完全没有必要把照片贴上去了。当然如果你的形象非常适合你所应聘的职位，那么照片就成了一个非常有利的信息。如果你要应聘的职位不在你所在的城市，那么你的地址最好不要出现，有可能的话最好换上一个应聘职位所在城市的电话。还有，在封面问题上，如果你并非出自名校，就不要加带有母校标志的封面，这只会告诉别人你是一名应届生，从而增加你求职的难度。其他像一些薪水要求、血型、婚姻状况等，如果招聘单位没有特别要求，也没有必要一一列举。

其实，设计出一份成功的简历并没有什么难的，重要的是明确自己的求职目标，清楚自己的优势和劣势，从自己的实际情况出发。

2)猎头怎么看简历

猎头对清楚明了的简历青睐有加，对繁复冗长的简历送上白眼，尤其是对一些空泛的修饰词众多却无实际内容的简历。前程无忧上海咨询部的陈小姐表示若是割舍不下那些修饰词,可以把这些内容放到简历中去。陈小姐还表示,她倾向于将工作经验放在简历的最前面,从哪年到哪年你做了些什么事情,当时你的职位是什么,职责是什么,主要成绩如何。

前程无忧上海咨询部的王女士认为,不要把学历放在最前面,因为对于职场资深人士来说,含金量更高的是实际工作经验而非学历。她提出了"摘要"这一观点,即把个人职业生涯亮点、重要战绩以语词形式概括出来放在简历的开头,让猎头一目了然你的"卖点"是什么。主要成绩是王女士关注的重点,如果是经理级别,写上你管理过多大的团队;如果是销售,业绩是最有说服力的;如果是市场人才,推广成功过哪些品牌,成功上市过什么产品,组织过哪些成功的展览及PR活动;如果是项目经理,则要把项目大小、规模、参与人数、团队角色统统包含在其中。

(1)有的放矢,针对性强。

经常会出现这样一些情况,某公司招聘销售类管理人员,接到的简历却五花八门:有从事行政人事的、培训的、财会的,就是没有相关的行业经验,这只能是浪费双方的时间。同时一份好的简历应该根据不同的职位有明显的针对性和侧重点。例如某人以前从事人事行政工作,当他要应聘的职位是人事经理时,就应着重把他在人事方面的经验和能力详细描述,而不能主次不分,把行政方面的经验也大肆渲染,喧宾夺主。

(2)无关经验,力求简约。

如果你不是应届毕业生,则大可不必将你在校时的光辉历史都列举出来(某些杰出技能除外)。但如果在工作中接受过专业培训或嘉奖,应该特别列举出来,培训可以使职员更快地掌握某项技能或操作方法,这对个人实际工作能力是非常重要的。

工作经验是重中之重。许多求职者认为简历就是要求简,便只列出他曾经工作过的公司的名称和职位。其实,现在的公司多如牛毛,即使是国际知名公司,其不同的分公司也经营不同的产品,用人单位根本不可能凭一个公司名称就知道你从事过何种业务。所以简单的公司介绍是很必要的,内容应该包括该公司提供的产品和服务、在行业中的地位和影响力及其他有关的说明。要特别说明的是,某些求职者为了个人原因而省略了公司名称,这是很不明智的,会错失机会,也会使用人单位怀疑你求职的诚意。

职位说明同样必不可少,因为同一职位在不同的行业、不同的公司会有不同的内涵。对从事销售和市场类职位的从业人员来说,如果有业绩数据加以说明会更有说服力;如果是IT类人才,则列举工作中使用的计算机语言和应用程序必不可少。另外,如果条件允许的话,还可以在每一份工作的后面列明离职原因,那样会使用人单位对你有更全面的了解,从而对你的成功应聘起到一定的帮助作用。最后需补充说明的一点是,写中文简历时,工作经验的时序是从第一份工作开始一直写到最近的那份工作,而英文简历的顺序则恰恰相反,是从最近的写到第一份工作。

(3)自我推荐,做个有心人。

前程无忧上海咨询部的陈小姐表示,若是自我推荐投递简历,千万要做个有心人,记录一下在何处看到招聘这个职位的信息。作为高级人才,若是自己投过的简历自己也忘了,那岂不叫人啼笑皆非?而这种情况在现实中绝非偶然。在投递简历的时候,自荐人一定要了解一下公司背景和工作职责,要有充分理由及清晰的思路表达出"为什么觉得自己是合适人选?"英语当然是硬条件,然而最重要的一点是要表现出对职位的兴趣和热情,这点通常会给猎头留下深刻印象。

3)工作经验并非越多越好

一份简历是否能入得招聘者法眼,很多时候依赖于工作经验部分发挥光芒,而简历的含金量高低,通常也取决于求职者对以往工作经验的呈现。别天真地以为工作经验越多成功几率就越高。选择有“分量”的工作经验填充你的简历,而不要只求“量”不求“质”。聪明的做法应该是“对症下药”,即针对你所申请的不同职位,筛选与之相关的工作经验。具体步骤如下。

(1)研读招聘广告,经验填写投其所好。

在填写工作经验前,首先要学会读懂招聘广告,掌握其传递出的信息,招聘广告中最重要的无疑是职位描述和职位要求,因此工作经验这一项就该“投其所好”,将你以往的工作经验进行提炼总结,通过工作经验部分告诉招聘者,你就是他们要找的那个人。比如招聘广告中要求应聘者“注重团队合作”,你在写作工作经验时就不要一味地强调所有的成绩都是你个人努力的结果,而需要适当地表明团队的作用,并说明你在工作过程中所起到的关键作用。

(2)言简意赅,业绩成果最重要。

写简历不是写小说,千万不要试图把工作中的细枝末节全部呈现在简历中。一是招聘者看简历只抓招聘岗位关键词,过于繁琐的文字介绍势必会将你的简历关键字淹没,进而让招聘者丢弃你的简历;二是写简历要有所保留,可以在面试交谈时给招聘者一点惊喜。

在你描写工作经验时,用词必须简练,不要只针对工作本身,业绩和成果更为重要。比如说销售经理这个职位,基本上得写明:公司、职位、汇报对象、下属人数、职责和销售业绩。但形容词过多,诸如“突出的贡献”“业绩有了显著提高”“富于成效的方案”之类的描述并非客观事实,无法让招聘者有直观感受。其实,你可以用头衔、嘉奖或者数字来突出所取得的成就。头衔意味着你在公司的地位,更意味着你的职责;嘉奖意味着他人给予的客观肯定;数字则是最量化、直观、有力的证据。此外,还可以以突出描述来吸引招聘者的注意,比如就职于“全国最大的招聘网站”“全球最大的百货商场”等等。

4)领会经典问题,让简历吸引住招聘者

个性的年轻一代成批进入职场,这是一个激动人心的开端,更是一个挑战与机遇并存的起点。面对纷繁复杂的招聘信息,面对花样百出的招聘启事,面对网络、推荐等等招聘手段,如何制作一份吸引招聘者眼球的简历?如何通过一纸简历打动招聘者,打开面试之门?

(1)没有相关经验怎么办?

提问:我一直想从事人事方面的工作,对于这方面的经验不多,之前做过前台方面的工作,海投了一些简历,之前有人打电话让我面试,结果一去别人说没经验。现在有人打电话,一看招聘上面写的要求我可能达不到,就不怎么想去,怕去了又来句没有经验,我应该去不去?

回答:你看起来还没有到走投无路的地步,别人邀请你去,你就认真准备,别以为在家里你就不能涨经验。你也可以学习关于人事方面的知识,不管是书还是网站,保持每天看了2个小时。

(2)投简历回复少,怎么办?

提问:我现在毕业1年,之前在一家金融网站工作,因为公司裁员的原因离职了,找工作找了近两个月,但是投简历被回复的很少,这是为什么?

回答:现在是求职的淡季,今年企业也普遍困难,裁减了求职岗位。

(3)转行简历怎么写?

提问:我工作了5年。现在要去一个陌生的行业面试,和以前的工作一点关系也没有,那么我简历上的经历该怎么写呢？

回答：很多职业技能和你做哪个行业关系不大，这些可以重点写写，你只需要证明你有很快熟悉专业知识的学习能力。

（4）投简历无果，没信心怎么办？

提问：我投简历大概有100份，但是没收到几个面试电话，是因为我的简历问题吗？该怎么办呢？别人都面试四五家了，我现在没一点信心了。

回答：你投的100家单位你花了多少时间去了解其中的几家？写一些有针对性的简历，这是一个改进的方向。

（5）要不要把不相关的工作经验写在简历上？

提问：我去年大学毕业，专业是计算机，也有参加过Java培训，但是培训完之后就一直没从事该行业，现在想转Java这行业。像我这样的情况该怎么写简历呢？要不要把与Java不相关的工作经验写在简历上呢？再一个就是企业注重这些问题吗？我目前希望的是有公司给我这个平台，就算薪资方面再低我也能接受。我现在转回去还有可能吗？

回答：写无关的经历没有用，人刚刚毕业想怎么转型都来得及，就怕你没恒心坚持。

地球上的每一份工作都需要简历。如果不在寄出简历前仔细检查你的简历，那你的简历就很有可能被扔进废纸篓。

第一步　课前认知	
主要内容	教师评价
回答以下问题： （1）你认为简历的作用是什么？ （2）你觉得企业想了解面试者的哪些方面？ （3）你写过个人简历吗？你觉得简历应该包含哪些内容？ （4）如果让你制作一份个人简历，你会从哪里开始？	

第二步　课堂学习	
主要内容	教师评价
(1)本堂课学习笔记： (2)请思考：如何找到自己的特点？如何突出自己的特点？ (3)请系统化地思考你的历史事件：做过什么？为什么做？怎么做？如何克服困难？如何成功？得到的经验是什么？你的激情在哪里？	

第三步　课后拓展	
主要内容	教师评价
(1)思考：求职调研的关键点是什么？ (2)如果你是招聘者，谈谈你判断优秀简历的标准吧！ (3)请分析你最大的优点是什么？每个优点，你能想到 3 个实例来佐证吗？	

(1)请总结：通过课堂学习、课下自学、小组交流、同学的分享，你了解了哪些具体知识？ (2)通过本项目的实施，你有哪些感想、收获和成长？	
签名：	日期：
本团队成员对你的评价：	
签名：	日期：

续表

<table>
<tr><td colspan="2">其他团队对你的评价：</td></tr>
<tr><td>签名：</td><td>日期：</td></tr>
<tr><td colspan="2">教师对你的评价：</td></tr>
<tr><td>签名：</td><td>日期：</td></tr>
</table>

请学有余力的同学思考并学习整理如下内容：

(1)请列出自己的性格特点，无论好坏，尽量客观。并举例证明。

(2)请列出最能满足你成就感的十件事：用到了哪些知识和技能？展示了你哪些性格特点？它为何能满足你的个人成就感或者它的与众不同之处在哪里？

(3)有哪些细节使你记忆犹新。

项目 12　简历大赛

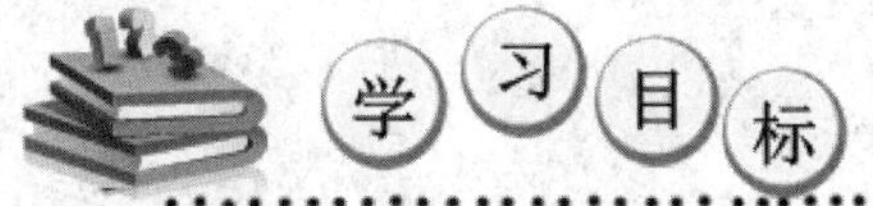

求职与就业，是大学的最后一场考试。要如何在这场考试中脱颖而出？这时候一份精致的简历就是你必须的武器。写出一份出色简历是大学生必备的求职技能，有了这项技能，才能够更好地博得面试官的青睐，多一份闪耀自己光彩的机会。简历，简自我风采，历职场未来。从某种意义上来说，个人简历是通向求职成功的入场券。

通过本次简历大赛，我们将达到如下目标：

- 为同学们提供一个施展技能与综合素质的机会；
- 让同学们发现自身不足之处，在以后的学习中提高自己；
- 让同学们掌握求职简历的写作技巧，熟悉简历的制作方法；
- 让同学们学会写一份与求职意向相匹配的合格简历；
- 让大家总结个人经历，认真提炼一份属于自己的优秀简历，为以后工作做铺垫。

本项目通过课堂小组研讨和课后拓展学习、课下准备和训练，结合所学简历制作内容，围绕发布的求职岗位或者个人未来的求职意向设计并制作个人简历。要求简历制作在项目结束后一周内完成，同学们需要结合自身求职目标，精心设计并制作出符合岗位要求的个人简历，完成后小组内先相互提建议改进，并在组内开展大赛模拟训练持续完善。当然大赛环节你还需要考虑比赛现场的呈现效果，包括你的着装、礼仪、精神面貌，你的语言、语气、语调、节奏、重音，你的手势、表情、目光、情感等演讲技巧。所有这些离不开设计和准备，更离不开反复的训练和模拟。

1. 项目相关环节结构图

图 12-1　课堂环节结构

2. 相关环节

环节 1:活动准备

1)简历大赛动员

制作活动方案,详见阅读资料部分“简历大赛活动方案模板”。

简历大赛动员:说明活动的主题、意义和目的;说明大赛的活动组织形式;说明活动过程中的关键时间节点;详细说明简历大赛的要求和规则;确认同学们是否都明白活动要点;留一份活动通知和方案给班干部或每组的组长。

通知活动方案中涉及的其他相关人员,并发送活动方案和活动要点。

活动要提前 1 周开始布置,并给学生分组(4 人一组,并确定组长)。

督促学生进行素材准备工作。素材内容包括个人基本情况、教育背景、工作经历或项目经验,布置完任务督促各组完成。

2)简历大赛场地布置及其他准备

(1)场地准备。

(2)比赛场地布置会场的内容包含:整齐摆放桌椅;安排主持人、评审团(含嘉宾)、参赛学员座位;连接电脑、投影仪,检查其投影效果;准备白板、白板笔;准备背景 PPT;准备背景音乐,开场音乐、颁奖音乐等。

(3)准备活动证书和奖品。

环节 2:活动实施

(1)学生入场,参赛班级学生按照规定时间提前 10 分钟到场。

(2)开场白,简要介绍比赛意义和纪律,强调不能抄袭、独立在电脑上完成简历的撰写。

(3)介绍比赛规则,介绍时要清晰、明确。

(4)介绍某一企业的需求信息,事先根据学生基本情况,准备一个与学员技术水平相当的企业招聘信息,用投影仪放出来。

(5)进行比赛,学生在规定的时间内完成个人简历的撰写。

(6)小组评比,小组内评选出一份优秀简历,参见拓展学习部分的评分规则。

(7)每组评出的优秀简历学生代表依次上台讲解简历内容,上台次序可以灵活掌握,也可抽签决定。学生代表讲解简历内容:准备素材过程;对个人基本信息进行自我介绍;重点介绍项目经验和工作经历。

(8)观众提问,场下学生可以就简历中的内容进行提问,也可以对写作技巧提问。

（9）培训师评议，培训师公平、公正地对简历进行评判，按照得分高低依次排名。

（10）宣布比赛结果，比赛取前 3 名。

（11）获奖者感言，获奖学员可以就简历写作过程、成功经验、收获与心得体会和大家一起分享交流。

（12）宣布比赛结束，要注意调节整个比赛场的气氛，控制好时间。

环节 3：活动总结

（1）总结做得不错和不足之处，赛后将优秀简历发送给全体学生学习。

（2）指导学生如何制作精彩简历。

（3）指定专人整理赛前准备、比赛中的相关相片。

（4）撰写活动简讯，宣传栏张贴宣传、网站内容上传等。

环节 4：相关知识点

知识点 1：撰写简历的黄金法则

（1）传达出职业精神：疏密有致，主次分明；一页原则，最多不超过两页；主副标题清晰，分清层次；不要以学校 logo 作页眉页脚；不要贴照片（特别要求的除外）；用白色 A4 纸打印，整洁，无复印痕迹。

（2）不要一份简历打天下：量身定制简历；求职意向明确。

（3）充分表达自己的独特之处：关键词说话；动词说话；数字说话；结果说话。

（4）精减你的简历——职位相关信息原则：把招聘要求作为问答题来回答；尽可能了解招聘信息的潜台词。

（5）取长补短：突出相对高分课程、相关工作、实习和社团经历；展示你参加过的校外活动，突出你的实践能力和解决问题的能力。

（6）借力打力：突出实习和社团经验（与工作相关）；学习至上，勤能补拙；突出辅修专业，善于展示自己的综合素质（沟通、组织、创新等能力）。

知识点 2：撰写简历的出彩原则

独有经历保留原则；最近原则；相关原则；“留白”原则。

知识点1:简历中的常见问题

人力资源部经理在快速阅读简历时,他所寻找的是关键性的“硬指标”。对人力资源管理者的调查表明,下面一些情况是使人力资源部经理确定一个候选人的简历与本公司的需求不符的原因:职业目标与招聘职位不符;不适当或不充分的教育水平;不适当的工资要求;候选人居住地与工作地点不符;简历结构混乱、松散并难以阅读;短期内过多地更换工作;简历太长;出现错误,如错别字等。

知识点2:简历自查表

表12-1 简历自查表

项目	好	一般	不好	如何改进
① 简历的格式。是否有吸引力?				
② 外观。是否不简明?布局是否清晰和易于阅读?打印是否整齐?格式是否正确?				
③ 长度。是否简明切题?				
④ 突出。是否选择与申请职位最相关的工作经验?				
⑤ 表达。用词是否生动?职业目标描述得是否清楚?				
⑥ 切题。你的工作经验是否与申请职位有关?				
⑦ 完整。是否包括了所有的重要信息?工作经验是否与申请职位有关?				
⑧ 准确。你的简历是否准确地反映了你本人的情况,是否有助于取得一次面试机会?				
⑨ 技能。简历是否反映出你与申请职位有关的技能?				

知识点3:简历注意事项表

表12-2 简历注意事项表

项目	好	一般	不好	如何改进
根据你所申请的职业目标来介绍具体的技能和工作经验				
用重要的从业经历、教育背景、成就和技能去吸引读者				
以积极、诚恳、自信的态度描述自己				
简历长度不要超过两页				

续表

项目	好	一般	不好	如何改进
采用吸引人的、可读的格式，使用高质量的纸张，保证一种专业的外观				
在打印之前请人仔细阅读一遍				
用词过于华丽，使用空洞的口号或没用的空话				
提出某些超过你能力的目标或不可能具备的能力				
提出工资要求				
陈述离开原工作的理由				
在简历中列出推荐人姓名				

简历大赛活动方案模板

简历大赛活动方案

活动时间：× 年 × 月 × 日　××：00——××：00
活动地点：×××
活动对象：×× 班

一、比赛组成

比赛由小组初赛、优秀选手决赛、评分颁奖三部分组成。

二、比赛程序

图 12-2　比赛程序图

三、比赛方式

1. 小组在规定时间内进行初赛，评出本组优秀选手一名。
2. 每组的优秀选手代表本组进行决赛。
3. 经过评委评定，评出第一、第二名各一人。

四、小组初赛规则

（一）时间

1 节课时：50 分钟。

（二）规则

初赛：50 分钟。

（1）在主持人给出企业招聘信息后，学员开始写简历。（30 分钟）

（2）写完简历后，小组内评比并选出小组优秀选手一名。（20 分钟）

五、决赛规则

（一）时间

1 节课时：50 分钟。

（二）规则

1. 陈词：15 分钟。

各组优秀学员发言，说明写简历思路、创意和感想。

2. 学员提问：15 分钟。

就简历形式、内容本身（项目描述）进行提问。

六、评分规则

1. 评分内容包括简历评分，台上演讲得分。

2. 评分标准。

（1）简历内容丰富完整、排版整齐美观 20 分。

（2）项目介绍全面、技术方向明确、技术优势突出 20 分。

（3）学员陈词流畅、回答提问时思路清晰 20 分。

（4）学员台风优雅大方，用词得当 20 分。

（5）印象分 20 分。

3. 学员最后得分：就业评审员给出的各项分数总和。

七、胜负评判

以所得分数的高低依次排名。

第一步 赛前认知	
主要内容	教师评价
回答以下问题： （1）你觉得撰写个人简历有哪些困难？ （2）请思考如何做到让简历既简洁又能突出个人与岗位的匹配度？ （3）关于简历大赛的准备，你都做了哪些工作，把你的思路和准备的相关资料写在下面吧！	

续表

（4）去调查一下你的舍友，听听他们对你感觉如何？他们对你如何评价？你做过让他们印象深刻的事件。这对你有什么帮助和启发吗？ （5）去调查一下你的老师和父母，听听他们对你感觉如何，他们对你如何评价？你做过让他们印象深刻的事件。这对你有什么帮助和启发吗？	

第二步　简历大赛	
主要内容	教师评价
（1）结合下表内容，请认真考虑简历大赛现场应该注意哪些问题？	

表 12-3　个人简历展示选手准备项目

需准备项目	准备过程描述	备注
衣着		
目光		
手势		
礼节		
讲稿		
其他		

（2）请将自己上台展示的逻辑在下方用流程图表示出来。

（3）你对其他组的展示提出了哪些意见和建议？

表 12-4　对他人的意见和建议记录表

组别	演讲人	我的意见及建议

续表

<table>
<tr><td>（4）同学们对你或你们组代表的简历提出了哪些问题和建议？

表 12-5　同学们的意见和建议记录表

同学们的意见和建议

（5）教师对你或你们组代表的简历提出了哪些问题和建议？

表 12-6　教师的意见和建议记录表

教师的意见和建议</td><td></td></tr>
<tr><td colspan="2">第三步　赛后拓展</td></tr>
<tr><td>主要内容</td><td>教师评价</td></tr>
<tr><td>（1）总结本人简历大赛表现。

表 12-7　简历大赛表现总结表

表现好的方面 ｜ 表现不好的方面

（2）经过本次比赛，请你总结本组或本人需要改善的地方并思考具体做法有哪些？请列出计划。</td><td></td></tr>
</table>

表 12-5　同学们的意见和建议记录表

同学们的意见和建议

表 12-6　教师的意见和建议记录表

教师的意见和建议

表 12-7　简历大赛表现总结表

表现好的方面	表现不好的方面

(1)你在简历大赛中的表现如何，你对其他同学的简历如何评价？ (2)请谈谈你印象深刻的一份简历，并说明为什么？ (3)请总结：通过赛前准备、课余学习、比赛实施、同学分享、教师点评等，你了解了哪些具体知识？ (4)通过本项目的实施你有哪些感想、收获和成长？	
签名：	日期：
本团队成员对你的评价：	
签名：	日期：
其他团队对你的评价：	
签名：	日期：
教师对你的评价：	
签名：	日期：

请学有余力的同学思考并学习整理如下内容：

(1)整理你的学习笔记，请分享比赛中你学到了什么。

(2)请认真整理并写出来佐证你优点的事件(至少 10 件)，分析一下你的这些事件，哪个是让你印象深刻和引以为豪的？为什么？从每 3 个中确定 1 个突出案例吧！

(3)请把你的简历讲给身边的人听听吧，你打算怎样描述自己？

项目 13 面试技巧

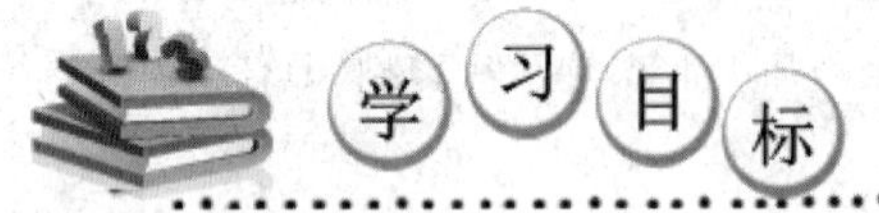

当你面临自己有生以来的第一次面试或正想调整自己的面试风格时，我们有三个重要的忠告，那就是准备、准备再准备！

最好的准备就是对你的雇主进行深入细致的调研，你的目标是向雇主证明你是这个职位的最佳人选。把你的长处和过去的成就与该企业的需求紧紧联系起来。具体讲，你要告诉雇主你将如何协助企业解决目前存在的问题，如何成为一名有价值的员工并承担起某项职能。为了更详细地了解你准备去参加面试的企业，你可以通过各种途径去了解该企业的年度报告和有关岗位的职责介绍等。

面试之前，你一定要尽力了解清楚该职位的主要职责，并记住这些职责，在面试中要尽可能说出相关信息以证明你的背景可以用于这些职责。

不要让正式的岗位职责描述把你吓倒，当你进入岗位之后，你可以以你的风格完成这些职责。一般情况下工作中 50% 的知识和技能都是在实际工作中学到的。不要担心，让我们现在就开始准备吧！

通过本项目的实践，我们将达到如下目标：

- 认识到面试在求职中的重要性；
- 了解并掌握面试中涉及的内容；
- 根据面试内容做好相应的面试准备；
- 理解与掌握面试中的自我介绍、语言表达等；
- 通过面试准备对自己的求职进行重新定位；
- 开始为一场面试做各种训练。

本项目是通过课堂学习让学生充分意识到习惯的力量。通过学生自身有意识的自我分析，认识到自身存在的好习惯与坏习惯，项目运用有效的习惯养成方法引领学生从改变具体的行为做起，坚持训练至少 21 天，最终养成个人良好习惯。项目以小组为单位，一起研讨、分析、制定计划，相互监督执行，并辅以阶段分享和反馈，组织小组内相互学习，见证彼此成长，最后进行项目总结。

1. 项目相关知识结构图

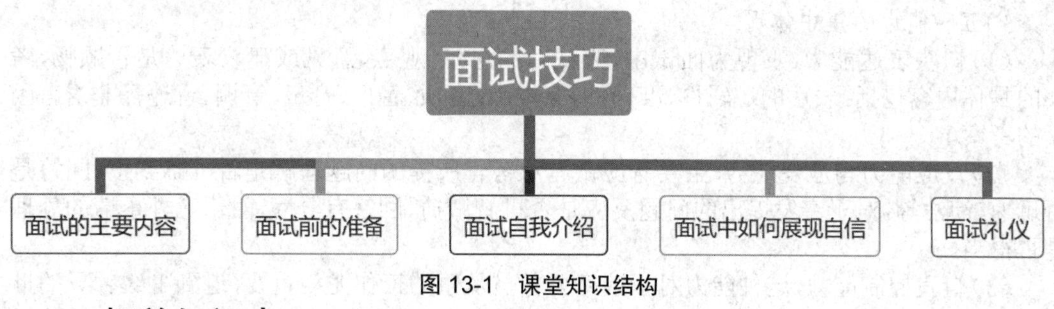

图 13-1　课堂知识结构

2. 相关知识点

知识点 1:面试的主要内容

场景模拟

场景布置:一张面试桌,本次面试培训师任面试官。组织 1~2 名学生到台前模拟。

提问建议:① 请给我一份你的简历。② 请介绍一下你自己。③ 你为什么想要这份工作?为什么你要加入本公司?④ 为什么我应该聘用你?⑤ 你有什么问题?

面试是我们通过努力获取的一次当面沟通的机会,当面沟通是最易达成一致的沟通方式,是以语言表达为主的一次短时当面沟通。重视面试,提前做好准备可以起到事半功倍的作用。当然面试有成功就有失败,我们要用平常心去面对,及时总结面试的经验。

面试内容分为若干测评要素,主要包括综合分析能力、语言表达能力、应变能力、计划组织协调能力、人际交往的意识与技巧、自我情绪控制、求职动机与拟任职位的匹配性、举止仪表和专业能力。必要时,根据职位要求,面试内容可以增加其他测评要素。

1)仪表风度

这是指应试者的体型、外貌、气色、衣着、举止、精神状态等。不管是企业还是面试官个人,都会对你的仪表进行评价,并作为考量的因素之一。研究表明,仪表端正、衣着整洁、举止文明的人,一般做事有规律,办事按程序,处理有先后,自我约束力强,责任心强。

2)专业知识和工作经验

(1)了解应试者掌握专业知识的深度和广度,了解其专业知识与录用职位是否相符,作为对专业知识笔试的补充。面试对专业知识的考察更具灵活性和深度，所提问题也更贴近岗位对专业知识的需求。

(2)根据应试者提供的个人简历或求职登记表，实施相关的提问，查询应试者有关背景及过去工作的情况，以证实其所具有的实践经验。通过工作经历与实践经验的了解，考察应试者的责任心、主动性、思维能力、口头表达能力及处理问题的能力等。

3)五种能力的集中体现

(1)口头表达能力，表现为面试中，应试者的思想、观点、意见或建议表达是否顺畅，考察的具体内容包括：表达的逻辑性、准确性、感染力、音质、音色、音量、音调、音速等非语言因素的考察。

(2)反应能力与应变能力，主要看应试者对考官所提的问题理解是否准确到位，回答是否迅速、简洁等；对于突发提出的问题反应是否机智敏捷、回答有分寸，对于意外事情的处理是否得当。

(3)自我控制能力，这种能力对于国家公务员从事的工作尤为重要，遇到上级领导的批评教育，面对繁重的工作压力，处理个人利益与集体利益的矛盾，能够容忍、克制、理性地对待，不因情绪波动而影响工作；同时，工作的耐心和韧劲也是非常重要的。

(4)人际交往能力，在面试中，通过询问应试者经常参与哪些社团活动、喜欢与哪种性格的人打交道、社交倾向有哪些、为人处事的技巧等，有助于对应试者的合理使用。

(5)综合分析能力，面试中，应试者能否对考官提出的问题经过分析抓住本质，并且说理透彻、分析全面、条理清晰，这是综合能力的集中体现。

4)了解求职动机、兴趣爱好和工作态度、责任心

(1)求职动机，了解应试者到本单位应聘的主要原因，对应聘单位的看法和希望，对哪种类型的工作感兴趣，工作中追求什么，从而判断用人单位所能提供的职位或工作环境等能否满足其工作要求和期望。

(2)兴趣爱好，应试者平时经常从事哪些运动或活动，喜欢阅读哪种类型的书籍，关注的热点属于哪个领域，有什么样的嗜好等，了解一个人的兴趣与爱好，对录用后的工作安排、人员搭配和群众活动都有好处。

(3)工作态度，了解应试者过去的学习、工作态度，也包括对报考职位的态度。了解过去工作态度是否认真，可以推断其对待现实的态度倾向。

(4)责任心，在事业上有奋斗目标，并为之努力，表现为在现在的工作岗位上踏实肯干，工作中有创新，而不是安于现状。

此外，面试时主考官还会向应试者介绍本单位及拟聘职位的情况与要求，讨论有关工薪、福利等应试者关心的问题，以及回答应试者可能要问到的其他一些问题。

知识点2:面试前的准备

场景再现

场景：小韩跟招聘官约好下午去参加面试，等下午小韩到了公司，招聘官开始面试的时候，小韩被要求提供简历，但是小韩说自己从家里出发的时候走得着急，没有时间去打印简

历，所以简历在 U 盘里，需要招聘官自己打印出来，请问小韩在招聘官面前的好感度降低了吗？

分组讨论，然后派每组代表上台发表各组的观点。

总结：虽然招聘官会帮忙打印简历，但是好感度会降低，所以要提前把简历准备好。

要求：在接到公司招聘官发来的邀请面试邮件，需要提前一天根据企业的相关资料与要求，适当地修改简历，并且多打印几份，以备不时之需。

讲解要点

面试之前需要做好 8 种准备：了解应试的单位和职位，自我评估，确认自我和所应聘职位之间的适配性，掌握考官所要面试的问题类型，练习面试特有的语言，调试应达到的心理，设计应试形象，模拟与演练。

1）了解和掌握所要工作的单位和职位信息

了解所要工作单位如下情况：单位的性质、主要功能、组织结构和规模；人员结构，如年龄结构、专业结构以及人际关系状况等；主要领导；面试官的情况；部门的历史沿革及正在从事的工作重点。还要了解面试职位，如工作性质、基本的责任和权力、任职的专业要求等。

2）自我评估

自我评估包括以下几个方面。

（1）知识结构，是指一个人掌握的知识类型、知识框架以及各类知识的比重。

（2）能力结构，对于一个没有很多社会经验的人来说，评价自己的能力结构是一件很困难的事情，容易失之偏颇，自信心强的人往往过高评价自己，而自信心差的人又往往过低评价自己。

（3）心理特征，个性是决定每个人心理和行为的普遍性和差异性的那些特征和较稳定倾向的有机组合。个性心理特征主要包括气质和性格两个方面。人们的气质存在着相当大的差异，对自己的气质类型做出判断，选择适合自己的工作，对每个人来说都是非常必要的。

（4）职业适应性和职业价值观，评价自己的职业适应性，要考虑自己的兴趣、特长和价值观等。但如果要得到一个比较科学的评价，最好借助于职业能力倾向测验。目前，较具权威性的是霍兰德职业适应性测验，这个测验主要考察你心目中的理想职业、感兴趣的活动、擅长或胜任的活动、喜欢的职业、能力类型等方面，然后进行统计分析以确定你的职业适应性。

3）对自我和所应聘职位之间的适配性进行确认

对所面试单位和岗位有了充分的了解，并进行了自我的评价后，还需要进行自己和所应聘职位之间的适配性的确认，即在前两项工作的基础上，确认“我是这个职位的最合适人选”，从而使前两项工作的成果得以凝练和提升。因为你在面试时，根本的目的就是向主考官证明自己是最合适的人。

4）面试问题的准备

（1）应试者个人信息主要是有关应试者自身的基本情况，个人根据自身情况可以有多种回答，但应注意以下几点：① 要与个人简历上的一致，如果前后矛盾，就会使考官怀疑你的诚信，从而埋下失败的种子；② 尽量避免谈及与所面试工作无关的东西，即使是你的特长和优点；③ 要谦虚地表现自己的实力，而不要表现得野心勃勃，惟我独尊，这样会令考官厌烦。

(2)在面试时,考官一般会验证你在简历中所说的教育和培训情况是否属实以及它们是否有利于完成你准备应聘的工作。对自己所受的教育和培训要如实回答,不要把自己拔得太高,回答时要谦虚,不可旁若无人,夸夸其谈。

(3)弄清面试者的求职动机,是考官的基本任务之一。有经验的考官,都不会放过考查、验证应试者求职动机的任何机会。对于名利、金钱绝不能表现出崇拜、贪婪的心态,但也不能显得过于清高,把物质利益贬得不值一提,这样都有可能被淘汰。

(4)用人单位一般会坚持这样的原则,即在能力素质相当的情况下,工作经验优先。在这部分问题中,考官想知道的是你过去的经验与你要应试的工作之间的匹配性,所以,你必须把有利于应试工作的经验说清楚,特别要强调其与做好所需职位的关系,而不要谈论无关紧要的东西。

(5)用人单位总是很关心新进人员的未来计划和目标,特别想知道他们能否全身心地投入到工作中去。这类问题不是很好回答,需要认真考虑,全面分析,最好结合你所了解的实际情况来谈自己的打算,尽可能提出具有可行性的计划和方案,这样就会在面试中给考官留下用心思考的好印象。

5)面试的语言准备

(1)普通话力求标准,不可讲错字念错音,方言最好不要使用。发音清晰,语调得体,声音自然,音量适中,语速适宜,恰当使用语气词、口头语 。

(2)准确地选用词语。

(3)恰当地运用语句。

(4)语言练习,包括站立不语练习(练心)、随便说话练习(练口)、命题演讲练习(表达练习)、即兴演讲练习(全面练习)。练习者以抽签的方式来确定自己演讲的题目和内容,然后用 10 分钟左右的时间打腹稿,再开始演讲。

6)面试的心理准备

(1)切忌苛求完美。

(2)修炼平常心。

(3)时刻保持自信心。

另外,要想在面试中有充分的自信,不要把面试考官和其他应试者都想象成自己的敌人,而要把考官想象成自己的领导,把其他应试者想象成自己的同事。这样就会获得一种轻松的心理预期,在积极和富有建设性的场景中,应试者也就能够更好地把握自己的自信。

7)面试的形象准备

(1)塑造良好的职业形象。在面试时,着装方面应注意:男士最好以西装为主要,避免穿过于休闲的服装,那会给人以不稳重的感觉;女性以职业套装为主,避免穿过于花哨或奇异的服装,否则,会给人轻佻的印象。无论天多热,男士都要避免穿短裤、背心、拖鞋;女士则不能穿背心、超短裙或短裤。面试中不能戴帽子、手套或耳套,这些东西都是对人不尊重的表现。男士穿鞋要以黑色皮鞋为主,避免穿运动鞋;女性应穿中跟正装皮鞋,尽量不要穿高跟鞋,夏天不要穿凉拖鞋。男士、女士都可以采用庄重或素雅的服饰,但最好男士以前者为主,色泽为黑色或藏青色,女士以后者为主,无论是谁都应选择适合自己的色彩和搭配效果。

(2)习惯自己的新形象,对于你在正式面试时展现给考官的良好形象,你最好在数天前就开始习惯它,直到你能以平常心来看待自己的新形象,以为这是一件很自然的事,而不是很刻意时，新形象才能更好地为你所用。

(3)注意过犹不及，形象在面试中确实很重要，但并不是全部。特别刻意地打扮自己，一定要使自己显得与众不同，有时不仅不能帮自己达到目的，还会适得其反。

8)面试预演

应试者可以在自己的大脑里，想象自己精神饱满地离开住所，顺利地乘上交通工具，来到面试地点(应试者应提前实际进行路线考查，以获得更加真实的感觉)，自己很有礼貌、很有风度地与遇到的每个人愉快地打着招呼，好象自己不是来应聘的，而是每天例行上班一样。想象自己以一个稳健干练的迷人形象出现在考官面前，很快自己就和考官之间建立起一种信任、合作的关系，然后你们像进行日常的工作沟通一样开始面试，自己放松而又全神贯注地思考和回答着考官的问题，不管考官的表情如何，自己似乎都看到其内心对自己的微笑，当问题回答完毕，自己很有修养地离开，虽然不向后看，但自己可以感觉到考官们会心的微笑。这种脑中预演越逼真、越清晰，就越有助于你在实际面试时有最好的表现和发挥。努力在大脑中描绘自己的成功形象吧。

知识点3:面试自我介绍

视频分享:《猎场》面试片段(读者可上网搜索相关视频)

职场大剧《猎场》自播出以来，就俘获了一众网友的心。魅力男神胡歌饰演的主人公拿下了一场场精彩的面试，完美表现堪称面试教科书。就让我们一起学起来，看看胡歌是如何进行“完美面试”的!

1)自我介绍的内容要包含四个方面

(1)我是谁?

自我介绍的第一步是要让面试官知道你是谁。在这一步，你主要介绍自己的个人履历和专业特长，包括姓名、年龄、籍贯等个人基本信息，教育背景以及与应聘职位密切相关的特长等。

生动、形象、个性化地介绍自己的姓名，不仅能够引起面试官的注意，而且可以使面试的氛围变得轻松。个性化地介绍姓名有多种方式，你可以从名字的音、义、形或者从名字的来历进行演绎。

例如，从名字的音演绎:我叫邵飞，谐音少非，希望生活能少一点是是非非。从名字的义演绎:我叫俞非鱼，古语有言:子非鱼安知鱼之乐，父母希望我过得像鱼儿一般逍遥自在。从名字的形演绎:我叫陈赟，我的父亲叫陈斌，斌的宝贝就是赟。从名字的来历演绎:我叫赵丹，赵本山的赵，宋丹丹的丹，父母希望我能够像他们一样幽默地对待生活。

(2)我做过什么?

做过什么,代表着你的经验和经历。在这个部分,你主要介绍与应聘职位密切相关的实践经历,包括校内活动经历、相关的兼职和实习经历、社会实践等。你要说清楚确切的时间、地点、担任的职务、工作内容等,这样让面试官觉得真实、可信。特别需要注意的是,你的经历可能很多,不可能面面俱到,那些与应聘职位无关的内容,即使你引以为荣也要忍痛舍弃。

(3)我做成过什么?

做成过什么,代表着你的能力和水平。在这部分,你主要介绍与应聘职位所需能力相关的个人业绩,包括校内活动成果和校外实践成果。介绍个人业绩,就是把自己在不同阶段做成的有代表性的事情介绍清楚。你在介绍个人业绩时,需要注意以下方面:①业绩要与应聘职位需要的能力紧密相关,如果你应聘文员,就不需要介绍销售业绩;②介绍你自己的业绩,而不是团队业绩,因为用人单位要招聘的是"你",而不是"你们";③ 业绩要有量化的数字,要有具体的证据,不要用笼统的"很好""很多";也不要用"大概""约""基本"等概数,而要用确切的数字,如我一周内卖出了 34 箱方便面;④ 介绍的内容应当有所侧重,不要说流水账,要着重介绍那些能体现自己能力的重点;⑤ 介绍业绩取得的具体过程时,要巧妙地埋伏笔,例如,在介绍校外实践成果时,你可以这样描述:"在工作中遇到了很多的问题,不过我还是成功地克服并达成了业务目标。"引导面试官提问"遇到了哪些问题?"然后你就可以进一步阐述细节内容,体现出自己处理问题的能力。

(4)我想做什么?

想做什么,代表着你的职业理想。在这个部分,你应该介绍自己对应聘职位、行业的看法和理想,包括你的职业生涯规划、对工作的兴趣与热情、未来的工作蓝图、对行业发展趋势的看法等。在介绍时,你还要针对应聘职位合理编排每部分的内容。与应聘职位关系越密切的内容,介绍的次序越靠前,介绍得越详细。

你在自我介绍时,还应该避开介绍内容的禁忌——忌讳主动介绍个人爱好、使用过多的"我"字、头重脚轻、介绍背景而不介绍自己、夸口、说谎、过于简单而没有内容。

2)自我介绍的时间要恰到好处

(1)3 分钟自我介绍

如果面试官没有特别强调,那么自我介绍的时间 3 分钟最为合适。你可以根据自我介绍的四部分内容,这样分配时间:第一分钟主要介绍自己的姓名、年龄、学历、专业特长、实践经历等;第二分钟主要介绍个人业绩,应届毕业生可着重介绍相关的在校活动和社会实践的成果;第三分钟可谈谈对应聘职位的理想和对本行业的看法。

通常情况下,每分钟 180 到 200 字之间的语速是比较合适的。这样的语速可以让对方感到舒服,同时也能更加有效地传递信息,增加面试官对你的印象分。

(2)1 分钟自我介绍

有时候,面试官会规定自我介绍的时间,你应该怎样应对呢? 面试官规定的自我介绍时间缩短,如"做一个 1 分钟的自我介绍"。遇到这种情况,你可以精选事先准备的 3 分钟自我介绍内容,突出"做成过什么",展现你与应聘职位相关的能力。

知识点 4:面试中如何展现自信

视频分享:《当幸福来敲门》求职面试片段(读者可上网搜索相关视频)

求职面试备受学生关注,但是面试中有很多细碎的知识点,通过《当幸福来敲门》这部电影面试片段,让我们一起欣赏,分析一下吧!

拿到了心仪公司的面试通知书,当然是一件高兴的事情。但是,面试的时候如何表现才能让自己显得自信满满,有更高的机会被录取呢?

1)衣服要合身、舒适

无论怎样,面试的时候总是会有一些紧张情绪。如果衣服穿得太紧,或者不合身的话,就会加重自己的不舒服或者不协调,而自己身体的姿势也有可能不经意间变得不自然,从而降低面试官对你的评价。

2)根据你的职业要求选择着装

在没有头绪的时候,做工精细、考究一些的职业套装是比较简单及合适的选择。国企、外企等大公司,服装要求比较正式、规范和统一,颜色不要显得轻浮;而媒体、广告、艺术类的公司,更注重个性和特色,不拘束的着装会比较适合;咨询、销售类的公司,需要经常和客户打交道,服装要显得精致、端庄和干练;技术类的公司,对于着装要求不太严格,但比较严谨、深浅色调搭配的服装会比较好。

3)发型、妆容、鞋子

除非你是去一个艺术类的公司,否则打扮得时尚靓丽并不会给面试官增加多少好的印象,反而会减弱对你能力的信任。干净整齐是所有面试官都最能接受的外在表现。鞋子也是很重要的,经常是面试官观察的地方。女性如果穿高跟鞋最好不超过 7 厘米,男性如果穿皮鞋,以黑色或深棕色为宜。

4)表情和行为

表情自然最重要,按照自己最熟悉的方式来回答问题。如果面试官提出你没有准备的问题,尽力就好。

5)对于公司和工作表现出认真的态度和浓厚的兴趣

这两项都表明你很看重这项工作。要知道,你的专业能力是要通过工作才能展现出来的,而面试官在面试的时候,主要考察的就是你对于工作的重视程度,从而判断你会不会努力工作,完成好公司的任务。

知识点 5:面试礼仪

视频分享:《面试礼仪》(读者可上网搜索相关视频)

(1)他们的回答中存在什么问题?
(2)给我们什么启示?
总结:
(1)以“你好”开头。
(2)了解面试企业的全称、地点及具体的时间;如不清楚位置一定要问清楚。
(3)对对方的电话表示感谢。
(4)结束后,找出投给该企业的简历,准备面试的自我介绍及问题解答

求职面试礼仪,从每个细节改变打造自己的形象,不过这些不容易速成,很多都需要长期的修养磨练,和自身所处的环境也密切相关。

1)面试礼仪一:时间观念是第一道题

守时是职业道德的一个基本要求,提前 10~15 分钟到达面试地点效果最佳,可熟悉一下环境,稳定一下心神。提前半小时以上到达会被视为没有时间观念,但在面试时迟到或是匆忙赶到却是致命的,如果你面试迟到,会被视为缺乏自我管理和约束能力,即缺乏职业能力,给面试者留下非常不好的印象。不管什么理由,迟到会影响自身的形象,这是一个对别人、对自己尊重的问题。而且大公司的面试往往一次要安排很多人,迟到几分钟,就很可能永远与这家公司失之交臂了。

如果路程较远,宁可早到 30 分钟,但早到后不宜提早进入办公室,最好不要提前 10 分钟以上出现在面谈地点,否则聘用者很可能因为手头的事情没处理完而觉得很不方便。当然,如果事先通知了许多人来面试,早到者可提早面试或是在空闲的会议室等候。对面试地点比较远,地理位置也比较复杂的,不妨先跑一趟,熟悉交通线路、地形,甚至事先搞清洗手间的位置,这样你就知道面试的具体地点,同时也了解路上所需的时间。

但招聘人员是允许迟到的,这一点一定要清楚,对招聘人员迟到千万不要太介意,也不要太介意面试人员的礼仪、素养。如果招聘人员迟到,你的不满情绪就流于言表,面露愠色,招聘人员对你的第一印象就大打折扣,甚至导致满盘皆输。因为面试也是一种人际磨合能力的考查,你得体、周到的表现,自然是有百利而无一害的。

2)面试礼仪二:进入面试单位的第一形象

到了办公区,最好径直走到面试单位,而不要四处张望;走进公司之前,口香糖和香烟都收起来,因为大多数的面试官都无法忍受你在公司嚼口香糖或吸烟;手机坚决不要开,避免

面试时造成尴尬局面，同时也分散你的注意力，影响你的成绩。一进面试单位，若有前台，则开门见山说明来意，经指导到指定区域落座，若无前台，则找工作人员求助。这时要注意用语文明，开始的“你好”和被指导后的“谢谢”是必说的，这代表你的教养；一些小企业没有等候室，就在面试办公室的门外等候；当办公室门打开时应有礼貌地说声：“打扰了。”然后向室内考官表明自己是来面试的，绝不可贸然闯入；假如有工作人员告诉你面试地点及时间，应当表示感谢；不要询问单位情况或向其索要材料，且无权对单位进行品评；不要驻足观看其他工作人员的工作，或在落座后对工作人员所讨论的事情或接听的电话发表意见或评论，以免给人肤浅嘴快的印象。

3）面试礼仪三：等待面试时表现不容忽视

进入公司，要把访问的主题、有无约定、访问者的名字和自己名字报上。到达面试地点后应在等候室耐心等候，并保持安静及正确的坐姿。如果此时有的单位为使面试略过单位情况介绍步骤，尽快进入实质性阶段，准备了公司的介绍材料，应试者是应该仔细阅读以先期了解其情况。不要来回走动显示浮躁不安，也不要与别的应试者聊天，因为这可能是你未来的同事，甚至决定你能否称职的人，你的谈话对周围的影响是你难以把握的，这也许会导致你应聘的失败。更要坚决避免的是在接待室巧遇朋友，就旁若无人地大声说话，吃口香糖，抽香烟，接手机。

4）面试礼仪四：与面试官的第一次见面

（1）把握进屋时机。

如果没有人通知，即使前面一个人已经面试结束，也应该在门外耐心等待，不要擅自走进面试房间。自己的名字被喊到，就有力地答一声“是”，然后再敲门进入，敲两三下是较为标准的。敲门时千万不可敲得太用劲，以里面听得见的力度为宜。听到里面说“请进”后，要回答“打扰了”再进入房间。开门关门尽量要轻，进门后不要用后手随手将门关上，应转过身去正对着门，用手轻轻将门合上。回过身来将上半身前倾 30 度左右，向面试官鞠躬行礼，面带微笑称呼一声“您好”，彬彬有礼而大方得体，不要过分殷勤、拘谨或谦让。

（2）专业化的握手。

面试时，握手是最重要的一种身体语言。专业化的握手能创造出平等、彼此信任的和谐氛围。你的自信也会使人感到你能够胜任而且愿意做任何工作。这是创造好的第一印象的最佳途径。怎样握手？握多长时间？这些都非常关键。因为这是你与面试官的初次见面，这种手与手的礼貌接触是建立第一印象的重要开始，不少企业把握手作为考察一个应聘者是否专业、自信的依据。所以，在面试官的手朝你伸过来之后就握住它，要保证你的整个手臂呈 L 形（90 度），有力地摇两下，然后把手自然地放下。握手应该坚实有力，有“感染力”。双眼要直视对方，自信地说出你的名字，即使你是位女士，也要表示出坚定的态度，但不要太使劲，更不要使劲摇晃；不要用两只手，用这种方式握手在有些公司看来不够专业。而且手应当是干燥、温暖的。如果他伸出手，却握到一只软弱无力、湿乎乎的手，这肯定不是好的开端。如果你刚刚赶到面试现场，用凉水冲冲手，使自己保持冷静。如果手心发凉，就用热水捂一下。

握手时长时间地握住面试官的手，偶尔用力或快速捏一下手掌，这些动作说明你过于紧张，而面试时太紧张表示你无法胜任这项工作。轻触式握手表示你很害怕而且缺乏信心，你在面试官面前应表现出你是个能干、善于与人相处的职业者；在对方还没伸手之前，就伸长手臂去够面试官的手，表示你太紧张，面试者会认为你不喜欢或者不信任他们。

(3)无声胜有声的形体语言。

加州大学洛杉矶分校的一项研究表明,个人给他人留下的印象,7%取决于用词,38%取决于音质,55%取决于非语言交流,可见非语言交流的重要性。在面试中,恰当使用非语言交流的技巧,将为你带来事半功倍的效果。

除了讲话以外,无声语言是重要的公关手段,主要有:手势语、目光语、身势语、面部语、服饰语等,通过仪表、姿态、神情、动作来传递信息,它们在交谈中往往起着有声语言无法比拟的效果,是职业形象的更高境界。形体语言对面试成败非常关键,有时一个眼神或者手势都会影响到整体评分。比如面部表情的适当微笑,就显现出一个人的乐观、豁达、自信;服饰的大方得体、不俗不妖,能反映出大学生风华正茂,有知识、有修养,青春活泼,独有魅力,它可以在考官眼中形成一道绚丽的风景,提高你的求职竞争能力。

(4)如钟坐姿显精神。

进入面试室后,在没有听到"请坐"之前,绝对不可以坐下,等考官告诉你"请坐"时才可坐下,坐下时应道声"谢谢"。坐姿也有讲究,"站如松,坐如钟 ",面试时也应该如此,良好的坐姿是给面试官留下好印象的关键要素之一。坐椅子时最好坐满三分之二,上身挺直,这样显得精神抖擞;保持轻松自如的姿势,身体要略向前倾。不要弓着腰,也不要把腰挺得很直,这样反倒会给人留下死板的印象,应该很自然地将腰伸直,并拢双膝,把手自然地放在上面。有两种坐姿不可取:一是紧贴着椅背坐,显得太放松;二是只坐在椅边,显得太紧张。这两种坐法,都不利于面试的进行。要表现出精力和热忱,松懈的姿势会让人感到你疲惫不堪或漫不经心。切忌跷二郎腿并不停抖动,两臂不要交叉在胸前,更不能把手放在邻座椅背上,或加些玩笔、摸头、伸舌头等小动作,容易给别人一种轻浮傲慢、有失庄重的印象。

(5)眼睛是心灵的窗户。

面试一开始就要留心自己的身体语言,特别是自己的眼神,对面试官应全神贯注,目光始终聚焦在面试人员身上,在不言之中,展现出自信及对对方的尊重。眼睛是心灵的窗户,恰当的眼神能体现出智慧、自信以及对公司的向往和热情。注意眼神的交流,这不仅是相互尊重的需要,也可以更好地获取一些信息,与面试官的动作达成默契。正确的眼神表达应该是:礼貌地正视对方,注视的部位最好是考官的鼻眼三角区(社交区);目光平和而有神,专注而不呆板;如果有几个面试官在场,说话的时候要适当用目光扫视一下其他人,以示尊重;回答问题前,可以把视线投在对方背面墙上,约两三秒钟做思考,不宜过长,开口回答问题时,应该把视线收回来。

(6)微笑的表情有亲和力。

微笑是自信的第一步,也能为你消除紧张。面试时要面带微笑,亲切和蔼、谦虚虔诚、有问必答。面带微笑会增进与面试官的沟通,百分之百地提高你的外部形象,改善你与面试官的关系。赏心悦目的面部表情让应聘的成功率远高于那些目不斜视、笑不露齿的人。不要板着面孔,苦着一张脸,否则会给人留下不好的印象。听对方说话时,要时有点头,表示自己听明白了,或正在注意听。同时也要不时面带微笑,当然也不宜笑得太僵硬,一切都要顺其自然。表情呆板、大大咧咧、扭扭捏捏、矫揉造作,都是一种美的缺陷,破坏了自然的美。

(7)适度恰当的手势。

说话时做些手势,加大对某个问题的形容和力度,是很自然的,可手势太多也会分散别人的注意力,需要时适度配合表达即可。手势注意不要习惯性的两个手不停地上下晃,或者单手比划。另外注意不要用手比划一二三,这样往往会滔滔不绝,令人生厌。交谈很投机时，可适当地配合一些手势讲解，但不要频繁耸肩，手舞足蹈。有些求职者由于紧张，双手不知道该放哪儿，而有些人过于兴奋，在侃侃而谈时舞动双手，这些都不可取。不要有太多小动作，这是不成熟的表现，切忌抓耳挠腮、用手捂嘴说话，这样显得紧张，不能专心交谈。很多人都有这一习惯，为表示亲切而拍对方的肩膀，这对面试官很失礼。

5）面试礼仪五：怎样让面试官重视你

个人自我介绍是面试实战非常关键的一步，因为“前因效应”的影响，这两三分钟的自我介绍，将是你所有工作成绩与为人处世的总结，也是你接下来面试的基础，面试官将基于你的材料与介绍进行提问。自我介绍将在很大程度上决定你在各位考官心里的形象，形象良好，才能让面试官重视你。

（1）气质高雅与风度潇洒。

面试时，招聘单位对你的第一印象最重要。你要仪态大方得体，举止温文而雅，要想树立起自己的良好形象，这就肯定要借助各种公关手段和方法。公关手段主要有言词语言公关、态势语言公关和素养公关；这些公关手段又包括数种方法，如：幽默法、委婉法等；还应掌握一些公关的基本技巧。只有在了解有关公关的常规知识之后，才能成功树立起自己良好的形象。如果你能使一个人对你有好感，那么也就可能使你周围更多的人都对你有好感。往往是风度翩翩者稳操胜券，仪态平平者则屈居人后。

在人际交往中，人们常常用“气质很好”来评价对某个人的总体印象，似乎正是其模糊性才体现了较高的概括力。然而，一旦要把这个具体的感觉用抽象的概念来解释，就变得难以表达了。从心理学的角度来看，一个人的言谈举止反映的是他的内在修养，比如，一个人的个性、价值取向、气质、所学专业……不同类型的人，会表现出不一样的行为习惯，而不同公司、不同部门，也就在面试中通过对大学生言谈举止的观察，来了解他们的内在修养和气质，并以此来确定其是否是自己公司需要的人选。面试能否成功，是应聘者在不经意间被决定的，而且和应聘者的言谈举止很有关系。而这些内在气质，都会在平常的言谈举止中流露出来。

如果说气质源于陶冶，那么风度则可以借助于技术因素，或者说有时是可以操作的。风度总是伴随着礼仪，一个有风度的人，必定谙知礼仪的重要，既彬彬有礼，又落落大方，顺乎自然，合乎人情，外表、内涵和肢体语言的真挚融合，这便是现代人的潇洒风度。每个人都有自己的形象风格，展现自我风采的另外一个重要因素便是自信，体现一种独特的自然魅力，自我风采便无人能挡。

（2）语言就是力量。

语言艺术是一门综合艺术，包含着丰富的内涵。一个语言艺术造诣较深的人需要多方面的素质，如具有较高理论水平、广博的知识、扎实的语言功底。如果说外部形象是面试的第一张名片，那么语言就是第二张名片，它客观反应了一个人的文化素质和内涵修养。谦虚、诚恳、自然、亲和、自信的谈话态度会让你在任何场合都受到欢迎，动人的公关语言、艺术性的口才将帮助你获得成功。面试时要在现有的语言水平上，尽可能地发挥口才作用。对所提出的问题对答如流，恰到好处，妙语连珠，耐人寻味，又不夸大其词。自我介绍是很好的表现机会，应把握以下几个要点：首先，要突出个人的优点和特长，并要有相当的可信度。特别是具有实际管理经验的要突出自己在管理方面的优势，最好是通过介绍自己做过的项目来叙述一下，语言要概括、简洁、有力，不要拖泥带水，轻重不分。重复的语言虽然有强调的作用，但也可能使考官产生厌烦情绪，因此重申的内容，应该是浓缩的精华，要突出你与众不同的个性和特长，给考官留下难忘的记忆。其次，要展示个性，使个人形象鲜明，可以适当引用别人的言论，如老师、朋友等的评论来支持自己的描述。第三，坚持以事实说话，少用虚词、感叹词之类。第四要符合常规，介绍的内容和层次应合理、有序地展开。要注意语言逻辑，介绍时应层次分明、重点突出，使自己的优势很自然地逐步显露；最后，尽量不要用简称、方言、土语和口头语，以免对方难以听懂。当不能回答某一问题时，应如实告诉对方，含糊其辞或夸夸其谈会导致失败。

面试，在很多情况下是你与面试官最直接的“短兵相接”，你的一举一动、一言一行，都让面试官尽收眼底。所以面试礼仪就是最为重要的一个环节，礼仪是个人素质的一种外在表现形式，是面试制胜的法宝。面试礼仪这个环节又由许多小环节构成，如果礼仪知识知之甚少，或忽视礼仪的作用，在一个小环节上出现纰漏，可能就会被淘汰出局。

知识点 1:五大身体语言助你面试成功

面试时，你只有很短的时间来推销自己。据研究证实，两个人之间交流得到的印象，有 65% 是建立在非语言交流的基础上。如果一个人的身体语言与他的言语相矛盾，人们宁愿相信他们所看到的情况，而不是所说的。你很可能忽略了通过体态和手势来表达这一点。以下是一些利用身体语言表达自己的“秘诀”，只要你照着去做，肯定会对你有所帮助。

1)最好不要穿新衣

因为这会让你坐在那里觉得不自然。另外，叫一个朋友来感受一下面对面的距离，如果坐得太近，主考官会觉得你侵犯了他的私人空间；若距离太远又会显得你冷漠。

2)良好的坐姿

找到面试者的位子后稳稳地坐上去，全身放松，不需要正襟危坐，以免肌肉紧张不受控制；调整好呼吸，千万不要喘粗气；如有必要可以改变你的坐姿，用不着总保持同一种姿势。

3)避免目光游离

游离的、善变的目光让主考官认为你这个人不老实，他会想：“我可不愿让一个坐不住的人坐在我的办公室里。”留意倾听一个问题时，将坚定、自信的目光停留在问话人脸上大概 5~7 秒钟。目光的交流并不是让你直勾勾地盯着对方，它的诀窍是将目光集中在对方眼睛与鼻子之间的三角形位置上移动，这样会令人觉得你对他的话十分重视。当你想就某件事获得积极的回应(例如当你说“我真的想得到这份工作”时)，你可以微斜着头，然后绽出一个非常诚恳的微笑，就像慈祥的母亲正坐在对面笑眯眯地望着你一样。

4)让双手成为好帮手

当你坐在椅子上，双手要摆姿势时，想象着有一个与肩膀同宽的盒子放在你的下巴与腰之间，将所有的手部动作都控制在这个范围内。移动双手时，确定手离开身体的距离不超过肘部的长度。不能带有恐吓性。当被问到一些很难回答的问题，例如“为何辞去你以前的工作”时，让双手重叠在一起，手指交叉，摆出虔诚的样子来回答，千万不要拍掌、玩手指，这些不经意的小动作极有可能使你落选。当然，也不要将双手握得太紧，否则会给人抓紧拳头的感觉。

5)不要摆弄双腿

坐在主考官对面时，千万避免交叉双腿，在任何情况下都不要翘二郎腿，这看上去像是你与主考官之间竖起了一道屏障，令主考官觉得你的动作有攻击性，同时也会影响你的血液循环。你的腿关系到以后你能否迈进这间办公室，所以还是老老实实地坐好为妙。

知识点 2:面试时的仪容着装

1)仪表(男职员)

(1)短发，干净、整齐，不要太新潮。
(2)精神饱满，面带微笑。
(3)每天刮胡须，饭后洁牙。
(4)白色或单色衬衫，领口、袖口无污迹。
(5)领带紧贴领口，系得美观大方(颜色、长短、领带夹)。
(6)西装平整、清洁(扣子、商标)。
(7)西装口袋不放物品(笔)。
(8)西裤平整，有裤线。
(9)短指甲，保持清洁。
(10)皮鞋光亮，深色袜子。
(11)全身颜色在 3 种以内。

2)仪表(女职员)

(1)发型文雅、庄重，梳理整齐，长发要夹好，不扎马尾。
(2)化淡妆，面带微笑。
(3)着正规套装，大方、得体。
(4)指甲不宜过长，并保持清洁;若涂指甲油须用自然色。
(5)裙子长度适宜。
(6)肤色丝袜，无破洞(备用袜)。
(7)鞋子光亮、清洁。
(8)全身颜色在 3 种以内。

1)面试常见问题

(1)告诉我有关你自己的情况?
(2)你为什么申请这项工作?
(3)你了解这项工作和这家公司吗?
(4)你对工作的期望是什么?
(5)谈谈你自己。
(6)你的特长是什么?

(7)你最大的缺点是什么?
(8)你最喜欢什么类型的工作?
(9)你为什么希望来我们这家公司?
(10)这些年来你最大的成就是什么?
(11)这个工作为什么吸引你?
(12)在过去的生活中你最大的错误是什么?
(13)你是如何克服那些问题的?
(14)5 年内你希望自己有何发展?
(15)你现在正和其他公司洽谈吗?
(16)你对成功的定义是什么?
(17)你有野心吗?为什么?
(18)你如何描述自己做事的风格?
(19)你做事的态度是什么?
(20)你喜欢独立作业还是集体作业?
(21)你受的教育和有关经验与这项工作有什么联系?
(22)你的生活目标是什么?
(23)空闲时你都做些什么?
(24)为什么你不去追求更好的工作或职位?
(25)我们原先希望找一些岁数更大、经验更多的人,你符合吗?
(26)你认为好经理应具有什么条件?
(27)你的朋友多吗?为什么他们愿意跟你来往?
(28)你是如何对待那些你不喜欢的人?
(29)如果你的上司和同事有利害冲突,你会站在哪一边?
(30)你希望挣多少钱?
(31)为什么你还没有找到工作?
(32)你能为我们提供什么帮助吗?
(33)将来你打算跳槽吗?
(34)如果你被聘用,你有哪些要求?
(35)如果达不到你的要求,你还会在这里工作吗?

2)问题解析:“应聘本公司的原因”怎么回答

“你为什么来本公司应聘”“你应聘的原因是什么”……这些面试题目统统是考官对你“应聘本公司的原因”的探究,该怎么回答呢?

面试题分析:应聘本公司的原因是考官借此考察你的职业定位和倾向。

回答技巧:这类问题不要直接地说目的和动机,太“实在”显得你没水平。也不要“假大虚空”的不切实际。比如一外地求职者参加应聘面试。总经理:你应聘本公司的原因是什么?青年:为企业贡献自己的聪明才智。总经理:假话。你对本企业一无所知,也无感情,何谈贡献?青年:实现个人价值,干一番事业。总经理:假话。干事业何不在家乡干,在外地人生地不熟,干给谁看?青年:为了赚钱。总经理点点头:这才是真话,录取。

建议回答时要结合自己的优势、专长和职业定位进行分析，并展示自己的优势评判和赞赏公司，选择大家都乐意听和感兴趣的话题。

"应聘本公司的原因"回答范例：

(1)看重公司的企业文化，而自己应聘的岗位正好能发挥个人特长，是公司需要的人才类型。

(2)看重公司实力及发展前景。

(3)所应聘公司及职位能为自己带来更丰富的工作经验。

(4)自己的知识背景能够为公司带来财富价值。

(5)所应聘职位能为自身带来职业发展空间。

第一步　课前认知	
主要内容	教师评价
回答以下问题： (1)你认为面试前应该做哪些准备工作？ (2)面试中应该注意哪些问题？ (3)你认为面试中的自我介绍以几分钟为宜？为什么？	

第二步　课堂学习	
主要内容	教师评价
(1)本堂课学习笔记： (2)请总结：面试礼仪都包括哪些？我们需要特别注意什么？ (3)在面试中，我们在回答问题时需要注意什么？强调什么？	

第三步　课后拓展	
主要内容	教师评价
(1)为你的面试分别准备3分钟和1分种的自我介绍,并反复练习。 (2)请以小组为单位反复练习敲门、握手、微笑等面试礼仪。 (3)你的面试衣服与配饰准备好了吗?请提前穿上并熟悉它们吧! (4)每天朗读一篇文章,注意控制语速、语音与语调。让我们练起来吧!	

(1)请总结:通过课堂学习、课下自学、小组交流、同学的分享,你了解了哪些具体知识? (2)请总结:通过本项目的实施,你有哪些感想、收获和成长?	
签名:	日期:
本团队成员对你的评价:	
签名:	日期:
其他团队对你的评价:	
签名:	日期:

续表

教师对你的评价：	
签名：	日期：

请学有余力的同学思考并学习整理如下内容：

（1）赏析电影《当幸福来敲门》，总结你学到的面试礼仪。

（2）准备长、短两个版本的个人自我介绍，并开始练习。

项目 14 模拟面试

面试能力是大学生就业能力的一个重要体现，也是实现大学生成功就业和企业选拔人才的一个关键因素。许多人求职往往都是在面试环节败下阵来，因此求职过程中面试能力的高低直接关系到求职成功与否。模拟面试搭建了一个逼真的模拟平台，我们不仅可以从模拟体验中发现自身存在的问题，获得经验，使各方面技能在锻炼中完善，学会倾听问题的重点、注意语言组织和表达方式、加强交流合作的精神，从而掌握面试技巧，提升求职能力。同时还可以学会换位思考，了解用人单位的需求和标准，从而端正求职动机，塑造良好的求职心态，更加准确地把握职业定位，逐步完成从大学生向职场人角色意识的转变。因此，强化模拟面试环节，加强技能的培养与锻炼不仅可以有效提升我们的求职成功率，对促进我们的就业也有着极其重要的意义。

通过本次模拟面试，我们将达到如下目标：

- 让学生确定自己的求职目标和方向；
- 对目标岗位的要求与职责进行熟悉与了解；
- 学会充分挖掘并表达自己面向岗位的优势；
- 培养学生收集、整理、分析以及表达各种信息的能力；
- 培养学生面对压力的能力；
- 让学生做好求职准备。

本项目是通过让学生根据学校提供的企业岗位搜集与职位相关的信息，依据科学的手段，完成自我认知、企业调研、岗位认知等环节，并按照简历书写规范完成特定岗位的简历书写。本项目以小组为单位，个人分别准备，旨在通过简历的书写，完成对岗位及自我的总结，并针对面试礼仪、面试技巧进行训练，完成面试现场的把控；让学生能够正确对待面试过程中的压力，并能准确表达自己的求职意向及自身优势，达到成功面试的结果。让我们从模拟面试开始积累书写简历及现场面试的经验，为求职做好准备吧！

1. 项目相关环节结构图

图 14-1　课堂环节结构

2. 相关环节

环节 1:活动准备

1)任务布置

(1)制作活动方案,详见阅读资料部分的“模拟面试活动日程模板”。

(2)给校方或相应领导发送活动通知、活动方案(视情况决定是否需要此步骤)。

(3)布置活动任务,通知注意事项:说明活动的主题、意义和目的;说明模拟面试的活动组织形式;说明活动过程中的关键时间节点;详细说明模拟面试的要求和规则;确认同学们是否都明白活动要点;留一份活动通知和活动方案给每组的小组长。

(4)邀请企业及面试嘉宾。

确认参加模拟面试的企业及面试官成员(最好达到此要求,如果有真实的企业招聘需求最好),制作公司简介及岗位说明;确认参加模拟面试的老师和企业嘉宾,面试官角色要分两类:技术和人力;准备面试岗位说明书及面试题,岗位要涉及以后学生就业的常见岗位,面试题要分为人力面试及技术面试;面向学生发布招聘信息。

(5)通知活动方案中涉及的其他相关人员及活动要点,并发送活动方案。

(6)活动一定要至少提前 4 周开始布置。

2)作品过程跟踪指导

(1)布置完任务一周时,询问并督促各组进度。

(2)布置完任务两周时,必须看到各组的第一版简历,并根据学生简历情况提供指导或专业培训。

(3)布置完任务三周时,组织一次比赛演练活动,开场仪式、比赛流程等要求全部按流程演练。根据演练的效果进行指导并提出改进意见。

(4)布置完任务第四周开始进行特训简历验收工作,简历要求一岗一份,学生可以一人多岗。

(5)要求至少提前两天收集完所有简历,并按求职岗位对学生进行排序。

3)物资准备

(1)面试场地布置用品:比如条幅、面试场地指示图、企业介绍、岗位说明、面试报名表及简历、纸、笔、特殊岗位面试道具(根据岗位需要)、面试点评表。

(2)学生自行准备:根据不同岗位准备的简历、多岗位求职时的排序。

(3)主持和评分工作物资准备:主持词、纸、笔、评分标准、活动日程表等。

(4)其他用品:如纸杯、水,必要时可以有水果、小甜品等。

4)场地布置

(1)按活动方案集中布置会场的人员。

(2)验收物品是否摆放到位。

(3)验收场景和活动气氛是否匹配。

(4)不当之处安排调整。

5)其他准备工作

(1)由培训师试播并确认讲解 PPT 在现场用的笔记本上显示效果正常,并且相关音乐、视频等链接的附件可以正常播放。

(2)确认时间至少提前 1 天。

(3)根据求职简历进行分类,制作报名表,比赛当天一早或者提前一天均可。

环节 2:活动实施

1)开场导入

(1)播放准备好的暖场音乐。

(2)在门口迎接早到的学生,同时有专门的人接待面试嘉宾到指定场地就位。

(3)(开始前 3 分钟维持活动秩序)请各位同学尽快入座,把手机调至静音或关闭状态。我们的活动马上就要开始了。

(4)培训师开场并自我介绍。

开场:各位同学,大家好!我是……,也是今天的培训……。

本次活动的主要目的是……,时间安排是……,下午现场招聘结束后到……集合。

希望大家……。

好的,今天参加现场招聘的企业有……,他们分别在……位置。我们每个同学都按照求职意向到招聘现场排队进行。现在我宣布我们的活动正式开始,请大家注意现场的秩序并做好准备,预祝大家取得成功。

2)实施面试

(1)各位同学按照求职意向分别到招聘现场等待并准备面试。

（2）面试结束对自己的面试过程进行自我评价与总结，与本小组同学相互沟通，准备自我点评。

（3）每个招聘现场均有老师、助教角色观察并填写《模拟面试点评表》，为后续的点评做准备。

（4）招聘结束与面试官沟通，确定符合招聘条件、能够通过面试的成员并说明理由。

3）过程控制按活动日程进行，抓住关键点

（1）面试时间控制。

（2）过程秩序控制。

环节 3：点评强化

1）小组自评

以小组为单位发言，从求职定位、自我形象、语言表达及问题解答等方面自评自己的面试过程。

2）面试嘉宾点评

以本组面试者为单位进行点评；点评本组中表现较好的代表，最好是以能通过面试的人员为例，从简历、表达、着装、礼仪、描述、技能、素质等方面进行评价，指出好与不好的方面；对本组表现较差的同学进行点评，具体指出有待改进的方面。

3）回顾活动历程

（1）总结成长和收获，肯定大家的付出。

（2）正向引导，希望同学们能更多了解企业信息、职场文化，搜集有关企业、岗位、职位、职责、技能要求、企业文化、职场规则等方面的信息并进行整合，为求职做好心理和行为的准备。后续延伸活动包括校内宣传栏制作；活动新闻撰写和发布；校内分享展示汇报等形式的活动组织。总结活动包括整理活动中出现问题的有效控制方法；优化调整模拟面试活动方案。

环节 4：知识总结

知识点 1：简历撰写的技巧

（1）撰写简历从求职调研开始。

（2）撰写简历的黄金法则。

（3）撰写简历的出彩原则。

知识点 2:面试中的基本礼仪

(1)和用人单位约好面试时间,一定要提前 10 分钟到达面试地点,以表示求职者的诚意,给对方以信任感,同时也可调整自己的心态,作一些简单的准备,以免仓促上阵,手忙脚乱。

(2)进入面试现场时不要紧张。如门关着,应先敲门,得到允许后再进去。开关门动作要轻,以从容、自然为好。见面时要向招聘者主动打招呼问好致意,称呼应当得体。在用人单位没有请你坐下时,切勿急于落座。用人单位请你坐下时,应道声“谢谢”。坐下后保持良好体态,切忌大大咧咧,左顾右盼,满不在乎,以免引起反感。离去时应询问“还有什么要问的吗”,得到允许后应微笑起立,道谢并说“再见”。

(3)对用人单位的问题要逐一回答。对方介绍情况时,你要认真聆听。为了表示你已听懂并感兴趣,可以在适当的时候点头。回答问题时,口齿要清晰,声音要适度,答话要简练、完整。一般情况下不要打断用人单位的问话或抢问抢答,否则会给人急躁、鲁莽、不礼貌的印象。问话完毕,听不懂时可要求重复。当不能回答某一问题时,应如实告诉用人单位。对重复的问题也要有耐心,不要表现出不耐烦。

(4)在整个面试过程中,在保持举止文雅大方,谈吐谦虚谨慎,态度积极热情。如果用人单位有两位以上主试人时,回答谁的问题,你的目光就应注视谁,并适时地环顾其他主试人以表示对他们的尊重。谈话时,眼睛要适时地注意对方,不要东张西望,显得漫不经心,也不要眼眉低垂,显得缺乏自信;激动地与用人单位争辩某个问题是不明智的举动,冷静地保持不卑不亢的态度是有益的。有的用人单位专门提一些无理的问题试探你的反应,如果处理不好,容易乱了分寸,面试的效果就不会理想。

知识点 3:应试者语言运用的技巧

面试场上你的语言表达艺术标志着你的成熟程度和综合素养。对求职者来说,掌握语言表达的技巧无疑是重要的。那么,面试中怎样恰当地运用谈话的技巧呢?

(1)口齿清晰,语言流利,端庄大方。交谈时要注意发音准确,吐字清晰。还要注意控制说话的速度,以免影响语言的流畅。为了增添语言的魅力,应注意修辞美妙,忌用口头禅,更不能有不文明的语言。

(2)语气平和,语调恰当,音量适中。面试时要注意语言、语调、语气的正确运用。打招呼时宜用上语调,加重语气并带拖音,以引起对方的注意。自我介绍时,最好多用平缓的陈述语气,不宜使用感叹语气或祈使句。声音过大令人厌烦,声音过小则难以听清。音量的大小要根据面试现场情况而定。两人面谈且距离较近时声音不宜过大,群体面试而且场地开阔时声音不宜过小,以每个人都能听清你的讲话为原则。

(3)语言要含蓄、机智、幽默。说话时除了表达清晰以外,适当的时候可以穿插幽默的语言,增加轻松愉快的气氛,也会展示你的气质和从容风度。尤其是当遇到难以回答的问题时,机智幽默的语言会显示自己的聪明智慧,有助于化险为夷,并给人以良好的印象。

(4)注意听者的反应。求职面试不同于演讲,而是更接近于一般的交谈。交谈中,应随时注意听者的反应。比如,听者心不在焉,可能表示他对你的谈话没有兴趣,你得设法转移话题;听者侧耳倾听,可能说明由于你的音量过小使对方难于听清;皱眉、摆头可能表示你的言语有不当之处。根据对方的这些反应，就要适时地调整自己的语言、语调、语气、音量、修辞及陈述内容，这样才能取得良好的面试效果。

知识点 4：应试者手势运用的技巧

其实，在日常生活交际中，人们都在不自觉地运用手势帮助自己表达意愿。那么，在面试中怎样正确地运用手势呢？

表示关注的手势。在与他人交谈中，一定要对对方的谈话表示关注，要表示出你在聚精会神地听。对方在感到自己的谈话被人关注和理解后，才能愉快专心地听取你的谈话，并对你产生好感。面试时尤其如此。一般表示关注的手势是：双手交合放在嘴前；把手指搁在耳下；或双手交叉，身体前倾。

知识点 5：应试者回答问题的技巧

(1) 把握重点，简捷明了，条理清楚，有理有据。一般情况下回答问题要结论在先，议论在后，先将自己的中心意思表达清晰，然后再做叙述和论证。否则，长篇大论，会让人不得要领。面试时间有限，精神有些紧张，多余的话太多，容易走题，反倒会将主题冲淡或漏掉。

(2) 讲清原委，避免抽象。用人单位提问总是想了解一些应试者的具体情况，切不可简单地仅以“是”和“否”作答。应针对所提问题的不同，有的需要解释原因，有的需要说明程度。不讲原委，过于抽象的回答，往往不会给主试者留下具体的印象。

(3) 确认提问内容，切忌答非所问。面试中，如果对用人单位提出的问题，一时摸不到边际，以致不知从何答起或难以理解对方问题的含义时，可将问题复述一遍，并先谈自己对这一问题的理解，请教对方以确认内容。对不太明确的问题，一定要搞清楚，这样才会有的放矢，不致答非所问。

(4) 有个人见解，有个性特色。用人单位有时接待应试者若干名，相同的问题问若干遍，类似的回答也要听若干遍。因此，用人单位会有乏味、枯燥之感。只有具有独到的个人见解和个性特色的回答，才会引起对方的兴趣和注意。

(5) 知之为知之，不知为不知。面试遇到自己不知、不懂、不会的问题时，回避闪烁、默不作声、牵强附会、不懂装懂的做法均不可取，诚恳坦率地承认自己的不足之处，反倒会赢得主试者的信任和好感。

知识点 6：应试者消除紧张的技巧

由于面试成功与否关系到求职者的前途，所以大学生面试时往往容易产生紧张情绪。有些大学生可能由于过度紧张而导致面试失败，因此必须设法消除过度的紧张情绪。这里介绍几种消除过度紧张的技巧，供同学们参考。

(1) 面试前可翻阅一本轻松活泼、有趣的书籍。通过阅读可以转移注意力，调整情绪，克服面试时的怯场心理。避免等待时紧张、焦虑情绪的产生。

(2) 面试过程中注意控制谈话节奏。进入面试场地致礼落座后，若感到紧张先不要急于讲话，而应集中精力听完提问，再从容应答。一般来说人们精神紧张的时候讲话速度会不自觉地加快，讲话速度过快，既不利于对方听清讲话内容，又会给人一种慌张的感觉。讲话速度过快，往往还容易出错，甚至张口结舌，进而加强自己的紧张情绪，导致思维混乱。当然，讲话速度过慢，缺乏激情，气氛沉闷，也会使人生厌。为了避免这一点，一般开始谈话时可以有意识地放慢讲话速度，等自己进入状态后再适当增加语气和语速。这样，既可以稳定自己的紧张情绪，又可以扭转面试的沉闷气氛。

（3）回答问题时，目光可以对准提问者的额头。有的人在回答问题时眼睛不知道往哪儿看。经验证明，魂不守舍、目光不定的人，使人感到不诚实；眼睛下垂的人，给人一种缺乏自信的印象；两眼直盯着提问者，会被误解为向他挑战，给人以桀骜不驯的感觉。如果面试时把目光集中在对方的额头上，既可以给对方以诚恳、自信的印象，也可以鼓起自己的勇气，消除紧张的情绪。

1）影响面试成功的不可控因素

这些不可控因素包括：太多的职位申请人；薪酬太低；雇主在招聘时表现出犹豫不决；只是需要一名临时工作人员；离职人员改变主意，不离职了；新的人事规定出台；公司想聘用某种特殊类型的人；面试官缺乏经验；接受申请书仅是为今后使用；寻求具备更多经验的人；你的技能大大超过职位的需要；公司突然根据业务上的原因决定冻结招聘；面试官生病或出差；管理层发生了变化；对所有应聘人员有了新的考虑；必须先聘用一个更重要岗位的人员。

2）影响面试成功的可控因素

这些可控因素包括：糟糕的个人形象；傲慢专横、过分放肆、目空一切的态度，优越感，无所不知；缺乏清晰介绍自我的能力，糟糕的嗓音或语言；缺少职业规划性，缺少目的性和目标；缺乏兴趣和热情，表现得被动和冷漠；缺乏自信和沉稳，过分紧张和难以放松；过分看重金钱，只考虑收入因素；学校成绩太差，只是勉强毕业；不愿意从最基层干起，想要的太多太急；对过去的不良记录采取寻找借口和搪塞的态度；缺少礼貌，举止粗俗；以负面的语气谈论前上司和同事；不能正视面试官的眼睛；软弱无力、滑溜溜地握手；糟糕的简历表格填写；不诚恳，像是在挑拣工作；不想在这个职位上长期工作；对这家公司或行业缺少兴趣；过分强调你认识谁而不是你能干什么；表现出不愿意服从工作调动；缺乏容忍，强烈的偏见；兴趣过窄；毫无原因地在面试时迟到；不对面试官腾出时间进行面试表示感谢；对所申请的公司一无所知；不能对所申请工作提出任何问题；对面试官采取高压强硬的态度；含糊地回答问题。

3）面试过程

准备：准备好简历；为面试做好资料准备，起草给面试官的自我介绍稿；为每一次面试做好资料卡片；保持一种“我能够”的态度，想象自己得到这份工作的样子；按照你扮演的角色打扮妥当；记住简历内容，将简历带到面试现场；了解公司的情况；准备好 5~6 个问题，想好在什么时间提问；在计算机上对面试情况进行记录并总结；保持自我控制；守时。

互相介绍：保持良好的姿势、握手、深呼吸；最初的 4 分钟是建立融洽气氛的最重要的时刻；介绍你能为公司做什么，你的长处和背景；一定要保持积极向上的态度，把自身负面的东西转化为优点。

面试：微笑；根据你的简历介绍情况；争取能进入第二轮面试；承受任何拒绝，并且能够预见到可能的拒绝；保持回答简短；提问有关本行业的一些问题；了解聘用的程序和规则；直截了当地提出想做这份工作的要求；一定要积极向上；询问对方“什么时候能做出决定”。

求职受挫：不断地进行学习和搜索；参加活动以增加工作经验；参加或建立求职互助小组；保持对职场最新动态的了解。

1)模拟面试活动日程模板

为梦想，从面试开始——模拟面试活动日程模板

比赛时间：×××

比赛地点：×××

参赛对象：×××

活动项目

第一环节：现场面试环节

按求职意向，排队进行。每人需按求职意向分别准备简历。

第二环节：总结强化环节

首先进行小组成员自评阶段。

最后由助教、面试嘉宾针对大家的现场表现进行点评，公布能够通过面试人员名单或表现良好人员名单。

培训师对整体情况进行点评。并重点针对当天情况进行常见问题讲解，对活动相关的知识进行串讲，强化活动技能。

具体活动日程见下表：

表 14-1　模拟面试活动日程表

序号	时间安排	内容	要求
1	XX：XX-XX：XX	工作人员就位	检查设备
2	XX：XX-XX：XX	参训学生、面试嘉宾分别入场	每个面试场地都有专人负责接待
3	XX：XX-XX：XX	各岗位面试	面试官及助教到位
4	XX：XX-XX：XX	中午休息	
5	XX：XX-XX：XX	小组成员自我总结	每组 5~10 分钟
7	XX：XX-XX：XX	面试嘉宾点评	按面试小组进行
8	XX：XX-XX：XX	总结点评，知识点强化环节	培训师结合比赛案例，讲授事先准备好的内容
9	XX：XX-XX：XX	特训活动总结，培训师宣布特训活动结束	全体合影留念

2)模拟面试点评表模板

表 14-2 模拟面试点评表

名字 （被面试者）	非常好	满意	一般	还需改进	备注
① 开场陈述（印象）					
② 目光接触					
③ 坐姿					
④ 仪表印象：个人外表（头发、气质、着装）					
⑤ 描述过去学习（工作）经历、教育与培训背景的能力					
⑥ 说明设备、工具及其他机械器具使用方法的能力					
⑦ 说明技能、技术、过程及步骤的能力，强调与工作相关技能的能力					
⑧ 说明个人目标、兴趣与期望的能力					
⑨ 说明个人在人生中可疑因素（功能性障碍、频繁的工作变动、待业时间太长、技术能力较差）的能力					
⑩ 陈述和回答关于工作问题的能力					
⑪ 仔细倾听面试官，留意并对其肢体语言做出反应的能力					
⑫ 演讲与交谈的举止（声音、语调、音高、音量、语速）					
⑬ 身体特殊习惯（面部表情、动作）					
⑭ 热情、对此份工作的兴趣					
⑮ 态度、信心					
⑯ 整体印象。你会雇佣这个候选人吗？					

任务实施

第一步 赛前认知	
主要内容	教师评价
回答以下问题： （1）请回忆你的个人经历，有哪些片段是令你难忘的？为什么？	

续表

(2)你的特长是什么？你觉得它是不是你的优势，为什么？ (3)请整理一件你做过的最具挑战的事情，分享给你的舍友。谈谈你觉得通过这件事情让你有什么成长？ (4)关于模拟面试的准备，你都做了哪些工作，把你的思路和准备的相关资料写在下面吧！	

第二步 模拟面试	
主要内容	教师评价
(1)结合下表内容，请认真考虑模拟面试现场应该注意哪些问题？	

表 14-3 模拟面试选手准备项目

需准备项目	准备过程描述	备注
衣着		
目光		
手势		
礼节		
简历		
其他		

(2)你对其他人的面试提出了哪些意见和建议？

表 14-4 对他人的意见和建议记录表

组别	演讲人	我的意见及建议

续表

(3)同学们对你的简历或面试提出了哪些问题和建议？	

表 14-5 同学们的意见和建议记录表

同学们的意见和建议

(4)教师对你或你们组代表的简历或面试提出了哪些问题和建议？

表 14-6 教师的意见和建议记录表

教师的意见和建议

第三步　赛后拓展	
主要内容	教师评价
(1)总结本人模拟面试表现。	

表 14-7 简历大赛表现总结表

表现好的方面	表现不好的方面

(2)经过本次模拟面试，请你总结整理学习笔记，分享自己在面试中学到了什么，本组或本人需要改善的地方，并思考具体做法有哪些，并列出计划。

（1）你在模拟面试中的表现如何，你认为其他同学表现如何？ （2）你对谁的面试印象最深刻？为什么？ （3）请总结：通过模拟面试的准备、课余学习、比赛实施、同学分享、老师点评等，你了解了哪些具体知识？ （4）通过本项目的实施，你有哪些感想、收获和成长？	
签名：	日期：
本团队成员对你的评价：	
签名：	日期：
其他团队对你的评价：	
签名：	日期：
教师对你的评价：	
签名：	日期：

请学有余力的同学思考并学习整理如下内容：

（1）整理你的学习笔记，请分享面试中你学到了什么。

（2）你觉得自己有什么优秀的品质？请举例说明。

（3）请整理你最近完成的项目，并写出表达思路。把你的项目讲给身边的人，谈谈你的角色和收获，听听他们的看法吧！

项目 15 试用期平稳过渡

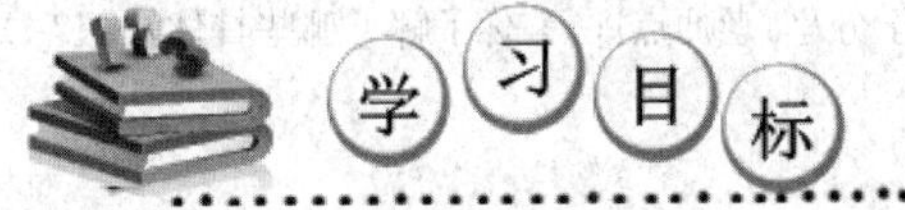

进入职场，对于任何人来说，都是一个新的开始。尤其是没有任何社会经验的大学生，更要为自己进入职场做好充足的准备工作，学会职场生存技能。不要觉得入职就万事大吉了，其实完成面试之后并不算真正进入公司，这时试用期考核才正式开始。很多人觉得试用期不出差错都能过，无非小心谨慎罢了，但是大家忽略了，在公司管理层的眼里，一个新人在试用期的表现，往往决定了他的未来。是用心栽培，还是就放在当初招聘的岗位上，三个月的试用期里，基本都能有定论。所以，试用期至关重要。

试用期是比较难熬的时期，不管你适应能力有多强，都必然会遇到水土不服的地方。因为不仅是你去适应新环境，新人际关系；新环境，新同事也要适应你。所以要互相磨合。而有磨合就一定会有矛盾和冲突，这时候就是考验我们综合能力的时候。能否平稳度过试用期，我们自身的因素占到 90% 以上。那么到底该如何做才能安全平稳地度过试用期呢？让我们一起来探讨吧！

通过本项目的实践，我们将达到如下目标：

● 了解试用期的作用和重要性；
● 端正试用期心态；
● 明确试用期要树立怎样的形象；
● 知道试用期该如何做，如何表现自己；
● 适应环境，学会与同事相处，快速融入团队；
● 从现在做起，为将来平稳度过试用期做好准备。

本项目通过课堂及课下学习有关试用期过渡的相关知识，思考试用期应该树立怎样的形象，应该以何种心态平稳度过这一时期。小组研讨，整理出试用期的注意事项以及顺利度过试用期的技巧，可结合实训体验制定试用期个人提升计划和具体行动计划，并制作 PPT，每组选一名代表在班级进行分享。

1. 项目相关知识结构图

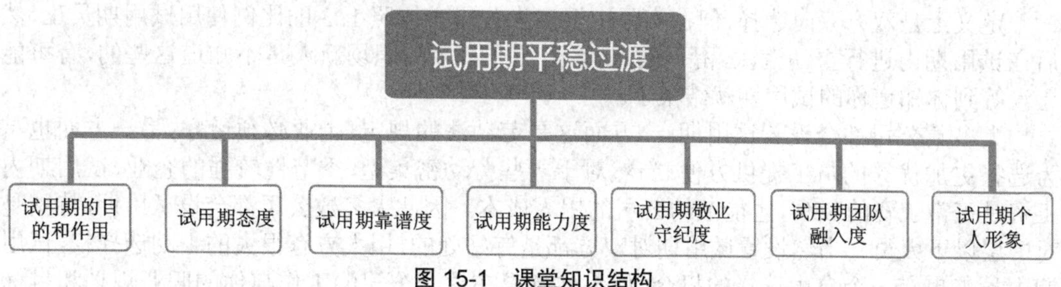

图 15-1 课堂知识结构

2. 相关知识点

知识点 1:试用期的目的和作用

案例分析

案例一: 2017 年 8 月,小张入职一家自媒体公司,双方约定了 8 个月的试用期。2018 年 4 月,试用期满,公司人事跟小张谈话,说小张在试用期内的工作表现很差,不符合转正要求,但是考虑到小张工作态度认真积极,可以再给 2 个月的表现机会,人事拿出一份延长试用期的协议,小张二话不说就签了字。

案例二: 小张入职一家互联网公司担任程序员,入职时并未签订劳动合同,只签了一份试用协议,协议约定了小王的工作内容、工作地点和试用期工资,并约定试用期为 3 个月,试用期结束后由公司总经理根据小王的工作表现决定小王的薪资和聘用期限。试用期结束后,小王认为公司给出的薪资待遇实在太低,毅然辞职。

图 15-2 试用期的作用

试用期在劳动合同期限内,用人单位对劳动者是否合格进行考核,劳动者对用人单位是否符合自己要求也进行考核,是一种双方双向选择的表现。试用期是每个职场新人找一份工作时必须要面对的,那试用期一切都是企业说了算吗?企业签订试用期的目的是什么?

试用期，又叫适应期，是指用人单位和劳动者为相互了解、选择而在劳动合同中约定的不超过6个月的考察期。目的是让劳动者和用人单位相互考察，以决定是否建立劳动关系。

定义上是双方双向选择，但在实际中很多大公司会按照1:3的比例使用试用期员工，然后在试用期内进行主动淘汰，留下优秀者，当然非常多的职场新人是不知道这些的，有可能还没等到你知道你的试用期就结束了。

大多数公司都会设置试用期，一方面这是劳动法的规定，企业必须遵守；另一方面也是为选择更加优秀的员工提供方便；当然对于一些劳动密集型、季节性较强的企业，试用期内工资是正常工资的80%，也能节约公司的用人成本。因此大多数公司都会设试用期，特别是对中层以下人员。当然设置试用期对双方都是有好处的，用人方有很大的主动选择权，试用期内员工也有一个自由选择的机会，如果你觉得在这个公司的工作与你的职业规划和目标相关性不大，你可以主动地在试用期选择放弃。

企业设定试用期主要有以下作用。

（1）测试求职者与企业文化的匹配程度。

每个人的个性、爱好和价值观都不同。因此，并非所有人都能够很合群，有的甚至可能与企业文化不相容。如果公司员工不承认企业文化，就不可能为企业做好工作，而这样的员工会在试用期被排除掉。

（2）测试职业态度。

态度决定一切。一个人的工作态度可以在试用期内很容易被看出来。个人能力可以通过学习来改变，但一个人的态度不好的话就很难发生转变了。工作态度差或者没有积极性的员工，绝对不可能有任何好的工作成果，这样的员工对于公司来说也是必须要筛选出去的。

（3）测试职业能力。

这是为了测试员工是否真的有能力去胜任一份工作。在工作中，人的能力指的是工作方法。工作方法来自两个方面：第一是经验，第二是思维能力。同样的事情，不同的人会有不同的结果。因此，在试用期内检查一个人的能力其实也就是在检查他的工作方法。

（4）测试职业绩效。

此处的职业绩效是指执行能力。在试用期内，判断一名员工是否能在未来取得良好表现，可检查其执行能力，做事是否有计划，有条理。

试用期对于求职者以及公司双方来说都是一个非常重要的时期，双方在这个过程中都可以根据对方的行为表现来做出试用期后的最终决定。

知识点2：试用期态度

案例分析

案例一：梁红所在的招聘部门招来了一个新人小智，开始时觉得他工作积极主动，人际关系也处得不错。可刚过两个月，问题就出现了。不断有员工向梁红反映，说小智到处打听公司内部的事，还喜欢刨根问底，让人很不舒服。开始梁红没太在意，后来在私下接触时她默默观察起小智来。渐渐地，梁红注意到，小智凡事太爱打听，谁说了什么他都立起耳朵听着。一次，一个员工向梁红汇报工作，就是下个月的计划报表，碰巧小智也在旁边。说话间隙，梁红用余光扫了一眼小智，明显感觉到他停下了手里的工作，耳朵竖了起来，全神贯注，生怕落下一句话。而且后来发现他不光爱打听，还太爱表现，相不相关的工作，只要让他知道了，他都要发表意见，想要参与。有一次，公司财务部门有个复杂的表要弄，找到梁红问她部门有没有会做办公软件的高手。后来，梁红主动问了几个部门的老员工，小智也在场，很明显他听进了心里。没过几分钟，小智就进了梁红的办公室，自告奋勇说自己想试试。当时梁红真有些哭笑不得，"公司的财务情况大多数是不会让新人参与的，他真是积极过了头。"类似情况很多，梁红提醒小智很多次，可他就是改不了。无奈，试用期过后，公司不得不将其辞退。

总结：新人初来乍到，必然会经历一些尴尬的过程，特别是在试用期，单位多用审视的眼光来对待新人，对他们的一言一行也会特别敏感。所以，新人在试用期内不要太急于表现自己，可以观察一下公司里的老员工是怎么做的，适应企业文化。积极好学是好事，但也要有个度，不要什么事儿都插一脚，避免让人觉得你什么事都爱打听。

案例二：事不关己，也别高高挂起。职场中，有些人很"积极"，可还有一些人，对于不是自己分内的事，从来不"搭把手"。两个月前，小茜与一家服装公司签约，做的是内勤工作，工作不算累，但很琐碎，正适合小茜这种既有耐心又细心的女孩子。可是，初入职场，小茜就养成了一种很不好的习惯——不是自己的事，坚决不闻不问。"我只要把我的工作做好就行了，至于其他事情，不该我管的，我也不会插手。"有一次，老板拿着一沓未整理的报表，想找人帮忙整理并复印几份，可平时负责复印整理数据报表的同事出去办事了，因此整理资料的事只能让别人来做。这时候，小茜偷偷环顾了一下整个办公室，其他同事都在忙，只有她显得比较清闲，小茜知道，通常这种情况下，老板肯定会让"闲人"来整理的，所以，她顺手拿起桌上一份已经整理好的资料，重新整理起来，假装很忙的样子。看着大家都忙，可资料又着急要，老板只能问大家，谁能暂时停下手里的工作，先整理报表。听着老板的询问，小茜就是不吭声。最后，一个老员工放下手里的工作，把报表拿走了。

总结：有所准备，学会适度表现，试用期过度张扬虽不可取，但并不意味着不该有所表现，只有把握机会展现自己的才华，才能博取老板的好感，为今后的职场生涯加分。

案例三：大学刚毕业的小雨在一家设计公司实习了一段时间，刚开始经理没有给她布置任何具体工作，只是让她熟悉环境，浏览公司的规章制度和业务范围等。"那段时间挺难熬的。"小雨回忆说，看着周围的同事们忙进忙出，似乎忘记了有她的存在，只是偶尔叫她帮忙打印一些资料，让无所事事的小雨倍感忐忑。一次公司的讨论会上，看到别人为了一个创意争得面红耳赤，小雨在旁边听得心痒痒的，很想也说几句，但心中却挣扎：自己才来没几天，还是收敛一点好，于是忍住了。在召开第二次讨论会时，小雨在做足充分准备后，鼓起勇气发表了自己的见解。基本熟悉了公司情况以后，小雨开始以积极的心态面对工作，细心揣摩成功的广告创意，虚心向经验丰富的同事请教，不久便具备了独立设计的能力。一个月以后，公司接到了一笔大订单，经理试探着问小雨能否承担其中一个项目的设计工作。小雨激动地跟经理保证自己会全力以赴。虽然只是一个小小的宣传页设计，但小雨丝毫没有大意。翻阅资料，上网搜索，跟同事讨教，终于有了一个基本的思路。三天以后，小雨把设计小样交到了经理手中。过了几天，经理从客户那边得到反馈，告诉小雨说："你的设计通过了，以后这个客户就由你负责吧。"以后的工作中，小雨不再因为自己是个新人而畏首畏尾，也向经理主动请缨完成了不少大项目。如今，小雨已经顺利拿到了公司的正式合约。

总结：刚进入职场，都有一种看不见的怯懦心理，就把那个阶段作为学习和储备的时机，好在适当的时候能有所表现。没有布置给你的不要抢着掺和，对得到的每一项工作都全力以赴，把握机会发挥所长，才能脱颖而出。企业最看重的就是员工能否适应企业文化。虽然签了合同但也不是万无一失的，如果试用期内表现不好，也会被企业辞退。在合同期之内的前三个月属于试用期，期间，雇佣双方是双向选择的。如果三个月内，员工不能适应企业，完成新的角色转换，那么只能离开。员工的技术能力、潜力和心态是衡量一个人是否能履职的标准。 职场新人刚入职时，到处打听必定会引起大家的排斥与反感。职场前辈们有他们的游戏规则与"生态圈"，他们不想被打破，过多参与他们的工作，就是在破坏职场固有的生态环境，那些已经习惯了周围环境的同事，自然就把你当成众矢之的。当然，行走职场也不能遇事退避三舍，没有眼力，这样会招致大家的指责。新入职场，一定要多听、多做、少说。这样，才能给前辈们留下任劳任怨、谦虚低调的印象，才能顺利度过试用期，博得大家的喜爱，获得必要的帮助。

讲解要点

"态度决定你的人生"，好多地方都可以看到这句至理名言，我们可以能力不够，行动不够，但是万万不可以态度不好，态度是一个人素养的体现，既然我们是去实习。无论我们是为了学习、锻炼，还是充实自我，都要摆正自己的态度，说话要尊重，谦虚礼貌。没有好的态度，会引起领导的反感，要通过试用期就存在难度了。

当然试用期要学会积极主动地工作，不要等领导说了之后才去行动。企业用人，试用期主要考核的是新人的工作积极性，如果一个员工对自己的工作不积极主动想办法完成，那么，今后他的工作也是没有激情的。所以实习生要注意工作态度，态度好坏决定他对工作认真与否，工作态度不端正，就不会努力完成一项工作任务，久而久之，会出现懒散怠慢，进而影响工作进程。三心二意，对现有工作持怀疑态度，总以为别的公司待遇比现在职位好，心里老惦记着跳槽。持有这种心态的员工，如果不及时纠正，在未来的职业生涯中，会遇到很多磕磕碰碰，最后学到的东西过于分散和凌乱，专业性不强，从而影响自身发展空间。

永远别抱怨。有人抱怨同事不好，工资太低，领导苛刻、公司决策层无能等等，你觉得不好就去改变，可以改变身边的环境，也可以改变你自己。

总之对于新人，既然进了公司，就要学会接纳，尽快从心理上要完成身份的转换，请对照自己的心态和行为，不要犯以下错误：保持观望状态，不积极，不主动，领导戳一下，你就动一动；不喜欢新公司的氛围、文化、产品、同事，甚至不喜欢自己手头上的工作，总等着别人做事；抱着新人有理原则不放，觉得自己是新人，公司就应该对自己特殊对待。

知识点 3:试用期靠谱度

视频分享:《冲吧,小朋友》(读者可上网搜索相关视频)

初来实习,可能对业务或者工作都不太熟悉,但没有关系,大家会给你机会去慢慢学习。但前提是,我们无论在学习或者工作过程中一定要保持认真的态度,尽最大的能力去完成上级交代的工作任务,不要去糊弄,做到严格谨慎。每天要提醒自己,认真一些,长久以后你会发现,其实认真也可以成为一种习惯,靠谱就是优秀的代名词。

所谓靠谱,就是认认真真地完成领导交代的事情,并且做得基本可以达到领导要求的质量水准。别人交代你的事情,一定要有反馈。不然别人怎么知道你有没有放在心上,有没有干完,有没有遇到困难。

解决不了的事情不要捂在自己手里。很多新人还有学生思维,像做题一样,非要自己一个人把它克服掉,以为这样才能显示自己的厉害。解决不掉就要向别人请教,实在不行就向领导汇报,告诉领导自己做到哪一步了,遇到什么问题,需要提供什么帮助等。问题捂在自己手里,项目不能完成,很有可能会给领导甚至公司带来严重的麻烦。

都说时间是考验一个人品性最好的途径,不仅要上班守时,还要按时完成领导交给你的任务,因为领导在安排工作时,不是盲目安排的,是考虑了多方因素去定的。如果你没有按时完成,很有可能会影响其他人的进度安排,导致所有人的计划打乱,所以一定要有时间意识。

知识点 4:试用期能力度

视频分享:励志短片《为什么不》(读者可上网搜索相关视频)

这是吉米·罗恩在美国商界风云大会上的一段最著名的演讲。

“当你正迷茫、缺乏动力或者充满抱怨时,不妨问问自己这三个问题:为什么?为什么不?为什么不能是我?为什么我要去学那么多东西?为什么我要去那么远的地方?为什么我要这么累?为什么不去试试自己能学会多少种技能?为什么不去看看自己能赚多少钱?为什么不去试试自己能承担多少责任?为什么不能是你?你有头脑,会做决定,命运在自己手中。如果你踌躇不前,不妨问问自己这几个问题。”

讲解要点

面对新的工作、局面和环境，需要全力以赴，与新同事和睦相处，迅速掌握新业务的处理技巧，营造良好的合作氛围。迅速适应，拿出成绩。公司给你短短的一段试用期，不是要你深入地熟悉环境，长时间做基础培训，而是希望新人迅速拿出成绩，证明自己的能力。所以，你应该以最快的速度显示出你的睿智、自信、博学、多才，给上司留下深刻的印象。

所谓能力，就是完成上级交代工作的本事，可以理解为专业技能。在试用期里我们要体现自己基础价值、能力价值，要服从公司上司的工作安排。只要有相应的价值是一定能生存下去的。所以自己以新人入职到一个团队之后，要明确部门对自己的定位，须有对应岗位的必需技能，并且承担相应的责任。在试用期后半段，一般会按照能力分配不同难度的工作，保持良好的心态认真对待就好。

新人入职，肯定很兴奋，领导布置一项任务，就兴冲冲去干，结果可能碰一鼻子灰。原因有很多，可能你没有理解领导的意图、没有理清做事流程、没有用对做事工具、没有明白部门与部门之间的合作关系、没有跟别人沟通好、没有在重要节点跟领导及时汇报等，工作上的事情要认真做，多检查，试用期尽量不要出错，由于是新人，领导也会给予一定程度的理解，但是同样的事情下次还犯错就很不应该了，事后总结复盘很关键。多想想自己为什么没有把事情做好，刚开始是怎么想的，为什么那样想是错的，应该怎么想怎么做，认认真真把事情想明白记下来。思考总结的多了，做事就会越来越有章法，工作能力就能得到显著提升。

(1)新人是允许试错的。一次做错没关系，只要不是对公司有重大的损失，其实公司都是能够容忍的。但是如果你三番五次地在同一个问题上出错，或者经常性地出一些常识性的错误，公司肯定就不能忍了。没有哪个企业或者老板愿意为你个人的错误买单。

(2)不要不懂装懂。有这样一个案例：一个实习生在向一位客户推销产品时，把产品夸大其词，导致最后产品没有达到客户预期，遭到投诉。不懂就问，你是新人，没有人会介意你多问问题。但是切忌就同一个问题反复请教别人，或者拿无数个问题去麻烦同一个人。

(3)如果领导同事指出了你的问题，虚心接受即可，不要作过多解释。第一，别人不会无缘无故地说你，在经验上，你作为新人一定是不如他们的；第二，你的解释，听起来就像推卸责任；第三，即使你真的错了，作为新人，大家也会包容你。

(4)要勇于尝试，领导交给你的工作，不要因为自己没有接触而选择退缩，谁都是从不会到会。只有勇于承担才会在领导心里留下一个好的印象。

(5)要勇于表达，遇到部门会议讨论工作的时候，你一定要积极发言，错了没关系。但是，你的发言必须要让领导看到你是有过思考的，而不是把别人的话再用自己的语言重复一遍。

一个企业对于员工的容忍度，是与他的能力和为公司所作的贡献成正比的。抓紧时间做出业绩来吧！

知识点 5:试用期敬业守纪度

视频分享:《为什么你不表扬我!》(读者可上网搜索相关视频)

视频是一首求表扬之歌。主人公主动打扫了卫生,遵守了交通规则,准时上班,全部做到,为什么没人表扬我?没人摸摸头夸我?我们想说的是,初入职场的你,做对了不见得有人送你小红花,但做的不好就可能引人关注。

举个例子:绝大部分公司都有考勤制度,考勤的方式也多种多样,有打卡的、有指纹的、有手机定位的、甚至有面部识别的。但是,上有政策,下有对策。可能你会看到有些老员工找人代打卡,或者用手指膜,或者用手机定位串改软件等,没办法,实在是因为现在的城市太堵了。

有时候老员工们也会教你一些“小技巧”。但是,作为新人,不迟到、不早退是你的基本修养,如果你听从老员工的话在考勤上玩一些小花样,势必会给领导留下一个不好的印象。

遵守公司的各项规章制度,千万不要去触犯规则内的条款。很多人在大学里自由惯了,刚走到工作岗位上的时候,还没有完全按照工作的规定来要求自己,总是对单位内部的规定看得较轻,工作起来尽管干劲很足,但是上班经常迟到早退,其实这往往是纪律严明的用人单位最不能容忍的。严格遵守公司的所有规章制度,就算你看到漏洞也不要去钻。公司要求的着装,办公纪律,这些不能有丝毫含糊。

如果条件允许,可以提前半个小时上班,也可以延迟半个小时下班。这样做不仅是显示自己的工作态度,同时也是观察别人的好办法。因为提前半个小时,基本你就是最早到公司的一批人,你能够清楚知道哪些人是喜欢提前来的,哪些人是喜欢踩点来的;推迟半小时,你就知道哪些是到点就走的,哪些是需要加班的,这对你了解同事的状态很重要。

不公开反对任何人。即使级别比你低的人,也要谦逊对待。你初到一个公司是没有任何根基的,无论谁都可以影响到别人对你的评价,这些直接决定你的处境。比如你得罪了一个小员工,也许这个小员工跟自己的领导关系不错,聊天的时候聊到你,然后把你说得一团糟,而他的领导可能跟你一个级别,是可以影响你的领导的。在试用期你的各方面能力还没表现出来,别人是很容易听一面之词的。

别选边站队,尽量和所有人都要搞好关系。在一个公司,有些人你觉得比较弱势,可以不在乎。但作为老员工,真要找你茬,给你挖坑的话,轻而易举就能做到。

先别急着做改变,在试用期,熟悉和适应规则比修改规则更重要。因为这些规则都是老员工定下来的,你动任何一个规则,都可能得罪一部分人。所以别在试用期太自信了,锋芒毕露本身就是到处树敌,这对自己不是好事。

认真观察公司的人和事，还有公司的制度和文化。你对这些东西的理解和认知，会决定你到底能在公司达到哪个高度，做成哪些事，以及你能不能在公司长久待下去。特别是你的职位比较高的情况下，尤其要注意这些东西。

知识点 6:试用期团队融入度

案例分析

小琳是个让父母骄傲的独生女，从外貌到学习都很不错，性格直爽，开朗活泼。可是，工作后，直爽成了缺点，在给主管提了点意见后，明显感到得罪了主管。整天面对满脸乌云密布的主管，觉得在主管眼中，她都没有对的地方。心中虽然也知道自己大事不妙，可是不知道如何才能挽回。好想走掉算了，可又舍不得这个不错的企业。小琳首先与自己的师傅们沟通，虚心讨教，在师傅们的指点下，她主动找主管承认错误，希望她能原谅，给自己机会。通过与主管沟通，主管的脸色虽然还没有多云转晴，可是小琳已经可以延长试用期了。小琳也明显感到，这个主管的心肠原来也是很热的。要是真的走掉了，双方将永远失去相互了解和理解的机会。

总结：初入职场，表现得不要过于封闭，需要尽快学会与人合作、沟通，有效地进行沟通是职场的重中之重。也不要表现得过于张扬，引起大家反感。职场新兵应该清楚，公司是要你工作的地方，一切要服从上司的安排。“金无足赤，人无完人”，再好的上司也不可能有你想象的那么完美。对上司先尊重后磨合、对同事多理解慎支持，与上司和同事多沟通、相互多了解，这样就会配合默契，不容易产生误会。学会忍耐是上策，学会妥协，向职场妥协、向现实妥协，一切将会柳暗花明、峰回路转。经验使你成熟、理智，获得的积累将是你职业生涯中一笔宝贵的财富，使你获得机遇和发展。

相信刚入职的新人大多都朝气蓬勃，想要大展拳脚，在职场开辟一片天地，有心的新人还会去看一些讲职场规则的书籍，学一些少说话、多做事、勤汇报之类的做事习惯。这些当然很好，但企业分很多种，企业之间也有不同的文化，不同的部门也有自己的做事风格，老板的做事习惯也不尽相同，对于刚入职的新人，最重要的是学会观察，快速融入环境。认真体会公司的企业文化、部门的工作氛围、周围同事的工作习惯及上司的做事风格，你要快速学会这些潜规则，融入这个集体中，而不是变成一个异类。不是所有老板都喜欢你加班和事事汇报，不是所有的岗位都需要你少说话，不是所有公司你努力工作把事办成就能升职加薪。进入职场的第一件事情，大家一定不要想着自己取得多么辉煌的成绩，或者是赶紧发挥自己的才华，让别人重视你。刚刚进入一家新公司，你对里面的一切都是陌生的，包括人际关系以及公司的文化传统等，可以说是一无所知。因此在这个时候，比凸显自己能力更重要的是快速融入团队。一般情况下，快速融入团队你就要和同事搞好关系，明白公司里面的规章制度。切记不要凸显自己的风格，在多数情况下，很多职场老人都讨厌一些喜欢标新立异的人，过于异类，这对于你融入团队来说不是一件好事。只有在你站稳脚跟之后，你才有发挥自己才华的资本。

要学会先观察，学会“跟班”，如果大家都态度随和，偶尔聊些幽默的话题，你也可以关注一下这些话题；如果大家都着装正式，你着装就不能太随便。通过观察同事们的办公习惯，从他们身上发现一些潜在共性，你就能很快融入到集体中去。非原则性问题可以照葫芦画瓢。学会顺应群体习惯，不要搞特殊。大家吃饭，你也吃饭；大家订餐，你也订餐；大家中午喝茶聊天，你就不要一个人坐在角落里继续工作，这是你与大家熟悉的好机会。

进入企业后，一定要调整好心态，快速适应环境：接触、了解自己密切相关的同事，与他们混熟、获得他们的认可，是开展工作的先决条件；了解企业对自己工作岗位的期待；了解企业的文化和内部语言，让自己迅速融入；正确评估自己的能力，制定切实可行的目标；实施计划之前，要与领导、同事充分沟通，一是避免闭门造车，二是获得领导的支持；在同事中寻找到志趣相投的朋友，建立起工作以外的私交；正确对待失败、批评和挫折，每一次试错都意味着你的成长，每一次改错都意味着你在企业的扎根；在着装风格上尽量保持与新公司的大多数人一致，服装是世界通用的语言，它会帮你社交。

另外还有一些能帮助你尽快适应的小方法，具体如下：把新入职的事情告诉两三个知己，他们会听你倾诉烦恼，甚至还可以帮你出谋划策；跟家里做好沟通，告诉他们自己在适应新环境，需要付出比较多的精力和时间，获得家人的支持；劳逸结合，尽量做到生活有规律，睡眠充足；积极面对人生，自信豁达；改变不合理观念，及时内省，察觉自己的问题，调整自己的状态；调整心态；订立自己在这家企业的短、中、长期发展目标和学习计划，然后一步一步去落实，让自己的工作有序开展，每隔三个月都有一些进步；努力付出，帮助你的同事尤其是你的直接领导，帮他们解决问题，通过解决问题彰显你的能力，提升你的价值。问题 = 机会 = 成本，解决问题 = 抓住机会 = 创造价值。

当你觉得实在无法认同部门文化、上司的做事风格，自己不喜欢公司氛围的时候，果断在试用期后为下一份工作做充足准备，不要浪费自己的时间。但也尽量别在试用期离职，不然这也会是你职业发展中的污点。

知识点 7：试用期个人形象

视频分享：《工作 / 休假的一天》（读者可上网搜索相关视频）

短片展示了同一个人在工作和生活中的两种状态。在职场上的形象是帅气精明、目标明确的女白领，在生活中的形象又是可爱聪明、悠闲自在的软妹子。两者切换自如，内容看似生活化，实则是在展现平凡人的高光时刻。

着装方面尽量穿得正式点，不要给人以邋邋遢遢的形象，会让人产生厌恶，从而可能导致试用期不通过。另外我们还要考虑自己到底想在人前树立怎样的个人形象，你想给别人留下怎样的印象？大家要明白，在试用期进入领导的视线是很重要的事情。其实作为新人，让领导短时间看到你的存在，并不是一件很难的事情，但关键就在于你是否能抓得住机会。例如在开会的时候，有时间领导就会向一些新人提问，大多数人都选择沉默不语，回答的人也是寥寥几句。其实这对于试用期的新人来说完全是一个接触领导的机会，你应该在这个时候大胆地发表自己的看法，只有这样，才能让领导注意到你。否则在试用期表现得普普通通，中规中矩，没有什么特别出众的地方，领导自然不会留用你。

试用期要树立个人良好形象，职场新人在试用期，总的来说就是关注两类人，一是你的同事，二是你的领导。只有融入团队，你才能和同事处好关系，只有胜任自己的职位，并且进入领导的视线，你才算是真正在职场立足。

知识点1:在合适的时机，如何提高自己的“曝光度”？

试用期你不主动展示，领导很可能就不知道你干了啥，干的怎么样，那升职加薪怎么可能会有你的份。这里加了“在合适的时机”，因为如果你过于主动，很容易显得急功近利、别有用心，这样的人总是不讨人喜欢的。

你可以向领导汇报一下自己的阶段性成果或者工作思路，请领导给予指示或修正，当然，在这之前你已经进行了充足的准备。

开会讨论问题的时候，主动发表意见，讲讲自己的思路和解决方案，当然，你肯定也要先深度思考一下，别发表一通“高见”，结果漏洞百出。这里一定要注意，有些场合，你并不适合发表意见，听听就行。

年终汇报总结，就是一个可以“肆无忌惮”地展示自己一年来工作成果的时候，PPT的制作，工作成果的展示等等都需要你花费一些心思。

知识点2:试用期同事关系要注意些什么？

1)扮演真诚、虚心的自己

作为初入职场的新人，先不要想着能做得怎样，生存下来才是王道，对待同事虚心、真诚，对女同事可以准备点小礼品，尽快获得更多的支持，这样才能更好地生存。

2)多做事，少说话

因为在职场上，能力是你最重要的“武器”。没有能力，就算你说得再天花乱坠，最后也只能被淘汰，所以踏实做事，顺便帮同事做些力所能及的小事，这样，让别人觉得未来对你有利，在能力范围内，他们也会尽力帮你。

3)看清同事类型,区别对待

职场大多分这几类人,有些人一天到晚忙忙碌碌的,但却总也不出成果;有些人只有在领导面前才会卖力干活,领导一走马上就变得懒散;有些人闷声不响的,但成绩却让人刮目相看;有些人对工作充满激情,待人也很热心,但老是出错……只有弄清了同事类型,才能采取相应的相处之道,从而减少摩擦和矛盾。例如,对于那些习惯看上司脸色行事的人和闷声不响的人,你必须留一个心眼,因为他们往往当面一套、背后一套。对于那些外向直率的同事,如果你够细心,就能从他们那里得到很多有用的信息。作为新人,多观察,找同伴,才能有人提点,尽快通过试用期。

4)充分利用业余时间

新人需要尽快地融入群体,工作之余,如果能和同事一起参加聚会,或者看电影、打球,那么你将更快地融入这个集体。如果你不喜欢热闹,也不擅长各种运动,那么在节日或者同事生日时,不妨寄上一张贺卡吧,总之,不能使人觉得你把自己和集体隔离开来。

5)适时退让

同事之间是平级关系,是公司内部最微妙、最难以融洽的关系。为了得到有限的机会,同事之间相互提防、排挤、猜疑是十分常见的。作为新人,要赢得同事的好感,就要懂得适时退让。那些对你的事业起不了多大作用的机会,不如大方地让给同事,没有必要挤破头去争。这样不仅能获得同事的好感,也能让自己更加冷静地观察公司环境,为迎接更好的机遇打下基础。

知识点 3:如何面对转正述职?

提到转正述职我们通常从工作内容、量化成果、未来规划这三个核心方面做总结。其实真正实际考量的就是试用期的工作成果,你负责的模块要匹配你的薪酬水平。如果试用期没有犯过重大失误,而且承担的开发模块有一定的难度,这就基本判断可以通过试用期了。

可以适当展示自己在工作中开发的文档,例如开发设计、流程描述、接口文档等内容,懂得不断积累的人通常更令人放心和信任。还有就是未来规划,思路清晰和规划明确的人可以承担更高难度的工作,因为明确自己要做什么,并且懂得如何安排和具体落实,这里要针对具体系统问题或者产品规则层面来考虑,避免假大空。最后适当地称赞一下,比如同事靠谱、团队氛围好、领导照顾公司前景等,不用过分描述,几句话面面俱到即可。

1)试用期中劳动者可以享受的权利及相关法律规定

试用期中劳动者享有:要求支付工资的权利;加班时应同样享受加班待遇的权利;依法参加社会保险,要求用人单位为劳动者缴纳社会保险费用的权利。

《劳动合同法》第十九条规定:劳动合同期限三个月以上不满一年的,试用期不得超过一个月;劳动合同期限一年以上不满三年的,试用期不得超过二个月;三年以上固定期限和无固定期限的劳动合同,试用期不得超过六个月。以完成一定工作任务为期限的劳动合同或者劳动合同期限不满三个月的,不得约定试用期。

此时我们还应注意以下几点:

同一个用人单位与劳动者只能约定一次试用期,且试用期包含在劳动合同期限内,不能把试用期计算在劳动合同以外,即试用期满后才签订劳动合同,劳动合同仅约定试用期的,试用期不成立,该期限为劳动合同期限。

试用期适用于初次就业或再次就业后改变岗位或工种的劳动者,对工作岗位没有发生变化的劳动者只能试用一次;续订劳动合同时,劳动者改变工种的,可以重新约定试用期,不改变工种的,不再约定试用期。企业给员工调换岗位不能再设试用期。

试用期不得延长。劳动者对用人单位不满意或认为不适合工作,可以解除劳动合同,而用人单位在试用期内发现劳动者不符合录用条件,也可以解除劳动合同,而不能延长试用期继续进行考察。

试用期的工资规定:

在《劳动合同法》中第二十条规法规定了劳动者在试用期的工资不得低于本单位相同岗位最低档工资或者劳动合同约定工资的百分之八十,并不得低于用人单位所在地的最低工资标准。这是对员工试用期工资权益的保护。

2)通过试用期的小技巧

注意观察办公室的一些不成文的规定,使自己尽快融入集体当中,第一天上班,一般单位的内勤会带你详细了解公司的总体情况,然后给你讲解一下规章制度。通过观察而非想象来了解公司文化。违反“纪律‘的小事不能做,例如上班迟到、打私人电话、聊与工作无关的事情等等。领导最厌烦的就是员工上班期间干跟工作无关的事情。你也许感觉无所谓,恰恰就是这些小事会影响你的去与留。

多干一点不吃亏,复印机没有纸了,悄悄加上;上班早来几分钟、晚走几分钟;最后一个离开公司关好门窗……这些不起眼的小事能给人留下好的印象。努力表现但别过头,试用期谁都想给单位留下好印象,但做得过火会给自己日后留下隐患。

要有敬业精神,领导最看重两个要素:一是能力,二是敬业;有能力不敬业,照样没前途。建立良好的团队关系,连脚跟都没有站稳就四处树敌,很容易被人排挤,不仅不利于工作,还有可能被人联手扫地出门。心态积极向上,保持一种积极向上的工作态度,自己也会渐渐成熟起来。

下班要与大家一起走。一天过去了,同大家一起回去,有说有笑地走向电梯,你会会觉得轻松许多。都是上班族,每个人的处境都差不多,虽然你是新来的,只要处处与大家保持一致,大家一定不把你当成外人。

不要伪装自己.如果你性格比较沉着、稳健,就表现原来的状态就行;如果你为赢得众人好感,表现得过于友善、活跃、笑容可掬,几天后你“原形毕露”时,人们也许会认为你这个人很虚伪。不必做作,自然表现自己就行了。

少说多听,管住自己的嘴巴。开始要处处谨慎,因为单位内部许多情况你还不了解,不要随便说话,当好听众就行了。也不要随意发言,你是新来的,同事们还不太了解你,如果开始你就表现得过分积极,大家会对你产生反感。别人的议论、牢骚你且听之就是,心知肚明,自然就渐渐了解了公司的内部情况。切忌向同事打探领导、其他同事的情况,这样会引来同事们的猜疑。

准备一个工作记事本。每天要有一个具体的工作计划,一项一项有条不紊地完成。特别是上级交代的任务和自己承诺过的工作要一一记录,能完成尽量完成,不能完成也要给对方一个答复。因为开始很关键,如果你能表现得成熟稳健,就能给领导与同事留下更好的印象。记事本能起到提醒的作用，如果许多琐碎的事情一时忙不过来，就先记在本子上，不至于出现遗漏。认真观察你就会发现，上班族大都有个记事本，或者在电脑上有个专门的文件夹，用来记录工作事项。办事周全，也是一个员工素质的表现，准备一个记事本，一定会提高你的做事效率。

别太拿自己当回事，最怕的是把自己当大学生看，做几件小事就认为降低自己的档次。无论什么事情，请永远记住：不要给自己找借口，试用期间犯了错误不要紧，重要的是你对自己的错误有个态度。不要轻易辞职，不要这山看着那山高，随便换工作，不要以工资的高低来随便更换自己的工作岗位，这样你也许什么也学不到，不如老老实实地俯下身子，放下架子，学点东西。

第一步　课前认知	
主要内容	教师评价
回答以下问题： (1)你认为试用期的作用是什么？ (2)我们该如何去应对试用期才能够顺利入职呢？	

第二步　课堂学习	
主要内容	教师评价
(1)本堂课学习笔记： (2)请思考：你能想到在职场上还有什么困扰的话题吗？请写出来和小组一起讨论。 (3)你认为试用期什么事情最重要？ (4)小组研讨，请把那些试用期能帮助自己快速转正的事情列出来。	

第三步　课后拓展	
主要内容	教师评价
(1)请思考：在职场中，有哪些红线是不可触碰的？请小组研讨并写出来吧。	
(2)认真思考，请结合个人的实训体会总结并制定试用期个人提升及行动计划。	

(1)请总结：通过课堂学习、课下自学、小组交流、同学的分享，你了解了哪些具体知识？ (2)通过本项目的实施，你有哪些感想、收获和成长？	
签名：	日期：
本团队成员对你的评价：	
签名：	日期：
其他团队对你的评价：	
签名：	日期：
教师对你的评价：	
签名：	日期：

请学有余力的同学思考并学习整理如下内容：

(1)阅读书籍《每天进步一点点》。

(2)整理读书心得，并在小组内分享。

(3)请认真梳理，思考如何写一份完美的试用期工作总结。

项目 16　职场初体验

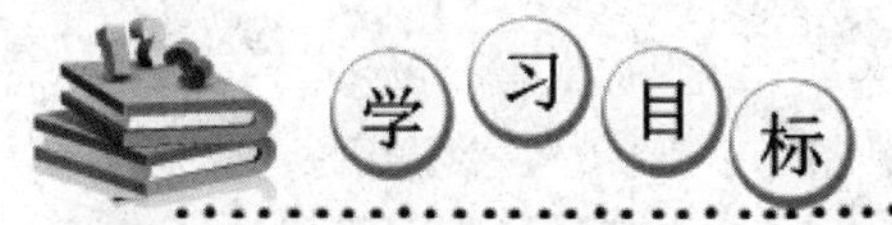

毕业季已经到来，上班的日子还会远吗？即将走出象牙塔的我们，如何迅速融入职场？成为受欢迎的职场新人呢？从学校到社会，由天之骄子变成了社会“菜鸟”，你会发现职场并不是一个我行我素的世界，而是一个靠实力、靠经验、靠人际的现实社会，大学生往往带着很高的热情、很美的梦想进入社会，但是梦想还没有成真就被突如其来的风雨打击得七零八落，不知所措。至少要经过一年的跌跌撞撞，加上深刻反思，才能最终凤凰涅槃，完成新人蜕变。

职场没有那么简单，很多人能力很强，但仅仅是因为不知道一些职场常识，就得付出比别人更多的努力，才能换来同样的回报。职场没有白走的路，但确实有很多弯路。当然也不是每一个坑，你都必须亲自踩过，提前学习前辈的经验，本身也是一种捷径。作为新人，我们要从第一次碰壁就开始认真反思，直面困难，以最快的速度“进化”成社会人。让我们的梦想在社会和现实中开花。

通过本项目的实践，我们将达到如下目标：

- 通过真实的职场体验，发现自己的不足与差距；
- 通过自己的求职尝试，让自己迈出走向适应社会的第一步；
- 通过职场体验，加强对岗位的了解；
- 通过实习经历，总结职场生存技巧和法则。

即将步入职场的你，有没有对未来的职场生活产生一些迷茫？离开熟悉的老师、同学，面对未来的上司、同事，你是否做好与他们良好相处的准备？面对行动果敢、处乱不惊的同事，你是否羡慕不已，希望尽快成为他们呢？从初入职场的胆怯，到处理各项工作时胸有成竹、游刃有余，你是否有信心顺利完成这场蜕变。请观看电影《穿 PRADA 的女王》，并结合个人在职场的实习体验撰写观后感，制作成 PPT 与大家分享一下吧！

1. 项目相关知识结构图

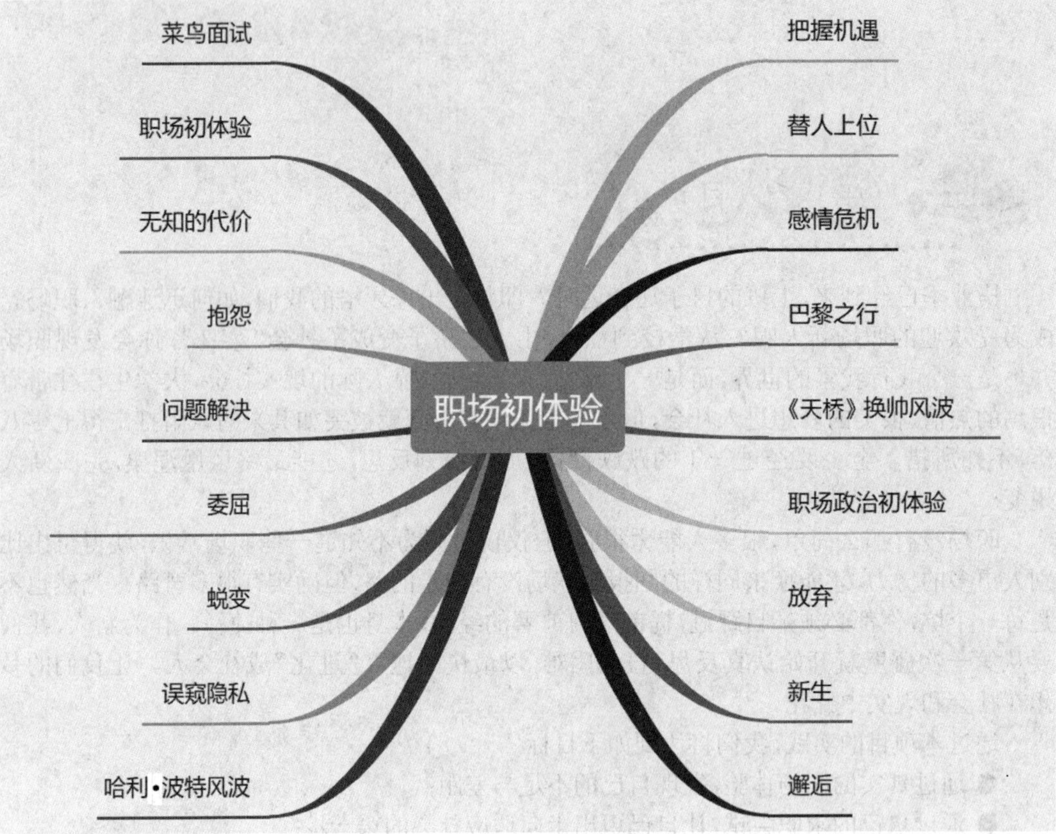

职场初体验

菜鸟面试
职场初体验
无知的代价
抱怨
问题解决
委屈
蜕变
误窥隐私
哈利•波特风波

把握机遇
替人上位
感情危机
巴黎之行
《天桥》换帅风波
职场政治初体验
放弃
新生
邂逅

图 16-1 课堂知识结构

2. 相关知识点

片段 1:菜鸟面试

视频分享:菜鸟面试(读者可上网搜索《穿普拉达的女王》面试片段)

问题讨论:
(1)安迪面试成功了没有?为什么?
(2)对安迪你如何评价?
(3)谈谈对米兰达的印象。

(4)如果你是安迪,你会如何应对这次面试?

(5)面试的启示。

影片开始就是这个打扮土气、与时尚一点儿关系都没有的毕业生的面试,她叫安迪。当她看到公司里的人因为总编辑米兰达的到来而忙碌起来,她手足无措。出乎意料的是,尽管米兰达的第一秘书认为这个毛手毛脚的女生肯定不行,但米兰达居然要直接面试她。

米兰达看着走近的安迪,问:“你是谁呀?”

安迪说:“我是安迪,西北大学新闻系毕业,这是我的简历。我是来申请做您的助手的。我原想成为一名记者,后来,您公司的人力资源部约我来面试。不过,诚恳地讲,我不是学时装专业的。”

米兰达打断了安迪的话:“你不是学时装专业的?”

安迪:“不是。”

米兰达:“那么,你有没有听说过我的名字呢?”

安迪皱了一下眉头:“没有。”

米兰达:“那么,你对时尚的东西也不懂了?”

安迪尴尬得不知道说什么好:“不过,这个嘛,要取决于……”话没有说完,米兰达说:“没事,不要解释,那不是问题。”

安迪有了一点儿自信地说:“我参加过编辑大赛,获得过全国冠军和国家记者协会的奖学金。”没等她说完,米兰达再一次打断她,说:“可以了,不要说了。”接着,就自己低头看手中的杂志了。安迪感觉似乎自己应该走了,但她走了几步又转过身来,接着说:“您是对的,我不属于这里,我既不够瘦,也不光彩照人,也不懂时尚、时装,不过,我很聪明,学东西非常快。我会非常努力地工作的。”米兰达专注地看着安迪的眼睛,听她陈述。此时,一个同事进来打断了她们,并开始了一个杂志封面处理的话题,安迪觉得自己站在这里实在是多余的了,她决定离开。她对他们说了一声:“添麻烦了,再见。”转身离开了总编辑的办公室。这时,米兰达的第一秘书在背后叫住了她:“明天早晨来上班。”

就这样,安迪得到了无数女性候选者梦寐以求的工作职位。

其实,安迪有自己的算盘,先在这个行业干一年,虽然不是自己的新闻专业,而是一个助理的职位,但在一个如此出名的《天桥》时装杂志工作过一年,再找记者的职位应该比较容易了。

这个片段告诉我们所有找工作的人三个要点:

(1)不一定要找专业对口的岗位,但却要找有影响力的公司,为的是在积累经验的同时,还可以得到有影响力的公司的推荐信。

(2)既然不对口,那么还不如坦诚相告,并立刻反攻,强调自己的智慧及聪明,表示可以快速学习以及工作努力。天下没有不喜欢努力工作的老板,关键是是否有自信心说出自己会努力工作这样的话。

(3)通常企业一线人员总是最挑剔的人,一线人员会比老板还挑剔,因为他们没有灵活性,会用守旧的模式来对号入座。真正优秀的人其实是在第一关的时候筛掉的,而手下人通过的候选者经常并不是老板想要的人。

片段 2:职场初体验

视频分享:职场初体验(读者可上网搜索《穿普拉达的女王》职场初体验片段)

小组讨论:
(1)工作初体验的安迪表现如何?
(2)安迪和奈杰尔的对话。
(3)工作为了什么?
(4)谈谈你对俄弗的印象。
(5)为什么俄弗说很多姑娘都在梦想这份工作?

讲解要点

在影片中我们看到,首先,早起、洗漱、化妆、搭配衣服、像样的早餐,是必不可少的,这是最起码的态度,连安迪这种纯天然的女孩也是如此。所以只求多睡几分钟爬起来就上班的应该敲自己两下。这些决定了你进入办公室时的气质和状态,也反映出了是你主动驾驭工作还是被动接受。安迪刚踏入杂志社大楼,这种差别便带给她一股不自然的局促。

初入职场,安迪也并不轻松,不仅要完成大量的公事,还要负责上司的日程安排、衣物、咖啡、早餐等一切杂事,甚至是各种生活中的私事。这些"工作"把安迪折腾得苦不堪言。如果她每天混日子,等待她的只有离职的下场,去杂志社的美梦将化为泡影。

现实就是如此,没有人需要对你的职业兴趣负责。安迪作为一个刚刚大学毕业的大学生,能够得到一份工作已经是非常幸运的了,而且米兰达助理这个职位是成千上万个女孩梦寐以求的职位。当机会来临的时候一定要抓住,不得不说,尽管安迪后来离开了时尚界,但是她也远非刚刚入职,穿着老土的那个安迪可比。我们的感受就是永远不要计较做一件事能得到什么,在做这件事的过程中所收获的早已超出回报。

我们看见米兰达的另外一个女助理,她每天都在安排米兰达的个人事务,很琐碎,项目很多,每次都记得很全面。安迪第一次上班接电话,竟然问别人如何拼写,可见一开始她并没有做好上班的准备,起码她并没有先了解自己所做的这个行业,但慢慢上手了。其实从这里我们可以看出另外一个女助理和安迪的区别在于女助理在做重复性的劳动,重复性劳动是指那些主要以体力完成的工作,送外卖、定位子,或者掺杂少部分脑力的工作,比如每天给米兰达送杂志的文稿、安排司机等。可以预想日复一日的重复性劳动,工作会越来越熟练,但成长也会越来越缓慢。就像那个女助理就是这样,工作很熟练,但是并没有成长。

初入职场,胆怯、担心、焦虑是职场新人的基本反应,只有认真思考,多学习多努力才能更加轻松地胜任工作,而且要不断增加自己的学习能力,才能超越别人。像之前的助手艾米莉在自己的岗位上骄傲自满时，职场新手安迪已经慢慢超越了她，所以一定要不断努力！

片段 3：无知的代价

视频分享：第一次冲突——无知的代价（读者可上网搜索《穿普拉达的女王》第一次冲突片段）

小组讨论： （1）为什么安迪笑出声来？ （2）对米兰达的印象如何？ （3）如何面对和老板的冲突？

讲解要点

当安迪穿着家里厚厚的毛衣和平底鞋上班的时候，她的朋友和同事们都议论她的形象，觉得太不符合她的上班场景。而她说了一句："她雇了我，她知道我什么样子。"这句话背后代表了很多人的思维方式，他们会觉得：我就是这样，你雇佣了我，就要接受我原本的样子。

其实潜台词就是：我才不要为工作而做出改变呢。

然而世界变化如此之快，公司业务也在不断发展变化，如果你保持原有的样子不改变，那么你如何跟得上公司、社会的发展？僵化的思维换不到一个不一样的未来。

当她拿着笔记本记录米兰达要挑选的衣服的信息的时候，同事们都在认真严肃地对待，在两条蓝色腰带中做选择。而她噗嗤一声笑出来，觉得有点小题大做，两根腰带都是蓝色的，没啥区别。然后米兰达的那一段话简直是教科书般的回复，将颜色的生产过程从头到尾阐述了一遍。笃定而又认真的眼神真的是不怒而威。反问了她一句："你觉得这些都跟你没关系？"

这也是我们很多职场新人常见的一个状态。各人自扫门前雪，哪管他人瓦上霜。把上司交代的任务完成就行，根本不想再给自己多揽事。能推出去的事情就推出去，不会想到除了岗位职责之外，再多了解一些公司信息及行业前沿资讯，觉得只是一份工作而已。当你觉得什么都跟你没关系的时候，最后当然什么都可以离开你。只有当你觉得这和自己有关系时，你才可能联结更多的人和事物，也会为自己谋取更多的筹码。

不理想的工作，是无可奈何的选择还是成功的跳板，取决于你的态度。

安迪虽然并不想因为工作而改变自己，但她还是想做好这份工作的，因为这份工作会带给她无数的机遇。

刚毕业的安迪穿着松垮的蓝色绒线衫、提着棕色公文包，走进了时尚杂志《天桥》的大楼面试主编助理，在这栋光鲜亮丽的大楼里，她显得土里土气，格格不入。而在此之前，她从来没看过时尚杂志，不知道名牌服装，更没听说她的上司——著名主编米兰达的名字，对于时尚行业，她一无所知，更谈不上喜欢。那她为什么要来到这里？因为她怀揣着新闻记者梦，计划用第一年的时间到最顶级的杂志社工作,这样可以快速获取资源从而去她心仪的报社。在她内心,只是把《天桥》主编助理这份工作当作一个“跳板”,一个给自己履历镀金的机会。

每个人都有自己的职业目标和规划,但不是每个人都可以幸运地做到一步到位。实际上许多人毕业之后找到的工作和心里的目标都有所差异,这是普遍存在的情况。于是很多人将眼下的工作当成一个跳板,然后再寻找机会不断接近自己的职业目标。这样做没有错,但是有一点你必须要明确,你心中的跳板,首先它是一份工作,工作就有它的责任和要求,你应该把这份工作做好。其次,它才是你作为跳板的选择,也是完成目标的过程。如果只站在跳板上不努力,连本职都干不好,不把自己职业履历刷出点成绩,即使有跳板最后也跳不到高处,只是白白浪费站在跳板上的时间。

“你不知道这里走过多少传奇人物,因为你就生活在其中,更糟糕的是,你不在乎这个地方,很多人梦想来这里工作,而你却屈尊在这里工作。”

不知道大家有没有这样的感受,当你长期处于一个环境中,对自己的状态会变得麻木,明明是在做着别人很羡慕,也是自己曾经梦寐以求的工作,但总会时不时的感到疲惫和厌倦。电影里的这句话让我产生了很多的思考,在我们对自己的工作厌烦时,我们更应该想到如果自己失去了这份工作会变得怎样。

片段4:抱怨

视频分享:抱怨(读者可上网搜索《穿普拉达的女王》抱怨片段)

小组讨论: (1)安迪为什么抱怨? (2)奈杰尔的态度如何?

做一件事情的态度往往会决定成败。对待工作的态度是很重要的。

职场里面的人,大致可以分为三类。一类是遇到问题,发现问题,极力寻求解决途径;一类是事不关己,高高挂起;还有一类是遇到任何事情抱怨不断,埋怨不停。问题在于并不是每个人都能够客观地认清自己的状态。人因对自己的高估,往往倾向于认为自己已经做到了120分,即使在旁人看来,可能连60分的及格线都够不上。就像奈杰尔说的,你没有努力,只是在抱怨。身在职场,负能量总是难免。负能量就像一个巨大的黑洞,一旦产生一个点,可以无限生长,吞噬一切。办公室里面有一个负能量满满的抱怨者,很快就能蔓延一片。抱怨者从不反省自己,只责怪他人。责怪领导事儿多,责怪同事比自己优秀,责怪下属太差劲儿,责怪公司太苛刻。抱怨者一般都爱窃窃私语,从来不思考解决问题。从来不会意识到,自己就是问题的一部分甚至产生的根源。再正能量的人,也无法抵挡整片黑暗。尤其是大部分人,其实并没有坚定的立场,来抗衡负能量。所以在择业的时候,选择一个积极向上的团队很重要。如果已经身在其中，至少要有独善其身，不与抱怨为伍的意志吧。

奈杰尔有句话很有意思，说你还抱怨她为什么不亲吻你的额头，每天给你的作业批个五角星？想想，做工作全靠外在动力，特别希望得到别人肯定的心理，其实还是一种内在虚弱吧。

片段 5:问题解决

视频分享：问题解决（读者可上网搜索《穿普拉达的女王》问题解决片段）

小组讨论：

（1）如何评价安迪这段的表现？

（2）如何评价安迪父母？

（3）安迪做错了事情吗？

（4）关于米兰达和安迪的对话，你有什么意见？

安迪对待自己的工作是非常认真负责的。尽管米兰达助理的工作不好做，安迪时常受到米兰达的刁难，让她完成一些不可能完成的任务，但是安迪并没有放手不管，而是尽自己所能完成米兰达交给她的任务。就像米兰达要求安迪安排在从迈阿密回家的飞机，因为她要去参加双胞胎女儿的音乐会，但是天气十分恶劣，所有航班全部停飞，不知所措的安迪都要给空军基地打电话了。

米兰达这样的领导确实少见，但生活给你的刁难从不会少。电影夸张了一些，现实中没有谁有义务无条件对你好，更别说是自己的领导。领导们希望看到的永远是最佳结果。自己做的不好时，可能希望有人鼓励安慰，希望有人站在自己的角度考虑问题，理解自己的委屈，但是站在领导的角度，自己的手下没有完成任务，把事情搞砸，自己还要去安慰，这几乎是不可能的。所以，做什么工作，都要严以律己，宽以待人。

片段 6:委屈

视频分享：第二次冲突——委屈（读者可上网搜索《穿普拉达的女王》委屈片段）

小组讨论：

（1）如果你是安迪，你将如何？

(2)奈杰尔为什么要安迪辞职?
(3)《天桥》是什么?
(4)如何评价安迪的举动?

入职不久的安迪接到米兰达安排的一项几乎不可能完成的任务:在天气恶劣航班被取消的情况下,要航空公司为米兰达派一架专机。她给航空公司打了无数次电话,使出浑身解数,软硬兼施都没用。第二天她遭到了米兰达的冷言冷语,她含着眼泪说"我已经做了我能做的。"在她看来,自己已经拼尽全力,却得不到上司的一丝理解和认可。委屈至极的安迪找同事奈杰尔诉苦,不料奈杰尔却指点了她,"现实一点,安迪,你根本没有在努力,你只是在抱怨。""在这里很多人热爱这个工作,而你是被迫的。"

当她因为订不到上司需要的专机而面临被炒鱿鱼的时候,非常委屈,于是找到男同事哭诉。自己事情做对了得不到肯定,而事情做错了上司会很严厉地对待她,没有半点人情味。

其实这也是我们很多人的职场写照。我们渴望得到领导的认可和肯定,一旦被批评就会垂头丧气,一旦被鼓励就会士气高涨。说是成年人,其实也像是向父母讨要爱和关注的孩子。我们把认可和期许放在别人身上,会非常在意领导和他人的评价,而忘了其实自我的肯定和认可也很重要。

我们总是抱怨老板安排各种难以搞定的任务,我们总是觉得自己已经足够努力,但你所谓的努力,其实不过是疲于奔命而已,除了感动了自己,没有任何意义。

片段7:蜕变

视频分享:蜕变(读者可上网搜索《穿普拉达的女王》蜕变片段)

小组讨论:
(1)如何看待安迪的改变?
(2)如何看待和克里斯蒂安的邂逅?
(3)米兰达为什么要安迪送书给她?

安迪醒悟了,在奈杰尔的帮助下,她从外表到内在,彻底改变了自己。她开始打扮自己,换上了精致合身的衣服,使自己融入时尚圈;她遇到困难不再抱怨,不再沉浸于自己的勤奋中,不再用"我已经很努力了"的理由来欺骗自己,而是积极主动地想办法解决问题,因为米兰达只看结果不看过程,只有工作结果才是最好的成绩单。很快她就能把上司交代的任务完成得妥妥贴贴，渐渐取得了米兰达的信任。

如果把老板当成客户来看待的话就会做超出预期的事情。这样老板会越来越离不开你，因为你总能想到他的前面。

请看下面这段办公室对话：

我：我们把这个文件整理后保存一下。

他：好的，你看这样可以么？

我：可以的，把里面这段不需要的删掉。

他：好的，你看这样可以么？

我：可以的，把他打印出来吧

他：打印好了，这样可以么？

我：可以的，装个封面，订起来，用这个夹子装起来再给我。

他：这么麻烦，你应该一次性给我讲清楚，我就不用跑这么多次了。

我：就是一件事情交代给你，你没有做完，我才会一遍一遍的提醒你啊。

安迪的进步源于聪明，可聪明人最大的特点是会主动思考。如果艾米莉肯把琢磨减肥的精力用于思考米兰达下一步需要什么？订餐厅或换服装等，先发制人，那就没安迪什么事了。

还有一些细节，就是把能力工具化，安迪就是这样有效地安排自己的工作，她的很多工作都是通过电话安排。如果很多事情都是亲自去做，就会像她刚开始的时候一样手忙脚乱，用工具去解决，其实可以有效地缩短花在重复性工作上的时间。

片段 8：误窥隐私

视频分享：误窥隐私（读者可上网搜索《穿普拉达的女王》误窥隐私片段）

小组讨论：

（1）艾米莉对安迪怎么说？

（2）安迪为什么要上楼？

（3）窥探到米兰达的隐私，这意味着什么？

（4）为什么艾米莉很生气？

职场中不乏各种形形色色的人，有的人墨守成规，有的人则十分喜欢窥探别人隐私。这个话题恰恰就是：工作中你是一个喜欢窥探别人隐私的人吗？

你必须知道，在职场中，同事的窥探到底有多么令人厌烦。对于不懂尊重他人隐私的人，大家都会产生反感。如果你不想成为让人唾弃的对象，最好在与同事的交往中保持恰当的距离，对别人的私事不要太好奇，远离别人的隐私禁区。人人都有想保守的秘密，都需要一个私人空间，当这个空间被人涉足时很难释怀。所以尽量远离别人的隐私禁区，对双方来说都是安全的做法。

片段9:哈利·波特风波

视频分享:哈利·波特风波(读者可上网搜索《穿普拉达的女王》哈利·波特风波片段)

小组讨论:

(1)为什么米兰达让安迪找《哈利·波特》手稿?

(2)安迪是如何做的?

(3)为什么安迪要辞职?

(4)克里斯蒂安的帮助说明了什么?

(5)如何看待米兰达对安迪的做法。

(6)奈杰尔为什么不高兴?

刚刚入职的安迪虽然接到了米兰达给她的许多看起来不能完成的工作,但是她依然尽自己最大的努力去完成。她积极进取,持续改进,善于发现别人隐藏的想法,逐渐获得米兰达的青睐,使米兰达对她产生了好感。这就体现了要想与领导搞好关系,首先要把自己的工作做好。

同样是打工,有些人的成长必然遭遇天花板,还有些人的职业发展,是一条斜率陡得多的曲线。同样是女助理的工作,都是很多重复性的工作,但是安迪除了完成好自己的工作,她更多的是发展了自己劳动外的延展性,在工作上认识那个编辑作家,给“重复性劳动”添上体贴度和个性化。她发了自己的文章给了那个作家,也给自己带来附加价值。这个世界属于有心人,人和人的区别大多数时候,并不是谁比谁有背景,谁比谁更聪明,而是,谁比谁更用心。安迪很用心,她不仅立足现在的单一工作,同时增加了自己外延服务的价值,我相信她也一定在米兰达的工作安排中结识了更多的人和机会。

在工作期间不中断和理想工作的链接。安迪结识了作家汤普森,给作家寄去自己写的文章,汤普森也表示可以介绍出版社的编辑给她认识,她始终与梦想中的新闻事业保持着链接。同样,如果我们想着跳向理想的工作,也要与它保持着链接关系,可以多接触该领域的人士,获得一定的资源,也可以多学习,多充电,为今后的跳槽打好基础。

安迪接到任务,要给老板的双胞胎女儿搞到还未出版的新一部《哈利·波特》的手稿。面对这样的困难,安迪没有简单说不,而是动用一切可以找到的资源,终于弄到难搞的书籍手稿。但是,不仅如此,她接下来做的事情,也值得我们向学习教科书那样仔细琢磨。安迪考虑到老板家是一对双胞胎,所以把书稿复制了两份,并加上封面,装订成册,使书稿看上去更像一本书。同时,还另外制作了一份交给老板,以免出现什么问题。这样周密的考虑,这样的办事风格,什么样的老板都会欣赏和信任。

也许,只是记住了这简短的一幕,让我们能够常常提醒自己,做事情可以做得更完美一些。多年来习惯听从父母、老师的安排,顶多是完成他们交给的任务。可是,走出你的舒适区,试试去体察需要,并且最到最好。相信,从此职场会给你打开另一扇大门!

请思考我们面对手头的工作,是每次按照常规套路,行就行,不行就随它去,还是千方百计去寻找"系统之外"的资源,来帮助自己完成任务呢?我觉得安迪给了我们答案。

片段10:把握机遇

视频分享:把握机遇(读者可上网搜索《穿普拉达的女王》把握机遇片段)

小组讨论:
(1)为什么奈杰尔说:当你的个人生活化为乌有的时候,意味着要被提拔了?
(2)如何看待艾米莉:我爱我的工作?
(3)如果你是安迪,如何面对工作和生活?
(4)如果你是奈杰尔,你会怎么想?

米兰达对安迪说,看到她身上有很多与自己相像的地方,会为自己做出选择。安迪表示不赞同,反驳说自己不会像米兰达那样出卖奈杰尔。但是米兰达说:你已经做了,对艾米莉(安迪取代她去参加了巴黎时装周)。

安迪说:我没得选择。

米兰达说:你选择了,你选择了超越她。

职场是一个非常残酷的地方,没有进步,或者进步不如他人,就会被取代,甚至被淘汰。安迪比艾米莉晚入职许久,而且对时尚完全无感,但是后来居上,出色的工作能力得到了米兰达的认可。影片虽有夸张和美化的成分,但是有一点毋庸置疑,工龄、资历、专业都不是决定因素,快速的成长和对工作的胜任才是关键。工作能力、综合实力才是一个人得以发光的原因。身在职场,并不会因为你善良、诚实、忠诚或有其他优秀的素质,就可以免于这种残酷的竞争。这是基于整体环境和个人能力没有达到同步而产生的不可调和的矛盾。居安思危,要保持良好的竞争力,必须时刻对此有清醒的认知,并且保持适度的焦虑,不断去倒逼自己成长。

所有的停滞都是退步,但愿我们都能认清这一点。

片段 11：替人上位

视频分享：替人上位（读者可上网搜索《穿普拉达的女王》替人上位片段）

小组讨论：
（1）为什么米兰达要安迪去巴黎？
（2）米兰达对艾米莉公平吗？
（3）为什么安迪最终选择了去巴黎？
（4）如果你是艾米莉，你会怎么想？

艾米莉虽然小气、刻薄，但是她非常热爱时尚行业，每天会化着厚重的妆容，踏着细细的高跟鞋火急火燎地出现在办公室。这个角色一开始有点令人讨厌，就是那种仗着资历对新员工呼来唤去的那种人。不过，她为了能和老板一起去巴黎时装周，为了能穿上许多漂亮的服装，拼命节食减肥，甚至减到胃出现问题。虽然不推崇像她这样伤害身体，但从侧面来说她很敬业。结果在紧要关头，却因为感冒和一场车祸失去了梦寐以求的去时装周的机会。她很不甘心、很沮丧，但是也没有放弃，拄着拐杖依然出现在公司。哪怕领导已经对她有意见，嫌弃她，她依然像个稳稳的钉子一样在那个岗位上坚持做着自己应该做的事。她是有史以来助理岗位做的最久的一个，除了性格上有点嚣张跋扈之外，职业上还是恪尽职守，而且无论老板怎么虐她，她都能稳稳地守下来。她或许不是最聪明机灵的那一个，但在职业忠诚上，她做到了无懈可击。最后女主角的离开，也为她留下了机会，她很好地诠释了职场中剩者为王。

另外，职场上都是伙伴，切忌不要把自己的想法和私事向别人倾诉，否则会让所有人知道。比如安迪刚去杂志社上班时，对艾米莉说这不是她最想要的工作，也不是她的梦想。所以艾米莉从此对她放松警惕，教给她所有的东西，以为安迪不会对她造成威胁。没想到有朝一日安迪反超她，对于艾米莉来说，根本想象不到会有这样的结果，但也很现实，弱肉强食，优胜劣汰。她说“她最受不了的就是安迪说这不是她的梦想，但是她穿上吉米乔的鞋子时就出卖了她。”所以还是不要相信任何人的话，要有自己的判断，职场如战场，终有一天你也会打磨成更好的自己。

片段 12:感情危机

视频分享:感情危机(读者可上网搜索《穿普拉达的女王》感情危机片段)

小组讨论:
(1)安迪喜欢克里斯蒂安吗?
(2)为什么丽莉生气?
(3)安迪和内特为什么要提出分手?
(4)如果你是内特,你会怎么办?

"当你的生活岌岌可危的时候,说明你的工作步入正轨了。当你的个人生活化为乌有时,就说明你要晋升了。"

在这里,我想到了很多职场人难以平衡家庭和工作的常态。在我们的观念中,一段理想的关系应该是彼此付出换来幸福的生活,但在实际当中,却往往需要一方做出更多的牺牲,来支持另一方。

安迪自己的个人生活被这份工作完全打乱,渐渐地安迪就没有了个人生活,一直围绕着这份工作转圈,安迪失去了本心。面对米兰达交给她的任务逐渐得心应手,但同时她也忽视了自己的家人朋友。为了米兰达给她的任务,她不得不放弃与爸爸一起吃晚餐的机会。工作上的安迪和作为厨师的男朋友共同点越来越少,这时的安迪已经忘记了自己当初的梦想——做一名记者,也就忘记了自己的本心。安迪的男友并没有讽刺她的工作,只是觉得安迪的观念发生了改变,安迪不是原来的那个坚持正义与公平,想要做出伟大的新闻报道的安迪了,此时的安迪变成了牺牲个人生活去满足老板无理要求的人,这正是安迪男友反对她的原因。

片段 13:巴黎之行

视频分享:巴黎之行(读者可上网搜索《穿普拉达的女王》巴黎之行片段)

小组讨论:
(1)巴黎之行,安迪学到了什么?
(2)如何看待米兰达丈夫提出离婚的行为?

(3)如何评价米兰达?
(4)为什么奈杰尔如此兴奋?
(5)克里斯蒂安为什么说安迪在堕落?
(6)安迪喜欢克里斯蒂安吗?克里斯蒂安喜欢安迪吗?

安迪的领导米兰达在工作上是一个非常敬业的人,她在自己的职责上做到了完美,为了自己热爱的事业和工作,米兰达放弃了家庭,出卖了自己的得力助手,放弃了道德。欲戴王冠,必承其重。尽管她本人有着许多缺点,比如冷血无情、不顾及他人感受等,但是她仍然能够受到时尚圈的尊重。

安迪随同米兰达到了巴黎,参加一年一度的时装大展,看到了职场中外表强硬、工作干练、效率很高的铁面女人另一面的辛酸——生活并不如事业一样一帆风顺,而且还看到了职场中权力斗争的残酷以及一切掩盖在热闹喧哗的场面后真正的东西。

她接受了又一次的职场教育,那就是工作与生活的矛盾,正直与权力斗争的矛盾,为此陷入了苦恼和内心的斗争阶段,从而在斗争中树立了人生观、世界观和价值观,这三方面是如今的大学生最欠缺的东西。

片段 14:《天桥》换帅风波

视频分享:《天桥》换帅风波(读者可上网搜索《穿普拉达的女王》换帅风波片段)

小组讨论:
(1)安迪说:我不是你的宝贝,为什么?
(2)为什么安迪要马上告诉米兰达内幕?
(3)安迪该说吗?如果是你,该怎么办?
(4)米兰达如何回应?

在巴黎,安迪得知《天桥》主编即将换任,安迪不顾一切想要把消息告诉米兰达,米兰达虽然早就察觉到这个消息,但是她依然非常感动,在时尚圈这个尔虞我诈的圈子,真心是难能可贵的。我们觉得这就是安迪对米兰达的忠诚。所以想处理好自己与领导的关系,首先是能出色完成自己本职工作,其次就是要忠诚。

片段 15:职场政治初体验

视频分享:职场政治初体验(读者可上网搜索《穿普拉达的女王》职场政治初体验片段)

小组讨论:

(1)为什么结果出乎安迪意料?

(2)如何评价奈杰尔?

(3)如何看待米兰达和俄弗摊牌?

(4)为什么米兰达向安迪说出感激的话?

(5)如何看待安迪取代艾米莉的行为。

(6)安迪为什么说:不想要这样的生活。她真的不想要吗?

讲解要点

奈杰尔作为职场中的中坚力量,是米兰达的得力干将。每次重大的 T 台秀,都有他的身影,他非常懂米兰达的标准和要求,在时尚行业做了十几年,依然恪守着高水准,幽默中带着一些智慧,是一个很有温度的角色。在女主角面临被炒鱿鱼的危机,找到他来哭诉寻求帮助的时候,他温和又坚定地指出了女主角的问题。

“这不仅仅是一份杂志,更是许多人前进路上的一座灯塔。”我想,能说出这句话的人,一定对自己的工作有着强大的使命感。我们如何看待自己的工作很重要。同样是建筑工人,有的人认为自己只是和泥巴砌墙的,而有的人觉得自己在建造房子,也有人觉得自己在创造一个城市。站在不同的维度上思考,最后的结果一定是不一样的。所以,工作具体做什么不重要,而在于你如何看待自己的工作。你赋予了工作什么样的意义,就决定了能收获什么样的果实。

尽管奈杰尔无论是业务能力还是情商、资历、阅历都很足够,他做到了他所能做到的一切。在梦寐以求的开创自己品牌的机会来临时,却因为外界的因素,被米兰达当成了棋子,把原本要给到他的机会给了别人。在满怀喜悦中意外得知消息的那一刻,他的表现体面而又克制,虽然痛苦难过,但他接受现状。当安迪问他:“你真的有把握吗?”他回答了一句:“不,我总往好处想。”这大概就是尽人事而听天命的体现。对于无法改变和控制的事实,选择臣服和接受,并且不沉溺于悲伤中,能从黑暗和阴影中找到光明和希望,这是一种可贵的心态。这样的职场人士我相信不管去到哪里,都能有自己的一番天地。

在巴黎,米兰达要调整吃饭的座位,安迪知道了米兰达的丈夫要与其离婚,米兰达在事业上取得巨大的成功可家庭却是不幸福的。因为事业而影响家庭时,如果没有妥善地解决矛盾,结果必定是不好的。安迪和米兰达都是因为事业而让家人受到了伤害,她们虽然并不想这样，可往往有许多身不由己的事。她可以在职场中披荆斩棘，无所畏惧，但回到生活中，双胞胎女儿就是她的软肋。尽管她在婚姻生活中，变得柔情示弱，努力想要维持家庭的完整，但她的第二任丈夫仍然要跟她离婚。她已经预料到了离婚后媒体会如何嘲讽她的冷酷、强势。外界如何看她，她一点也不在意。但她在意她的女儿们又要失去爸爸了。她为没能给孩子提供一个完整的家庭而内疚。难过之后，擦干眼泪，继续保持一丝不苟的精致形象出现在镜头面前，就像什么也没发生一样。在她的职位面临被替代的危机时，她提前得到了消息，牺牲掉下属的利益，保住了自己的地位。你可以说她为了利益，牺牲队友，太没有人情味。也可以说在工作和感情面前，她选择了工作。她想要这份杂志继续保持高水准，在自己的手上发扬光大。她对工作的热爱超出一切，这是她的选择，她接受自己的选择带来的结果。

他们处于不同的职场阶层，每个职位都有着局限性和可能性，有的时候我们会以为换个公司和岗位会更好，其实，只有保持新的自己才会更好。没有完美的选择，只有适合的选择。

片段 16:放弃

视频分享:放弃(读者可上网搜索《穿普拉达的女王》放弃片段)

小组讨论: (1)安迪为什么放弃? (2)安迪放弃了什么? (3)安迪喜欢米兰达吗? (4)你喜欢米兰达这个人吗? (5)如果是你,你会怎么办?

安迪知道了在晚会结束后会宣布新人取代米兰达在《天桥》杂志的地位。她想尽办法告诉米兰达，可米兰达早已想好了对策。最终米兰达让想要取代她的人，取代了原本属于好友奈杰尔的位置。这对奈杰尔来说无疑是沉重的打击，米兰达为了保住自己的地位伤害了多年的好友兼伙伴，在她看来，这样的选择是必要的。但安迪却不赞同，她不想伤害艾米莉也不想继续这样身不由己地工作，她不想要这样的生活。

在经历了一系列磨难，看到了时尚圈的尔虞我诈，勾心斗角后，安迪做出了自己的选择，她放弃了这个看起来十分优越的工作，做回了原来的自己。在这个岗位竞争激烈的社会里，越来越多的求职者在夹缝中求生存。许多年轻人斗志昂扬，渴望在职场上拼出一片天地。就像安迪一样，经历过种种磨难，终于当上了米兰达的首席助理，成为时尚界里名声大噪的佼佼者。得到了别人梦寐以求的工作，但这样就能获得真正的快乐吗?

安迪和米兰达一起去巴黎出席各种名流的聚会，此时奈杰尔即将作为詹姆斯•浩特的合伙人成为浩特公司的管理者，18 年来奈杰尔终于可以第一次决定自己的生活，安迪真心的为奈杰尔开心。但是此时米兰达为了保住自己的地位出卖了他的好朋友及助手奈杰尔，米兰达的所作所为让安迪感到失望，安迪最终开始重新审视自己是否适合时尚圈，在安迪的心中，友情大于利益。米兰达认为安迪身上有和自己相似的地方。所以别人欣赏你可能同时也是在肯定自己，所以你可能成为什么样的人也可以看看那些跟你性格相似的人现在混得怎么样。

片段17：新生

视频分享：新生（读者可上网搜索《穿普拉达的女王》新生片段）

小组讨论： “你一定做了些正确的事情”，这指的是什么？

“她是我历届助理中最让我失望的一个，如果你不聘用她，你就是个白痴。”

有些时候，老板对你说失望，或许并不是真的对你失望，而是想通过这样的一种表达方式，激励你进步，所以，在职场中即使被批评了，也要对自己有个客观的评价。

安迪清爽利落而又不失时髦感的穿搭体现了她的成长，安迪已经成为一个独立自信，能够自由选择职业并为之努力奋斗的职业女性。安迪凭借着自己的努力，具备了超强实力和经验，加上米兰达的亲自推荐，如愿进入了理想的报社，完成了职业生涯漂亮的跳跃。

把不喜欢的工作变成跳板，是一种本事。请思考安迪是如何做到的呢？

片段18：邂逅

视频分享：邂逅（读者可上网搜索《穿普拉达的女王》邂逅片段）

小组讨论： （1）见到米兰达，安迪什么反应？ （2）为什么米兰达笑了？ （3）评价下这两个人。 （4）未来的安迪会怎样？ （5）剧中人物你最喜欢哪一个？为什么？

米兰达这样的领导确实少见，但生活给你的刁难从不会少。电影夸张了一些，但现实中没有谁有义务无条件对你好，更别说是你的领导。领导希望看到的永远是最佳结果。自己做得不好时，可能希望有人鼓励安慰，希望有人站在自己的角度考虑问题，理解自己的委屈；但是人类的悲喜并不相通，站在领导的角度，自己的手下没有完成任务，把事情搞砸，自己还要去安慰，这几乎是不可能的。所以，做什么工作，都要严以律己，宽以待人。

1)《穿普拉达的女王》影片梗概

刚刚毕业的乡下姑娘安迪幸运地得到了一个所有女孩都梦寐以求的机会——在纽约著名时尚杂志《天桥》主编米兰达手下担任助理工作。

身为著名时尚杂志的高级管理人，米兰达自身就有高贵时尚、举止优雅的特点。这些无不令她手下的众人艳羡并敬畏不已。然而她这美好的一面却只对外人展示。在杂志社内部，米兰达绝对称得上是个不折不扣的“女魔头”，安迪落在她手里堪称饱受折磨。这位不时尚的姑娘每天早晨要应对米兰达的各种只说一遍的指令，并在每天第一时间给米兰达冲泡一杯香浓的咖啡，迟到 1 秒钟都会被骂得狗血喷头；每天下班后还要接到工作狂米兰达打来的电话，应付她各种突如其来的工作和生活上的问题。

一心想得到米兰达肯定的安迪虽有怨言，但也任劳任怨。但是，在形势渐渐好转的情况下，她却突然发现，自己一直梦寐以求的工作原来并不如想象中的那么美好。这一刻，安迪何去何从？

2)《穿普拉达的女王》人物关系

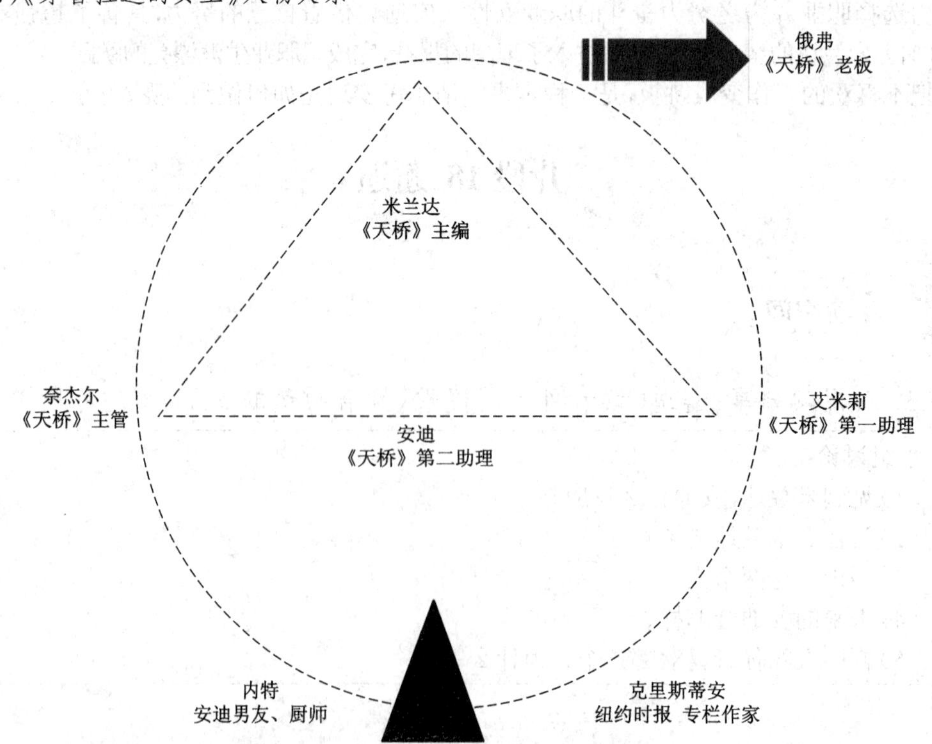

第一步　课前认知	
主要内容	教师评价
回答以下问题： (1)请思考：我们工作是为了什么？我们是为谁而工作？工作究竟对我们意味着什么？我们为什么要去工作？ (2)你觉得朋友做了同事以后，会有什么不同？为什么老员工不能像老师一样教导你不懂的东西？ (3)在学校学习踏实用功，是老师眼中的好学生，在单位就一定是好员工吗？你认为什么样的员工是好员工？ (4)技术能力和成绩都很好，到职场就一定能得到重用吗？为什么？	

第二步　课堂学习	
主要内容	教师评价
(1)本堂课学习笔记： (2)请思考：你在学校的人缘很好，到了单位就一定很好吗？你认为应该注意哪些方面？ (3)努力就一定会获得回报吗？当你以单位为家，付出了很多，却在有了一些“小失误”时遭受批评甚至是惩罚，你会怎么想？	

第三步　课后拓展	
主要内容	教师评价
(1)你认为职业化涉及哪些内容？ (2)说出来的思想打动不了不思考的人。改变从自我开始，从现在开始。	

续表

请结合你对职业化的认识，想想自己还应该从哪些方面提升，制定一个有效的计划开始执行吧！	

(1)请总结：通过课堂学习、课下自学、小组交流、同学的分享，你了解了哪些具体知识？ (2)通过本项目的实施，你有哪些感想、收获和成长？	
签名：	日期：
本团队成员对你的评价：	
签名：	日期：
其他团队对你的评价：	
签名：	日期：
教师对你的评价：	
签名：	日期：

请学有余力的同学思考并学习整理如下内容

(1)赏析电影《穿普拉达的女王》。

(2)整理电影观后感并在小组内分享。

(3)请整理你的实训心得或职场体验，并在小组内分享。